Zwischen Karriere und Krabbelgruppe

Für meine drei Jungs

Peggy Wandel

ZWISCHEN KARRIERE UND KRABBELGRUPPE

20 BERUFSTÄTIGE MÜTTER AUS ALLER WELT ERZÄHLEN, WIE SIE FAMILIE UND JOB UNTER EINEN HUT BEKOMMEN

SCHWARZKOPF & SCHWARZKOPF

INHALT

VORWORT

EINE REISE DURCH DIE WELT BERUFSTÄTIGER MÜTTER

Wie meine Freundinnen in Großbritannien, Slowenien, Finnland oder den USA bin ich vor einigen Jahren Mutter geworden. Nach der Geburt meines ersten Kindes im Herbst 2006 standen mir per Gesetz acht Wochen bezahlter Mutterschutz zu. Danach ging ich zurück an die Arbeit, damals noch im Familienunternehmen. Eineinhalb Jahre später kam mein zweiter Sohn zur Welt, diesmal kamen wir in den Genuss des zwischenzeitlich eingeführten Elterngeldes. Nacheinander konnten mein Mann und ich uns 14 Monate lang um den Kleinen kümmern; der Staat bezahlte derweil rund 65 Prozent unseres Gehalts. Anschließend musste der Alltag generalstabsmäßig geplant werden – in unserer ländlichen Gegend schlossen Kindergärten über Mittag und Kleinkindgruppen wurden erst nach und nach eingerichtet. Mithilfe von Tagesmüttern sowie Oma und Opa jonglierten wir durch die ersten Jahre. Da tat es gut, mich mit berufstätigen Freundinnen aus aller Welt auszutauschen, bei denen vieles ganz anders lief.

Ingela in Schweden zum Beispiel bezahlt für die staatlich garantierte Ganztagesbetreuung ihrer Kinder pro Monat fast so viel wie Bettina in London für eine private Krippe pro Tag. Könnten wir – wie Sanne in den Niederlanden – unsere Kinder jeden Monat einschulen, müsste ich mir keine Gedanken darüber machen, ob mein Sohn noch ein ganzes Jahr im Kindergarten bleiben soll. Ich wünsche mir auch eine Nachbarschaft, wie sie Astrid in Norwegen pflegt: mit Hauskonzerten und Straßenfesten. Praktisch, wenn man das Babyfon bei den Nachbarn abgeben kann. Dagegen verzichte ich gern auf umgerechnet 20 Euro Strafe pro Kind, die bei Natalia in England fällig wurden, wenn sie ihre Zwillinge fünf Minuten zu spät vom Kindergarten abholte. In Finnland würde uns der Staat die Babyerstausstattung spendieren, inklusive Kleidung, Schlafsack, Matratze, Schneeanzug, Fieberthermometer und Bilderbuch. Die chilenische Regierung hielt das für eine gute Sache – sie führte vor einigen Jahren ähnliche Mutterschaftspakete ein, wie ich von Kareen erfuhr.

Mit den Eindrücken reifte die Idee zu diesem Buch. Ich dachte mir, wenn mein Freundeskreis das Thema so spannend findet, wollen womöglich mehr Menschen über »working mums« lesen – Mütter und Väter und solche, die es eventuell noch werden wollen. Väter glänzen in den hier versammelten Geschichten über weite Strecken durch Abwesenheit, doch das muss moderne Männer nicht vom Lesen abhalten. Bestimmt können sie präsenter sein als mancher Papa im Buch.

Im Laufe des Jahres sprach ich mit zwanzig berufstätigen Müttern von allen fünf Kontinenten. Derweil daheim in Deutschland: In der Debatte um die Frauenquote stellte sich ausgerechnet die Bundesfamilienministerin quer. Die CSU drohte mit Koalitionsbruch, falls das Betreuungsgeld scheitern sollte. Vereinzelt forderten Politiker die Abschaffung des Elterngeldes – es hätte sein Ziel, jungen Paaren Lust auf Kinder zu machen, verfehlt.

Moment mal: In Schweden wurden ähnliche Weichen schon vor Jahrzehnten gestellt und dort werden deutlich mehr Kinder geboren als in Deutschland. Also abwarten und Tee trinken? Nein, lieber weiterdenken. Alles in allem bekommen Familien in Deutschland vergleichsweise viel Geld vom Staat, nur zielen die wenigsten dieser Gaben auf mehr Gleichberechtigung ab. Das Ehegattensplitting zum Beispiel zementiert eher das traditionelle Hauptverdienermodell. Auch mit mehr Krippenplätzen und Hausaufgabenbetreuung ist es nicht getan. Wir brauchen eine kinderfreundliche Kultur. Seit Juli 2012 dürfen Kindergärten auch in Wohngebieten gebaut werden – vorher war dies wegen der »Lärmbelästigung« nur ausnahmsweise erlaubt. Denkt dieses Land langsam um?

Es ist auf jeden Fall der richtige Zeitpunkt für weitere Anregungen. Da die Debatte in Deutschland für meinen Geschmack zu verbissen geführt wird, möchte ich sie um eine internationale und gleichzeitig sehr persönliche Perspektive ergänzen. Denn leben wir nicht längst in einer global vernetzten Welt? Wir skypen mit Freunden in Australien, schieben Kinderwagen »made in China« und sehen zwischen Stuttgart und Shanghai dieselben Filme aus Hollywood oder Bollywood. Es ist an der Zeit, auch hinsichtlich der Vereinbarkeit von Familie und Beruf über den Tellerrand zu schauen. Die vorliegenden zwanzig Geschichten berufstätiger Mütter aus aller Welt sollen ermutigen: zum anerkennenden Nicken, Mit-dem-Kopf-Schütteln, Nachmachen und Weiterdenken. Und zwar unabhängig davon, ob Sie Kinder haben oder nicht, reiselustig sind, selbst fern der Heimat leben oder einfach neugierig sind auf das Leben anderswo.

Peggy Wandel, Herbst 2012

-1-

LIEBER SELBSTSTÄNDIG ALS ANGESTELLT

PETRA (37), KOMMUNIKATIONS-WIRTIN, 2 SÖHNE, HELSINKI

»Der finnische Charakter wird für Außenstehende immer mysteriös bleiben«, las ich in einem schlauen Buch mit dem Titel »When cultures collide« von Richard D. Lewis. Das kann ich persönlich nicht bestätigen, ich kenne Petra (37) und ihren Mann als offene, herzliche Menschen. Mit ihren Söhnen (5 und 2 Jahre alt) leben sie rund 100 Kilometer nördlich der finnischen Hauptstadt Helsinki. Vor zehn Jahren hatte ich das Glück, zu ihrer Hochzeit eingeladen zu sein. Selten habe ich auf einer Feier so viel gelacht – obwohl ich quasi kein Wort verstand. Finnisch ist nämlich in der Tat ein Mysterium für mich.

Es war nicht meine Welt. Dabei hatte ich mich gefreut auf diesen Job und darauf, endlich wieder Kollegen zu haben. Zudem kannte ich die Werbeagentur, hatte sie schon als freie Texterin bei Projekten unterstützt. Als Angestellte hatte ich dort laut Vertrag eine Viertagewoche, Montag bis Donnerstag von 8 bis 16 Uhr. Die ersten drei Wochen arbeitete ich gleich sechs Tage die Woche und kam nie pünktlich raus, um meine Kinder abzuholen. Nachts lag ich stundenlang wach und nahm schließlich Schlaftabletten, um überhaupt Ruhe zu finden. Es war einfach zu viel für mich – allein der Stress am Morgen, bis ich die beiden Jungs angezogen und in die Kinderbetreuung gebracht hatte, und das alles vor 8 Uhr. Ich habe gekündigt, nach nur drei Wochen. Einen Monat ist das jetzt her. Meine Stammkunden freuten sich, dass ich wieder als Freiberuflerin für sie da war. Ich mache die Marketingkommunikation für verschiedene Firmen, Messen und kulturelle Veranstaltungen. Daneben arbeite ich redaktionell, verfasse Newsletter und Berichte für Fachzeitschriften.

Hier in Finnland arbeiten Büroangestellte in der Regel von 8 bis 16 Uhr. Auch für mich als Selbstständige war das so, bevor mein ältester Sohn Oula geboren wurde. Wenn eine große Kundenpräsentation anstand, arbeitete ich natürlich auch länger.

Ich weiß noch, wie ich einmal bis 4 Uhr morgens wie besessen Powerpoint-Folien erstellte, um 5:30 Uhr wieder aufstand und um 6:30 Uhr das Haus verließ.

Heute sieht mein Tag so aus: Gegen 8 Uhr bringe ich meine Söhne in den Kindergarten und zur Tagesmutter. Mein Büro liegt in unserem Wohnhaus, also kehre ich dorthin zurück, räume vielleicht noch kurz das Frühstücksgeschirr weg und mache mich an die Arbeit, fahre für Kundentermine in die Stadt oder sitze an meinem Rechner. Am Nachmittag hole ich die Kinder gegen 16 Uhr wieder ab und wir verbringen gemeinsam Zeit – draußen oder drinnen. Gegen 18 Uhr kommt Juha und wir essen zu Abend. Wenn viel Arbeit ansteht, setze ich mich wieder an den Schreibtisch, sobald die Kinder schlafen.

Seit den drei Wochen als Agenturangestellte bin ich ganz zufrieden mit meiner Selbstständigkeit. Davor war ich lange Zeit hin- und hergerissen, denn ich bin von Natur aus ein Gruppenmensch und gehöre gern irgendwo dazu. Andererseits bin ich als Selbstständige für meine Entscheidungen allein verantwortlich. Daher sage ich mir oft: Wenn meine Firma nicht läuft, ist es meine Schuld. Das heißt dann aber im Umkehrschluss, nur ich kann das Geschäft zum Laufen bringen. Und ich bin stolz darauf, dass ich das bisher geschafft habe. Auch wenn ich als Angestellte mehr verdienen könnte.

Als die Kinder sehr klein waren, kümmerte ich mich in erster Linie um sie. Oberste Priorität haben sie nach wie vor in meinem Leben, doch seit sie täglich von 8 bis 16 Uhr betreut werden, ist wieder mehr Platz für mich und meine Arbeit. Ich kann mir nicht vorstellen, auf Dauer »nur« zu Hause zu sein – ich brauche Zeit für mich, und die bekomme ich durch mein eigenes Unternehmen.

Arbeiten heißt für mich vor allem, kreativ zu sein, Erfahrungen zu sammeln und immer weiter zu lernen. Bildung ist mir wichtig, ich lerne einfach gern. Studiert habe ich Marketing und Produktentwicklung und im Nebenfach Kommunikation.

Für Weiterbildung war in den vergangenen Jahren keine Zeit, doch jetzt belege ich einen einjährigen Kurs in Service-Design. Es geht darum, Dienstleistungen aus Sicht des Kunden zu optimieren, dazu lernen wir zum Beispiel Methoden aus dem Bereich Industriedesign kennen. Von diesem Wissen werde ich in meiner zukünftigen Arbeit sicherlich profitieren. Früher war ich angestellt am Institut für Designforschung, und das kommt mir jetzt bei diesem Aufbaustudium zugute. Ich bin eine ewige Studentin.

Vor allem weil ich als Freiberuflerin auf Kollegen verzichten muss, bin ich Mitglied bei den Wirtschaftsjunioren geworden, einem internationalen Netzwerk von Menschen unter vierzig. Die Veranstaltungen sind meist abends und es fällt mir oft schwer, mich neben Job, Familie und Haushalt noch dazu aufzuraffen. Hinterher bin ich dann ganz froh darüber, hingegangen zu sein. Erst am Freitag waren wir im Anschluss an einen Vortrag gemeinsam in einer Bar und die Gespräche dort taten mir sehr gut. Die anderen haben ähnliche Probleme wie ich, sind auch oft gestresst oder frustriert im Job, machen Fehler oder haben Ärger mit Kunden.

Seit Kurzem bin ich außerdem in einem regionalen Unternehmernetzwerk. Die fragten mich, ob ich nicht mitmachen will – bei ihnen gebe es eine Gruppe für die jungen und eine für die älteren Unternehmer. Daraufhin sagte ich: »Wenn ihr mich in eure junge Gruppe aufnehmt, dann komme ich.« Das haben sie tatsächlich getan! Ich meine, mit 37 Jahren hätte ich damit nicht gerechnet. Durch beide Netzwerke habe ich schon Anfragen erhalten, aus denen ab und zu ein Auftrag wurde. Neben dem persönlichen Austausch sind sie daher auch wirtschaftlich eine gute Idee. Das sage ich mir immer, wenn ich wieder keine Lust habe, zu einem Treffen zu gehen – und manchmal hilft es.

Ganz wichtig sind mir auch meine Freundinnen, zum Beispiel eine ehemalige Studienkollegin, die seit vielen Jahren im Ausland lebt und mit der ich mich regelmäßig austausche. Wir sind uns sehr ähnlich, tragen Selbstzweifel vor uns her wie einen Schutzschild vor dem Erfolg und in unseren Briefen und E-Mails motivieren wir uns gegenseitig: »Ja, mach das, ich weiß, du kannst es. Du bist die Beste!«

Der Sommer ist eine sehr intensive Zeit für uns in Finnland. Seinen Höhepunkt, Mittsommer, feiern wir immer draußen am See. Im Winter ist Sonnenlicht dagegen rar, es ist nur sechs Stunden hell, von neun bis 15 Uhr. Und das auch nur hier im Süden, in Lappland geht die Sonne gar nicht auf. Die Menschen um mich herum scheinen während der Sommermonate viel lebhafter, als ob sie durch das Licht mit Energie aufgeladen würden. Da der Sommer kurz ist, verbringen wir ihn mit den Kindern so weit wie möglich außer Haus.

Mein Vater hat vor zwei Jahren eine Blockhütte für uns gebaut, nur 45 Kilometer von hier direkt an einem See, ein wunderschöner Ort. Am Wochenende fahren wir oft hin, das Häuschen meines Vaters liegt gleich nebenan. In Finnland leben nur rund fünf Millionen Menschen auf einer riesigen Fläche mit Tausenden von Seen, weshalb eine Hütte am See für uns nicht exklusiv, sondern fast schon normal ist. Als ich ein Auslandssemester in Deutschland verbrachte, organisierte die Hochschule für alle Austauschstudenten einen Ausflug zum Federsee in Oberschwaben. Als wir dort ankamen, fragte ich meine deutsche Freundin vorsichtig, was wir hier tun würden. Offensichtlich waren wir zwei Stunden mit dem Bus gefahren, um an einem See spazieren zu gehen, in dem man nicht einmal baden durfte – Naturschutzgebiet. Sie musste herzlich lachen, so entgeistert habe ich wohl geschaut.

Ob staatlich oder privat, die meisten Kindertagesstätten in Finnland sind von 7 bis 17 Uhr geöffnet, was sich mit einem Vollzeitjob relativ gut vereinbaren lässt. Es gibt aber auch die Möglichkeit, die Kinder rund um die Uhr betreuen zu lassen, bei Bedarf sieben Tage die Woche. Diese Flexibilität ist vor allem wichtig für Alleinerziehende, die beispielsweise im Krankenhaus oder im Einzelhandel arbeiten, oder für Schichtarbeiter. Der Staat garantiert Eltern einen Betreuungsplatz für ihre Kinder. Will man seine Kinder lieber in kleinere private Gruppen geben, muss man sich rechtzeitig um einen Platz bemühen. Bei Oula warteten wir rund ein halbes Jahr, bis er im Montessori-Kindergarten aufgenommen wurde. Finanzielle Unterstützung vom Staat erhalten Eltern in jedem Fall; derzeit bezahlen wir im Monat rund 230 Euro für Elias' Tagesmutter und 280 Euro für Oulas Kindergarten, der Staat gibt pro Kind 410 Euro dazu. Wir haben ein wirklich gutes soziales System für Familien mit Kindern, obwohl es inzwischen zum Beispiel in Deutschland mehr Kindergeld gibt als in Finnland, glaube ich.

Eines der staatlichen Angebote hier ist das Mutterschaftspaket. Es steht Schwangeren bereits vor der Geburt ihres Kindes zu. Man hat die Wahl zwischen einem steuerfreien Geldbetrag und einer Baby-Erstausstattung. Die finnische Regierung führte diese Form der Unterstützung bereits Ende der 1930er-Jahre ein, weil die Kindersterblichkeit damals relativ hoch war und die Zahl der Geburten zurückging. Das Paket enthält unter anderem einen Schneeanzug, Schlafsack, Strampler, Mützen, Bodys, eine Matratze, Bettbezug, Handtuch, Fieberthermometer, Windeln, sogar Stilleinlagen und Kondome sowie ein Bilderbuch und Spielzeug. Das praktische Care-Paket ist wirklich durchdacht: Die Lieferung kommt in einer stabilen Box, die sich als Babykrippe nutzen lässt. Auf die Idee bin ich nicht selbst gekommen, das ist ein offizieller Hinweis der Sozialversicherung. Auf deren Internetseite kann man sich die Fotos des aktuellen Mutterschaftspakets ansehen. Die mitgelieferte Babykleidung hat jedes Jahr ein anderes Design; als Oula geboren wurde, war sie mintgrün, was zum Teil ganz schön wild aussah. Der Wert des Pakets ist deutlich höher als der Geldbetrag, den man sich stattdessen auszahlen lassen kann. Wie die meisten meiner Freunde haben wir daher beim ersten Kind das Paket bestellt und uns beim zweiten Kind für die monetäre Zuwendung entschieden.

Väter haben nach der Geburt ihres Kindes das Recht auf bis zu drei Wochen Sonderurlaub. Außerdem gibt es einen Vatermonat, in dem die Papas sich zu Hause um die Familie kümmern können und rund 70 Prozent ihres Gehalts erhalten. Insgesamt betrachtet, tut der finnische Staat schon lange einiges für die Gleichberechtigung von Männern und Frauen. Deshalb ist die Geburtenrate hier vermutlich höher als im EU-Durchschnitt, dasselbe gilt für den Anteil der berufstätigen Frauen.

In der Regel bleiben die Mütter nach der Geburt wenigstens neun Monate lang zu Hause bei ihrem Baby, denn so lange bekommen wir einen Großteil unseres früheren Gehalts weiterbezahlt, zuerst als Mutterschaftsgeld und dann als Elterngeld. Eigentlich sind alle meine Freundinnen mindestens ein Jahr lang zu Hause geblieben. Ich selbst habe jeweils für eineinhalb Jahre pausiert, was ich in Finnland für ziemlich normal halte. Dagegen kenne ich nur sehr wenige Frauen, die zu Hause bleiben, bis ihr Kind drei wird, obwohl das vom Gesetz her möglich ist. Der alte Arbeitsplatz bleibt bis zum dritten Geburtstag des Kindes garantiert und man bekommt rund 300 Euro im Monat plus Kindergeld, wenn ein Elternteil sich ausschließlich um das Kind kümmert. Kindergeld bekommen übrigens alle Eltern, ob sie arbeiten oder nicht, bis das Kind 17 Jahre alt ist.

Mein Mann Juha und ich sind schon seit 16 Jahren ein Paar. Ich war 21 und gerade von meinem Au-pair-Aufenthalt in Konstanz zurückgekehrt. Meine Freundinnen redeten dauernd von dieser neuen Bar, wo sie mir einen netten Typen vorstellen wollten. Wir gingen hin und da sah ich ihn. Ich wusste auf Anhieb, dass er ein Teil von mir war, der mir bis dahin gefehlt hatte. Bei ihm dauerte diese Erkenntnis etwas länger und sie kostete mich viel Überzeugungskraft. Doch seither sind wir unzertrennlich. Wir haben nie groß darüber gesprochen und dennoch war für uns von

Anfang an klar gewesen, dass wir Kinder haben wollen. Nicht weil es etwa gesellschaftlichen Erwartungen entspricht, zwei Kinder, ein Haus und womöglich einen Hund zu haben. Vielmehr aus dem Gefühl heraus, dass erst Kinder eine Familie und ein Heim ausmachen. Auch wenn es kitschig klingt: Da war einfach so viel Liebe zwischen uns, die wir teilen wollten.

Vor fünfeinhalb Jahren wurde Oula geboren und unser Leben veränderte sich völlig. Juha ist seither der Hauptverdiener, erledigt aber nach wie vor einiges im Haushalt. Auch wenn ich mich ab und zu beschwere, muss ich zugeben, dass er mich mehr unterstützt als die meisten Familienväter, die wir kennen. Während ich hier erzähle, räumt er gerade die Küche auf und die Kinder spielen zu seinen Füßen.

Drei Jahre nach Oula kam Elias auf die Welt – das war eine ebenso große Umstellung wie beim ersten Kind. Wahrscheinlich, weil wir nicht damit gerechnet hatten, wie viel ein zweites Kind verändern würde. Er schlief von Anfang an sehr schlecht, nur ein, zwei Stunden am Stück in der Nacht. Dabei hatte er einen ausgezeichneten Appetit, schon mit sechs Monaten aß er so viel Brei, Gemüse und Fleisch, dass er nachts eigentlich gar nicht hungrig sein konnte. Ich war frustriert und ständig übermüdet. Meine Arbeit köchelte auf Sparflamme, ich nahm nur wenige Projekte an und arbeitete ein bis vier Tage im Monat, während mein Vater sich um den Kleinen kümmerte. Oula ging zu der Zeit drei Tage die Woche in eine Spielgruppe. Oft saß ich abends am Computer, dabei fielen mir beinahe die Augen zu vor Erschöpfung. Tagsüber riefen häufig Kunden an, die man nun mal nicht dazu erziehen kann, nur dann anzurufen, wenn die Kinder versorgt sind. An manchen Tagen klingelte das Telefon beängstigend oft und ich verkroch mich regelmäßig oben im Arbeitszimmer, während unten die Kinder schrien.

Finanziell lohnte sich der Einsatz nicht wirklich, aber mein Pflichtbewusstsein war groß und ebenso die Angst, sonst »weg vom Fenster« zu sein. Gleichzeitig fragte ich mich die ganze Zeit über, ob ich das Richtige tue. Ich bin ein Mensch, der sich sehr viele Gedanken macht und häufig an sich zweifelt. Zum Beispiel ist Oula bald alt genug, um in die Vorschule zu gehen, und ich überlege hin und her, ob ich ihn in unserem Wohnviertel in eine staatliche Gruppe geben soll oder ob er in der privaten Montessori-Einrichtung nicht besser aufgehoben wäre. Die liegt allerdings in einem anderen Stadtteil, weshalb er hier in unserer Nähe vielleicht keine Freunde finden wird. Darüber denke ich bestimmt schon seit zwei Jahren nach.

Als Elias anderthalb war, bekam er endlich einen Platz bei unserer Wunsch-Tagesmutter, ganz in der Nähe von Oulas Kindergarten. Solange er Windeln braucht und noch keine drei ist, wollen wir ihn nicht in eine größere Einrichtung geben. Und diese Tagesmutter ist wirklich gut. Allerdings ist sie eine private Nanny und hat damit ein Recht auf Urlaub (bei staatlichen Tagesmüttern sorgt die Stadt für einen Ersatz). Im Moment ist sie für zwei Wochen in Spanien zum Golfspielen. Allerdings nicht, weil finnische Tagesmütter so fürstlich bezahlt werden – sie feiert ihren fünfzigsten Geburtstag dort. Natürlich freue ich mich für sie, aber es ist ganz schön schwierig, zwei Wochen ohne Kinderbetreuung zu überbrucken. Zum Glück gibt es unsere Väter, die einspringen und tageweise auf Elias aufpassen, wenn ich Termine einhalten muss.

Für eine Paarbeziehung sind Kinder klassische »Zeitdiebe«. Allerdings hatten wir vorher viel Freiraum für uns – elf Jahre lang waren wir ein Paar, bevor wir Eltern wurden. Jetzt ist die Zeit der Kinder, die inzwischen nicht mehr wegzudenken sind aus unserer Beziehung. Von meinen Kindern habe ich erst gelernt, was es heißt, bedingungslos zu lieben und gedanklich voll und ganz im Moment zu leben. Wenn ich mit ihnen spiele und mir dabei die Arbeit durch den Kopf geht, bemerken sie das ganz schnell.

Am Wochenende versuchen wir, die Kinder früh ins Bett zu bringen, um den Abend für uns zu haben. Wie in jeder Partnerschaft haben auch wir gute und bessere Zeiten. Schlechte Zeiten gab es zum Glück bislang nicht für uns als Paar, aber sehr anstrengende. Als die Kinder klein waren, fiel es mir manchmal schwer, in meinem Mann etwas anderes zu sehen als einen Papa. Zeit für uns war lange keine, fast fünf Jahre gingen wir nicht mehr gemeinsam aus. Ich konnte die Kinder einfach nicht abgeben, als sie klein waren, wollte niemand Fremdes an sie heranlassen.

Von Natur aus bin ich ein Mensch, der viel grübelt, und als Mutter finde ich noch viel mehr Gründe, mir Sorgen zu machen. Ich habe Angst vor Unfällen, Krieg, der Zukunft und davor, dass die Kinder ihr Leben nicht hinbekommen werden. Schon jetzt denke ich darüber nach, obwohl sie noch klein sind. Andererseits bin ich durch sie kein bisschen erwachsener oder geduldiger geworden. Manchmal frage ich mich, wie ich eine zweifache Mutter sein kann, obwohl ich mir selbst vorkomme wie ein Kind. Dann lache ich über mich selbst. Jedenfalls weiß ich noch, wie es sich anfühlt, ein Kind zu sein. Auch wenn ich inzwischen Mutter bin – mit der ganzen Verantwortung, die das mit sich bringt –, kann ich doch selbst im Geist ein Kind bleiben. Mein Mann ist übrigens genauso, eher noch das größere Kind von uns beiden, so gelassen und fröhlich.

Unsere Kinder versuchen wir vor allem mit gesundem Menschenverstand zu erziehen. Auch wenn wir nicht religiös sind, vermitteln wir ihnen christliche Werte, setzen Grenzen. Ich versuche, gerecht zu sein, logisch und konsequent. Das klappt nicht immer.

Solange die beiden ganz klein waren, gab es neben der Familie und unserer Arbeit so gut wie keinen Freiraum für Hobbys, den erobern wir uns jetzt nach und nach zurück. So versuche ich, zweimal die Woche zum Body Balance zu gehen, einer Mischung aus Yoga und Pilates, die mir unheimlich guttut. Auch mein Mann geht zweimal die Woche zum Sport. Und natürlich nutzen wir die Sauna.

Hier in Finnland hat fast jeder eine Sauna im Haus. Unsere liegt im Keller und ist ziemlich altmodisch. Die Kinder nehmen wir mit, seit sie drei oder vier Monate alt waren. Empfohlen wird der Saunagang zwar offiziell erst ab einem Jahr, aber wir ersparten ihnen einfach am Anfang die kalte Dusche und setzten sie mitsamt ihrer Babybadewanne in die Sauna. Die beiden lieben Wasser und in ihren Wannen hielten sie die Hitze ziemlich lange aus, rund zehn Minuten schafften sie. Sauna tut uns allen gut, obwohl ich sie ohne die Kinder deutlich entspannender finde. Die himmlische Ruhe und das Gefühl, wie alle Anspannung von mir abfällt – zweimal die Woche genieße ich das ganz allein, wenn ich von der Gymnastik komme und die Kinder schon im Bett sind.

Inzwischen verbringe ich auch wieder mehr Zeit mit meinen Freunden. Und seit diesem Sommer gehen Juha und ich endlich wieder zusammen aus, einmal im Monat schaffen wir es neuerdings. Es fühlt sich so gut an, wie früher als Paar unterwegs zu sein. Komisch, wie ich manchmal erst im Nachhinein merke, dass mir etwas gefehlt hat. Unsere beiden Väter und ihre Partnerinnen passen dann abwechselnd auf die Kinder auf, und das klappt sehr gut. Bloß mein Mann und ich halten nicht lange durch, nach zwei Glas Bier werden wir müde und fahren nach Hause. Irgendwie sind wir wohl doch nicht mehr die Alten.

* * *

Wie viele berufstätige Mütter in meinem Bekanntenkreis arbeitet Petra freiberuflich von zu Hause aus. Seit ihre Kinder werktags von 8 bis 16 Uhr außer Haus betreut werden, bleibt ihr wieder genug Zeit für Beruf und Familie. Das war nicht immer so. Um ihre Kunden nicht zu verlieren, betreute Petra anderthalb Jahre lang einzelne Projekte und den kleinen Elias gleichzeitig. Die Situation kommt mir bekannt vor: Du hast einen Kunden am Telefon und dein Kind schreit. Du kannst dir deine Zeit selbst einteilen, doch sie wird häufig beansprucht durch private Anrufe, unliebsame Fahrdienste, kranke Kinder oder dreckige Wäsche. Es ist die typische Freiberufler-Falle. Die Projekte bleiben liegen bis zum »Feierabend« – und den verbringen wir dann am Computer. Petra nahm das bewusst in Kauf, solange ihr Sohn sehr klein war. Denn wie alle finnischen Eltern hat sie Anspruch auf einen Vollzeitbetreuungsplatz für Kleinkinder. Das nordische Land hat noch mehr familienfreundliche Regelungen auf Lager. Zum Beispiel die Baby-Erstausstattung vom Staat – aus ökologischer Produktion und in geschlechtsneutralen Farben. Bestimmt könnte sich das deutsche Familienministerium im Ausland noch mehr kreative Anregungen holen. Und ich werde erst einmal versuchen, eine klassische Frauenfalle zu umgehen, indem ich öfter mal Nein sage. Sobald mein Plan greift, verbringe ich den nächsten freien Abend in der städtischen Sauna.

-2-

MULTIKULTI-MOM

NATALIA (36),
PERSONALBERATERIN,
2 SÖHNE,
BIRMINGHAM

Die schwäbische Wahlheimat ihrer Eltern passt gut zu ihr: Aufgewachsen als Kind griechischer Gastarbeiter, arbeitete sie ehrgeizig, fleißig und diszipliniert an ihrem Lebensweg und studierte zunächst internationale Betriebswirtschaft. Zum Glück ist Natalia (36) aber auch sehr großzügig und so profitierte ich im Studium von ihren genialen Mitschriften (sie schrieb ihre Notizen zu Hause ins Reine). Nach einem Top-Abschluss ging sie nach London zu einer renommierten Unternehmensberatung – bis die Kinder ihr Leben auf den Kopf stellten. Seit 2009 Zwillingsmama, lebt sie heute mit ihrer Familie in einem Vorort von Birmingham.

18:05 Uhr – atemlos kam ich am Kindergarten an. Meine eineinhalbjährigen Zwillinge krähten erfreut, doch ich wußte: Jetzt sind pro Kind wieder 15 Pfund (knapp 20 Euro) Strafe fällig, weil ich die beiden nicht rechtzeitig vom Kindergarten abgeholt hatte.

Nach einem Jahr Babypause war ich zurückgekehrt in meinen Vollzeitjob als Teamleiterin und Coach im Personalwesen. Finanziell ergab mein Wiedereinstieg keinen Sinn, aber es war mir wichtig, einen Fuß in der Tür der Unternehmenswelt zu behalten und mein Gehirn anzustrengen. Offiziell arbeitete ich von 8:30 bis 17 Uhr. Unser Plan sah wie folgt aus: Mein Mann Rupesh brachte die Kinder morgens in den Kindergarten, während ich mit dem Zug zur Arbeit fuhr. Abends kurz vor 18 Uhr war es meine Aufgabe, die Kinder wieder abzuholen. Um das zu schaffen, muss man wirklich superorganisiert sein. Natürlich ging ich nie um 17 Uhr, aber spätestens zwanzig nach musste ich alles liegen lassen und zum Zug rennen. Wenn doch etwas dazwischenkam, mussten die Kindergärtnerinnen Überstunden leisten und ich zahlte Strafe, weil ich die Kinder erst nach 18 Uhr abholte.

Flexible Arbeitszeiten hätte ich vom Gesetz her wohl einfordern können, ich weiß allerdings nicht, wie ich den Job in Teilzeit hätte erledigen sollen. Eine Viertagewoche wäre denkbar gewesen, doch die Kinderbetreuung kostete für vier fast so viel wie für fünf Tage und der Großteil meines Gehalts ging ja so schon dafür drauf. Dagegen sprach außerdem, dass ich in der Zeit genauso viel Leistung hätte erbringen müssen wie an fünf Tagen. Als Team Coach und Operational Officer war ich für durchschnittlich 15 Mitarbeiter verantwortlich. Die Fluktuation war sehr hoch, weshalb ich ständig neue Leute interviewte und einarbeitete. Die meisten waren Anfang zwanzig, oft war es ihr erster Job nach der Uni. Ich musste sie im übertragenen Sinne »an die Hand nehmen«, coachen und beaufsichtigen. Sie sollten von mir als Führungskraft lernen, und das funktionierte nur, wenn ich da war. Deshalb kam es auch bei meinen Vorgesetzten nicht gut an, wenn ich Punkt 17 Uhr zur Tür hinausrauschte.

Neben den Kindern zu Hause auch noch die Untergebenen im Büro zu bemuttern, das war eindeutig zu viel. Ich bin nicht mal ein mütterlicher Typ! Als mir die Zeit noch nicht ständig im Nacken saß – sprich: ich keine Kinder hatte –, genoss ich schon mal den Plausch mit Kollegen. Sich bei einer Tasse Tee über laufende Projekte oder Pläne auszutauschen, das tat gut. Doch nun war mein Arbeitstag komplett durchgetaktet, ich hatte keine Zeit für semiprivate Gespräche und auch nicht dafür, mich durch Sonderaufgaben zu profilieren, um weiterzukommen. Ohne Kinder wäre ich heute vermutlich in der oberen Managementetage angelangt.

Kinder hatten wir uns jedoch sehr gewünscht, aber zunächst hatte es so ausgesehen, als ob wir keine bekommen könnten. Darum waren wir überglücklich, als ich mit 32 endlich schwanger war. Und dann gleich Zwillinge! Zunächst dachten wir: Super, dann haben wir zwei Kinder und brauchen nicht nach ein paar Jahren noch mal von vorn anzufangen. Wie blauäugig werdende Eltern sein können! Ganz ehrlich – das erste Jahr zu Hause mit den Zwillingen war für mich stressiger als jede

Unternehmensberatung. Vor allem war es eine totale Umstellung. Bis dahin hatte ich Kleinkinder nur von Weitem gekannt – nun saß ich ohne familiären Rückhalt mit zwei Babys da. Geübt im Optimieren von Unternehmen, versuchte ich, die Situation in den Griff zu bekommen. Zeitweise holte ich mir professionelle Hilfe ins Haus: Ich stellte eine Nanny ein, die mithalf, den beiden Zwergen eine »sleep routine« beizubringen.

Nach den ersten harten Monaten – kaum Schlaf, nur zwei Hände für zwei Babys – ging es mir ganz gut und ich genoss dieses neue Leben sogar. Wenn sechs Monate alte Kinder anfangen, Gemüsebrei zu mampfen, ist das nicht nur eine Riesensauerei, sondern auch ziemlich spaßig. Dennoch freute ich mich wieder sehr aufs Büro. Was für ein Luxus, eine ganze Stunde Mittagspause zu haben und den ganzen Tag über keinen Babylärm! Im Ernst: Die Arbeit war immer ein wichtiger Teil meines Lebens. Meine Einstellung zur Karriere hat sich auch durch die Kinder nicht wirklich verändert – sie bedeutet für mich, Freude und Herausforderung zu empfinden, mich weiterzuentwickeln.

Zurück im Job schaltete ich auf Autopilot – ich arbeitete stur ab, ohne nach rechts oder links zu schauen. Diese Haltung war für meine Kollegen schwer zu verstehen, denn sowohl meine jungen Mitarbeiter als auch meine Vorgesetzten waren kinderlos. Sie konnten nicht nachvollziehen, in welchem Zwiespalt ich steckte: Einerseits wollte ich einen guten Job machen, andererseits für meine Kinder da sein.

Das Ergebnis war, dass ich mich im Büro oft nicht voll konzentrieren konnte und die Kinder auch kaum etwas von mir hatten. Denn bis ich abends mit ihnen nach Hause kam, war bereits Essenszeit und anschließend brachte ich sie zu Bett. Am liebsten hätte ich mich dazugelegt, so ausgepowert war ich meistens. Stattdessen fuhr ich pflichtbewusst den Laptop wieder hoch, um weiterzuarbeiten oder wenigstens E-Mails zu beantworten. Die Erwartungen meiner Vorgesetzten konnte ich dennoch nicht erfüllen. Einmal führte ich nach 17 Uhr noch ein Interview mit einer Kandidatin, die sich zwanzig Minuten verspätet hatte, doch dann entschuldigte ich mich, um meinen Zug zu erwischen. Am nächsten Tag musste ich mir anhören, dass ich mit so einem Verhalten dem Image des Unternehmens schade.

Andererseits bemühte sich mein Arbeitgeber sogar, kinderfreundlich zu sein. So standen mir laut Vertrag fünf Fehltage im Jahr zu, wenn die Kinder krank waren. Aber was machst du, wenn die nach zwei Monaten schon aufgebraucht sind? Dann geht der Urlaub drauf. Oft musste ich meine Arbeit liegen lassen, weil der Kindergarten anrief und mir mitteilte, dass die Kinder krank seien. Einmal ließ ich ganz kurzfristig meine Mutter einfliegen, weil ich im Büro nicht fehlen konnte. Ehrlich gesagt, verstehe ich die Unternehmen, die Gewinn machen müssen und nicht auf alles und jeden Rücksicht nehmen können. Außerdem habe ich selbst sehr hohe Ansprüche an mich und mache mir gern das Leben schwer, dafür brauche ich keine Chefs. Für mich ist völlig klar: Wenn ich morgens um 8 Uhr nicht am Schreibtische sitze, kann ich von meinem Team auch nicht erwarten, dass es da ist.

Zum Glück lief die Firma meines Mannes inzwischen gut. So fassten wir Ende 2010 gemeinsam den Beschluss, dass es für uns alle besser wäre, wenn ich zunächst aufhörte zu arbeiten. Nach einem Jahr Vollzeitanstellung, kurz vor dem zweiten Geburtstag der Zwillinge, kündigte ich. Früher hätte ich mir nie vorstellen können, rund um die Uhr Hausfrau und Mutter zu sein. Inzwischen ist mir klar, dass ich die Kinder nicht bekommen habe, um sie dann komplett von Fremden aufziehen zu lassen. Außerdem kommen sie mit vier Jahren in die Schule – mal sehen, was ich dann mache.

Kennengelernt haben mein Mann Rupesh und ich uns während meines ersten Praxissemesters bei Mercedes-Benz in England. Er wuchs in einer indischen Familie in Kenia auf, kam zum Studium nach England und ist hiergeblieben. Als ich im Sommer 2000 mein Diplom in der Tasche hatte, zog ich ebenfalls nach England. Rupesh baute von Nottingham aus seine erste eigene Firma auf, ich war in einer internationalen Unternehmensberatung in London tätig. Wie in der Branche üblich, arbeitete ich derart viel, dass ich wenig von Londons kulturellem Angebot und Nachtleben hatte. Aber es gab ja Rupesh – mein lebenslustiger Freund schaffte es regelmäßig, mich loszueisen, um einfach nur Spaß zu haben.

Unternehmensberatung hieß Projektarbeit, dabei war ich durchschnittlich ein halbes Jahr lang bei einer Firma, manchmal in London, oft aber auch im hintersten Winkel von Großbritannien. Jede Aufgabe war anders, ich fing ständig bei null an, kniete mich voll rein und gab 150 Prozent. Leider taugte der Job dennoch nicht als Karrieresprungbrett, weil ich für ganz unterschiedliche Projekte eingesetzt wurde – technische Projekte, SAP, Kalkulationen, Personalwesen. Ich kenne so ziemlich alle Bereiche und kann ein Unternehmen recht schnell analysieren, konnte mich aber nie spezialisieren.

Ewig wollte ich so nicht weiterleben und als wir über eine eigene Familie nachdachten, war klar: Ich musste mein Stresslevel reduzieren. Aber ich bin niemand, der einfach seine Karriere hinschmeißt, weil er ein Kind will. Das Personalwesen reizte mich und ich entschloss mich zu einem Aufbaustudiengang, einem Master in Human Resources. Mein neuer Arbeitgeber war eine große Wirtschaftsprüfungsgesellschaft in der Nähe von Birmingham, wo ich im Personalbereich als Team-Trainerin einstieg. Damit war die leidige Fernbeziehung für Rupesh und mich endlich passé.

Wir heirateten im September 2005 auf Chalkidiki am Strand und stellten dabei die Hochzeit aus *My Big Fat Greek Wedding* locker in den Schatten. Drei Tage lang feierten wir mit Freunden und Familie am Meer und tanzten Sirtaki à la Bollywood. Der Vorlauf zu diesem Ereignis war für uns und unsere enge Familie aber alles andere als romantisch. Ursprünglich war der Plan gewesen, zweimal zu feiern: eine griechisch-orthodoxe und eine

Sikh-Hochzeit. Im Nachhinein betrachtet, wäre das wohl besser gewesen. Doch als meine indische Schwiegermutter signalisierte, sie wäre auch mit nur einem großen Fest in Griechenland einverstanden, gaben wir die Idee auf. Meine Eltern standen unserer Verlobung sehr skeptisch gegenüber, beschlossen dann aber, uns voll und ganz zu unterstützen. Insgeheim hatten sie bis zu diesem Zeitpunkt gehofft, ich würde einmal einen netten Deutschen heiraten und um die Ecke wohnen.

Von England aus eine orthodoxe Trauung und Feier in Griechenland zu organisieren war irrsinnig kompliziert. Um mich heiraten zu können, musste Rupesh griechisch sprechen und jede Menge Dokumente vorlegen – es war der helle Wahnsinn. Dazu kam der Clash der Kulturen – es gibt nicht gerade viele Parallelen zwischen Griechen und Indern. Generell spielt die Familie bei beiden eine große Rolle, beide sind warmherzig, gastfreundlich und feiern gern. Das erleichterte einiges – Rupeshs Familie staunte nicht schlecht, als sie merkte, wie nett meine Familie war; dasselbe galt umgekehrt.

Im Januar 2009 brachte ich dann Akash und Devak zur Welt und aus dem Paar wurde eine eigene Familie. Die Kleinkindbetreuung ist in England vorwiegend lokal organisiert, das Angebot also von Gemeinde zu Gemeinde verschieden. Kinderbetreuung ist generell teuer hier, vor allem wenn man ganz darauf angewiesen ist, weil Eltern oder Familie weit weg wohnen. Während wir beide Vollzeit arbeiteten, kostete uns die Betreuung der Zwillinge 1500 Pfund im Monat (circa 1900 Euro). Da ich aus der Unternehmensberatung in einen vermeintlich weniger anstrengenden Job gewechselt war, um überhaupt endlich schwanger zu werden, verdiente ich auch weniger. Beinahe mein ganzes Nettogehalt ging für die Kinderbetreuung drauf. Es hätte auch billigere Betreuungseinrichtungen gegeben, aber um es vorsichtig auszudrücken: Deren Sauberkeit ließ zu wünschen übrig. Das Platzangebot und die Angestellten fand ich grenzwertig bis gruselig. Ich besichtigte beispielsweise eine Einrichtung, in der die Wände verschimmelt waren. Bestimmt bezahle ich keine 40 Pfund pro Tag, um mein Kind dorthin zu schicken. Eine andere warb mit einem »Entdeckungsraum für die Sinne« – das war eine düstere Ecke, in der Löffel aus Metall von der Decke hingen.

Die Gemeinde, in der wir wohnen, zahlt ab dem dritten Geburtstag 15 Stunden sogenannte Frühförderung pro Woche, das sind drei Stunden Kinderbetreuung am Tag. Die privaten Kindergärten nehmen Kinder schon ab zwei Monaten oder sogar kurz nach der Geburt auf, sind aber sehr teuer. Daher wechseln später viele in den staatlichen Kindergarten, zumindest für die 15 Wochenstunden, die sie bezahlt bekommen.

Unter dem Titel *Childcare Choices* hat unsere Gemeinde eine Broschüre herausgegeben, die Eltern über die verschiedenen Angebote, Qualitätskontrollen und Kosten unterrichtet. Es gibt Kleinkindgruppen, Vorschul-Spielgruppen, Krippen, Ferien- und Schulkindbetreuung, außerdem Tagesmütter. Eine Nanny oder ein Au-pair wollten wir nicht, da habe ich schon zu viele Geschichten gehört. Du musst die Nanny einstellen mit festem Vertrag – und wenn sie krank ist oder schwanger wird, was machst du dann? Die Kleinkindgruppe erschien uns als die beste Lösung. Die Gruppen dort waren klein, sechs bis acht Kinder pro Zimmer und Altersstufe. So konnten sich unsere Söhne daran gewöhnen, mit anderen Kindern zu spielen und von anderen Leuten betreut zu werden. Und ich konnte zurück in den Beruf, schließlich hatte ich studiert und arbeitete gern.

Kindergeld steht in Großbritannien bislang allen Eltern zu, bis ihre Kinder 16 Jahre alt sind. Stecken diese zu dem Zeitpunkt noch in der Ausbildung, kann es für weitere vier Jahre beantragt werden. Für das erste Kind gibt es das meiste Geld, etwas über 20 Pfund pro Woche (circa 25 Euro); für das zweite und jedes weitere Kind sind es rund 13 Pfund. Kindergeld ist also nicht als Anreiz gedacht, um viele Kinder zu bekommen, wie beispielsweise in Deutschland, wo es für das dritte und vierte Kind mehr Geld vom Staat gibt. Die derzeitige Regierung erwägt momentan, kein Kindergeld mehr zu zahlen, wenn ein Elternteil über 40.000 Pfund im Jahr verdient; das ist aber noch nicht durch.

Verheiratet zu sein bringt vielen Eltern bei uns – soweit ich weiß – keine steuerlichen Vorteile. Vom Standpunkt kinderloser Arbeitnehmer aus mag das nur fair erscheinen. Wer Kinder hat und ein geringes Einkommen, kann Steuernachlässe bekommen, »child tax credits«; die Berechnung ist ziemlich kompliziert. Wenn dein Arbeitgeber ein Betreuungsangebot für Kinder fördert, kannst du einen jährlichen Steuervorteil von momentan 900 Pfund (gut 1.100 Euro) bekommen. Das ist nett, deckt aber höchstens 5 Prozent der Betreuungskosten, die wir damals für die Zwillinge hatten. Deshalb geben viele Mütter hier erst mal ihren Job auf, gerade wenn sie mehr als ein kleines Kind haben.

Für arbeitende Eltern vorteilhaft ist, dass die Kinder meist mit vier Jahren in die Schule kommen, schulpflichtig sind sie ab fünf. Dort sind sie dann montags bis freitags von 9 bis 15:30 Uhr. Allerdings gibt es kaum Jobs, in denen du nur von 10 bis 15 Uhr arbeiten kannst. Es bedeutet gleichzeitig, dass die Eltern sehr früh eine Schule für ihr Kind wählen müssen. Das ist nicht einfach, denn die Qualitätsunterschiede sind enorm, nicht nur zwischen privaten und staatlichen Schulen. Was die Situation derzeit noch verschärft: Wir haben hier eine der höchsten Geburtenraten Europas. Aktuell gibt es einen echten Babyboom in Großbritannien. Diese Kinder brauchen bald einen Schulplatz, was eine ziemliche Herausforderung für die zuständigen Behörden und Gemeinden ist. Die Klassengröße ist auf dreißig Schüler begrenzt und soll auch nicht hochgesetzt werden – schließlich sind Eltern nicht gerade scharf darauf, ihr Kind in eine Megaklasse zu schicken.

Nach wie vor spielt es in England eine gewisse Rolle, aus welcher gesellschaftlichen Schicht man stammt – beispielsweise schicken Eltern, die es sich leisten können, ihre Kinder gern auf private Schulen. Früher muss das viel häufiger der Fall gewesen sein, inzwischen sind die staatlichen Schulen wohl besser geworden. Außerdem zwingt die wirtschaftliche Situation seit der Rezession viele Eltern, staatliche Schulen zu wählen, da diese kein Schulgeld kosten. Bis auf das Mittagessen zahlt man nichts, für eine Privatschule dagegen mindestens 10.000 Pfund (knapp 12.700 Euro) pro Jahr und Kind.

Da unsere Kinder nächstes Jahr vier werden, beschäftige ich mich zurzeit mit dem Thema Schulwahl. Rupesh ging in Kenia selbst auf eine private Schule und legt Wert darauf, die beiden in eine gute Einrichtung zu schicken. Derzeit klappere ich die Schulen in unserer Umgebung ab. Ausgerechnet die nächstgelegene Schule gefiel mir gar nicht. Es war nicht sauber, Möbel und Einrichtung waren ziemlich heruntergekommen. Das pädagogische Konzept nannte sich »offene Struktur« und sah so aus, dass die Kinder ganz nach Lust und Laune aus dem Klassenzimmer liefen und die Hälfte von ihnen tat, was sie gerade wollte. Klingt nett, wenn jedes selbst bestimmt, ob es basteln, malen oder lieber rausgehen will, aber ich finde, Kinder brauchen eine gewisse Struktur.

Eine gute Sache ist in meinen Augen die einheitliche Kleidung; alle Kinder tragen Schuluniformen. Ich erinnere mich noch genau an meine eigene Schulzeit – meine Eltern hatten nicht das Geld, um mir Benetton- oder Nike-Sachen zu kaufen, und ich beneidete Mitschüler, die in teuren Markenklamotten zur Schule kamen. Eine Schuluniform macht es Schülern und Eltern leichter. Das fängt schon damit an, dass man morgens nicht lange überlegen muss, was man anziehen soll.

In unserem Bekanntenkreis gibt es kaum Elternpaare, bei denen beide Karriere machen. In der Regel bleibt in Großbritannien eher ein Partner zeitweise zu Hause – vor allem, wenn die Großeltern weit weg wohnen und die Kinder noch klein sind. Manche haben flexible Jobs und können in Teilzeit arbeiten – so wie eine befreundete Lehrerin, die einen Tag pro Woche unterrichtet, um ihre Qualifikation nicht zu verlieren. So lange passt ihre Mutter auf die Tochter auf. Meine Nachbarin hat drei kleine Söhne und arbeitet zwei oder drei Tage die Woche als Optikerin. Darum beneide ich sie. In Teilzeit hätte ich gern weitergearbeitet, aber die Möglichkeit gab es nur auf dem Papier, tatsächlich wäre es eben doch das volle Pensum gewesen.

Stattdessen verbringe ich die Tage nun mit zwei aufgeweckten Kleinkindern. Für mich ist das eine Herausforderung – ich bin nicht gerade zum Malen, Basteln und Singen geboren. Um Anschluss zu bekommen, gehen wir in die Spiel- und Musikgruppe und zum Kleinkinderschwimmen. Das ist alles ganz nett, aber inzwischen habe ich davon genug. Es ist auch kein Kinderspiel, dreijährige Zwillinge rechtzeitig ins Schwimmbad zu bekommen. Aber ich bin froh, wenn wir solche Ziele haben – gerade jetzt, wenn die Tage kurz und dunkel sind. Der unbändige Bewegungsdrang meiner Kinder legt ja keine Winterpause ein. Wir haben kürzlich unsere Garage umgeräumt und jede Menge Spielsachen reingestellt, jetzt können sie bei Regenwetter da drin herumrennen und spielen.

Das Wetter hier ist – oh Wunder – wechselhaft und oft ziemlich mies. Deshalb sind kommerzielle Indoor-Spielplätze sehr beliebt. Damit lässt sich viel Geld verdienen, weil jeder neben dem Eintritt noch Geld für Verpflegung ausgibt. Man darf nichts zu essen und zu trinken mitbringen, dafür steht gleich neben dem Eingang ein riesiger Kühlschrank mit Glastür und die Kids sehen schon, was sie haben wollen. Im Sommer gehe ich lieber nach draußen mit ihnen, zum Beispiel in die nahe gelegenen Parks. Ich versuche auch, viel mit den Kindern zu sprechen und ihnen vorzulesen, aber so richtig natürlich komme ich mir dabei nicht vor. Eher so, als würde ich mich verstellen und eine Kindergärtnerin spielen.

Rupesh sagt oft zu mir: »Andere Frauen wären froh, in deiner Situation zu sein.«

Aber ich würde schon gern im Büro arbeiten. Wenn ich für ihn kleine Projekte übernehme, merke ich allerdings schnell, dass es zu viel ist – ich brauche die Stunden, in denen die Kinder nicht da sind, um mich zu Hause um alles zu kümmern.

Zum Glück können wir uns auch jetzt, da ich nicht arbeite, eine zeitweise Kinderbetreuung leisten. Drei Vormittage und einen Nachmittag in der Woche gehen die Zwillinge in einen Kindergarten. So kann ich in Ruhe einkaufen, Dinge erledigen und ab und zu eine Stunde ins Fitnessstudio gehen, um etwas für meinen Rücken zu tun. Ich bin ausgeglichener, was sich auch auf die Kinder auswirkt. Plötzlich haben wir am Wochenende echte Freizeit, können gemeinsam mit den Kindern etwas unternehmen, anstatt all die Dinge zu erledigen, die bei zwei Vollzeitjobs liegen bleiben.

Rupesh halte ich den Rücken frei, mit zwei Firmen hat er viel um die Ohren. Seit er die Kinder nicht mehr in den Kindergarten bringen muss, kann er auch Auswärtstermine leichter wahrnehmen. Windeln wechseln, füttern, was auch immer ansteht – für einen indischen Mann, der mit Personal aufgewachsen ist, hilft Rupesh richtig viel im Haushalt, was die traditionelleren Mitglieder seiner Familie manchmal schockiert.

Egal was ich mache, ich will es gut machen. Jetzt, wo ich zu Hause bin, heißt das, ich versuche, mich optimal um meine Zwillinge zu kümmern und gleichzeitig unser Haus sauber und aufgeräumt zu halten.

Wenn ich mit meiner Mutter telefoniere, sagt sie oft: »Lass doch dein Haus, es muss nicht alles so picobello sein.«

Dabei ist ihr Haus noch viel ordentlicher. In gewisser Weise wird man seinen Eltern ähnlich, wenn man erst selbst in der Rolle steckt. Wie haben sie das früher geschafft, Kinder, Arbeit und Haus unter einen Hut zu bringen? Ich glaube, wir schaffen höchstens die Hälfte dieses Pensums. Damals war man aber auch noch nicht so vorsichtig. Ich lasse meine Kinder nicht aus den

Augen, wenn wir unterwegs sind – ob wir spazieren gehen oder in den Supermarkt. Apropos Einkaufen – das ist mit den beiden eine echt anstrengende Angelegenheit. Am Donnerstag war ich mit ihnen Schuhe kaufen und dachte, ich kriege einen Herzinfarkt. Nachdem ich sie daran gehindert hatte, den Laden auseinanderzunehmen und die Schuhe überall zu verteilen, warf sich einer der beiden auch noch im Parkhaus schreiend auf den Boden. Das war der krönende Abschluss eines Shoppingtrips.

Wenn Rupesh da ist, verbringt er sehr viel Zeit mit den Kindern. Samstags gehen die drei in den Park oder spielen im Garten. Er würde gern noch mehr machen und sprüht oft vor Ideen: »Geh doch mal mit ihnen in den Zoo oder nehmt den Bus.«

Dabei weiß er nicht, wie anstrengend das sein kann. Rupesh hatte eine sehr freie Kindheit, hat viel gesehen von der Welt und wurde gleichzeitig umsorgt und gefördert. Neben den Eltern kümmerten sich Angestellte um ihn und seine drei Schwestern – eine Annehmlichkeit, die für Mittelschicht-Europäer nicht selbstverständlich ist. Ich dagegen war als Kind oft mir selbst überlassen. Für meine Hausaufgaben war ich allein verantwortlich und konnte auch nicht allen Hobbys nachgehen, die mir Spaß gemacht hätten, weil wir haushalten mussten. Was diese ganzen Aktivitäten kosten, merke ich jetzt an meinen eigenen Kindern. Außerdem musste ich ja nach der deutschen noch in die griechische Schule, das war vielleicht lästig. Für meine Eltern war es vermutlich eine willkommene Kinderbetreuung am Nachmittag. Bestimmt wäre es ihnen nicht im Traum eingefallen, fürs verspätete Abholen Strafe zu zahlen.

Ich selbst bin ganz automatisch zweisprachig aufgewachsen: Zu Hause wurde griechisch, außerhalb deutsch gesprochen. Mit meinen eigenen Kindern ist die Sache nicht so einfach. Inzwischen lebe ich so lange in England, dass mein Englisch besser ist als mein Griechisch oder Deutsch. Tatsächlich ist mein Griechisch nicht perfekt, obwohl es die erste Sprache war, die ich gelernt habe.

Darum fühle ich mich nicht wohl dabei, mit meinen Kindern griechisch zu sprechen. Deutsch spreche ich fast gar nicht mehr, das kommt also auch nicht wirklich infrage. Rupesh ist mit einer Vielzahl von Sprachen aufgewachsen – Englisch, Pandschabi, Suaheli und so weiter –, aber Englisch ist auch für ihn die Alltagssprache. Und so kommt es, dass wir beide mit den Kindern englisch reden. Manchmal lasse ich griechische Begriffe einfließen und Rupesh ein paar Sätze auf Pandschabi. Für meine Eltern, die kaum englisch sprechen, ist das nicht leicht – daher spreche ich griechisch, wenn wir zusammen sind. Vergangenen Sommer verbrachte ich außerdem beinahe drei Monate mit den Kindern und meinen inzwischen pensionierten Eltern in Griechenland. Ich bin ganz zuversichtlich, dass die Kinder so wenigstens die Grundbegriffe der Sprache mitbekommen. Sie werden ihren Platz schon finden. Und wenn sie nach ihrer Herkunft gefragt werden, haben sie wenigstens etwas zu erzählen.

Wie die meisten Mütter, die ich interviewte, sprach Natalia offen über ihr Leben, ohne zu beschönigen oder gar zu jammern. Sie ist ein überlegter Mensch, der sich viele Gedanken macht über sich, über andere und darüber, wie man das Leben regeln kann, damit es möglichst allen gut geht. Ehrgeizig und hervorragend ausgebildet war sie ins Berufsleben gestartet, bis die »Karrierefalle Kind« zuschnappte. Wie sie sich damit mittelfristig arrangiert, ohne ihre Karriere abzuschreiben, finde ich gut. Mit etwas mehr Unterstützung von außen täte sie sich sicher leichter. Immerhin bezahlt die Gemeinde 15 Stunden Kinderbetreuung pro Woche, die ihr im Alltag mit den Zwillingen etwas Luft verschaffen. Mir fiel die Initiative »Eltern helfen Eltern« ein, die eine Mutter im Kindergarten meiner Söhne initiiert hat. Auch sie ist berufstätig und hat keine Großeltern in der Nähe. Nach dem Motto »Nimmst du mittwochs meinen Sohn nach dem Kindergarten mit zu dir nach Hause, dann nehme ich deine Tochter am Donnerstag mit ins Turnen« ergibt sich ganz unbürokratisch ein Netzwerk, das trägt. Eltern in der gleichen Situation springen füreinander ein und überbrücken die ein oder zwei Stunden zwischen Kindergarten und Ende des Arbeitstages, für die oftmals die Betreuung fehlt. Das geht nicht ohne viel Telefonieren und ständige Absprachen, lohnt sich aber für alle Beteiligten.

-3-

MUCHO TRABAJO

RAQUEL (43),
AUßERORDENTLICHE
PROFESSORIN,
2 TÖCHTER,
MURCIA

Im Süden Spaniens lebt Raquel (43) mit ihrem Mann Pedro und den Töchtern Lucia (8) und Celia (6). Als Vollzeit-Dozentin an der Universität von Murcia arbeitet die zierliche Spanierin nicht nur »nine to five«, sondern regelmäßig bis abends um 21 Uhr. Dabei ist sie ein Familienmensch und versucht, ihre Tage so durchzutakten, dass Zeit bleibt für das Wichtigste in ihrem Leben: die beiden Kinder. Doch auch Raquels Tage haben nur 24 Stunden.

Als Pedro und ich heirateten, war ich 33 Jahre alt, er 36. Unser Leben verlief zunächst weiter wie bisher, wir waren von morgens bis spätabends an der Universität eingespannt, steckten in Forschungsprojekten und bereiteten nebenher unseren Unterricht vor. Nach ein paar Monaten überraschte mich Pedro mit der Frage, ob ich mir denn Kinder wünschte.

»Eigentlich schon, aber nicht jetzt. Ich habe gerade viel zu viel zu tun«, sagte ich.

Er kenne mich seit zehn Jahren und ich hätte immer zu viel zu tun, meinte Pedro und erinnerte mich daran, wie alt wir inzwischen waren. Wenn wir Kinder haben wollten, sollten wir nicht mehr allzu lange warten. Schließlich überredete er mich, einen Versuch zu starten. Wir hatten großes Glück, einen Monat später war ich bereits schwanger. Als Lucia zur Welt kam, war ich 34, zweieinhalb Jahre später wurde Celia geboren.

Nach der Geburt meiner Töchter nahm ich die 16 Wochen gesetzlichen Mutterschutz in Anspruch. Während dieser Zeit erhalten Mütter in Spanien ihr bisheriges Gehalt zu 100 Prozent weiterbezahlt. Meine Erinnerung an die erste Zeit als Mutter ist alles andere als positiv. Lucia schlief recht wenig und verlangte den ganzen Tag über meine Aufmerksamkeit. Anstatt mir ein wenig Ruhe zu gönnen, verbrachte ich die kurze Zeit, in der sie schlief, damit, einem meiner Doktoranden zu helfen. Seine Dissertation musste innerhalb von vier Monaten fertig werden und dafür brauchte er meine Unterstützung. Sogar beim Stillen korrigierte ich das Manuskript. Ich befürchte, meine große Tochter ist deshalb oft nervös, weil ich damals nervlich so angespannt war. Als ich vier Monate nach ihrer Geburt an die Uni zurückkehrte, kümmerte sich meine Mutter tagsüber um Lucia, bis ich sieben Monate später Sommerferien hatte. Wie im Zeitraffer erlebte ich diese verrückte Phase: Ich wollte mein Baby weiterhin stillen und raste nach den Vorlesungen wie der Blitz nach Hause, um pünktlich zur nächsten Fütterung zur Stelle zu sein. Keine drei Monate ging das gut, dann versiegte die Milch, wahrscheinlich weil ich viel zu gestresst war.

Kinder, Arbeit, Haushalt – nur wer sich selbst in einer ähnlichen Situation befindet, kann verstehen, wie schwierig es ist, all das unter einen Hut zu bringen. Vor allem angesichts der unsinnigen Arbeitszeiten bei uns in Spanien. Die meisten Leute arbeiten von 9 bis 14 oder 15 Uhr, machen dann Mittagspause und arbeiten weiter bis 19 oder 20 Uhr. Mein Tag an der Universität dauert häufig von 9 bis 21 Uhr. Ich bin außerordentliche Professorin an der Fakultät für Wirtschaftswissenschaften und Betriebswirtschaft in Murcia und unterrichte Bachelor-, Master- und MBA-Studenten sowie Doktoranden. Mein Mann Pedro ist ebenfalls Dozent. An den Wochenenden arbeiten wir von zu Hause aus, da die Werktage einfach nicht ausreichen für unser Arbeitspensum.

Für meine Forschungsarbeit lese ich sehr viel Fachliteratur, schreibe Artikel und Bücher, halte Vorträge auf Konferenzen und verfasse Rezensionen für wissenschaftliche Journale oder Komitees. Um immer auf dem neuesten Stand zu sein, verfolge ich die Wirtschaftspresse sehr genau. Regelmäßig nehme ich an Konferenzen teil und bin dann mehrere Tage lang verreist. Dazu kommen gerade an einer staatlichen Universität jede Menge Verwaltungsaufgaben, von Jahr zu Jahr werden es mehr. Die Bürokratie stiehlt uns die Zeit für das Wesentliche, nämlich Unterricht und Forschung. Davon abgesehen, liebe ich, was ich tue. Meine Arbeit ist intellektuell äußerst stimulierend und gibt mir die Gelegenheit, Menschen auf der ganzen Welt zu treffen. Ich unterrichte sehr gern und mag die Arbeit mit den Studenten.

Ein klarer Vorteil sind die flexiblen Arbeitszeiten: Wenn ich Vorlesungen halte oder Termine habe, muss ich natürlich an der Universität sein – ansonsten entscheide ich, wann und wo ich forsche oder meinen Unterricht vorbereite. Häufig arbeite ich nachts und am Wochenende von zu Hause aus. Das ist nicht gerade erstrebenswert, ermöglicht es mir als Mutter aber, mein Privatleben überhaupt mit meiner Vollzeitstelle zu vereinbaren.

Mein Mann wurde vergangenes Jahr zum ordentlichen Professor ernannt, er hatte sehr hart dafür gearbeitet. Auch ich hoffe, in wenigen Jahren eine solche Professur zu erhalten. Das hängt unter anderem von der wirtschaftlichen Situation unseres Landes ab, aufgrund der Wirtschaftskrise dürfen staatliche Universitäten derzeit keine neuen Professorenstellen ausschreiben.

An öffentlichen Universitäten haben Männer und Frauen heute dieselben Karrierechancen, würde ich sagen. Dennoch erhalten mehr Männer eine Professur als Frauen. Warum das so ist? Es liegt wohl daran, dass Frauen Familienpausen einlegen und mit ihrer Forschungsarbeit daher weniger schnell vorankommen. Außerdem können Mütter nicht mehr so viele Arbeitsstunden leisten wie Kinderlose – Väter scheinen davon weniger betroffen zu sein.

Bereits als Lucia geboren wurde, versuchte ich, sie für einen öffentlichen Kinderkrippenplatz anzumelden, doch das war aussichtslos. In jenem Jahr wurden in Murcia ungewöhnlich viele Kinder geboren – quasi ein lokaler Babyboom – und die Einrichtungen waren komplett überfüllt. Öffentliche Kinderbetreuung ist günstig, doch auch in normalen Jahren gibt es nie genügend Plätze. Als Lucia ein Jahr alt war, meldete ich sie schließlich bei einer privaten Kleinkindbetreuung an. Ab diesem Zeitpunkt verlief mein Alltag wieder geordneter, ich konnte meine Arbeit besser organisieren. Wobei sich mein Leben ehrlich gesagt bis heute ständig anfühlt wie im Ausnahmezustand.

Als wir uns mit Kind Nummer eins gerade eingerichtet hatten, wurde unsere zweite Tochter Celia geboren. Das Leben stand wieder kopf. Doch ich war gelassener und routinierter und habe den zweiten Mutterschaftsurlaub in viel besserer Erinnerung als den ersten. Ich konnte die Zeit zu Hause tatsächlich genießen, auch wenn es wieder kein hundertprozentiger »Urlaub« von der Uni war, weil ich beispielsweise bereits eingereichte Artikel für wissenschaftliche Zeitschriften zu korrigieren hatte. Auch mein Körper streikte diesmal nicht und ich stillte Celia beinahe acht Monate lang.

Bereits mit einem halben Jahr gab ich sie in eine private Kleinkindbetreuung. Dadurch konnte ich besser arbeiten, doch wir merkten auch, dass der Alltag mit zwei Kindern komplizierter war – unter anderem, weil wir nun mindestens zweimal täglich den Kindergarten, die Schule und die Universität anfahren mussten. Glücklicherweise ist auch mein Mann nicht an fixe Arbeitszeiten gebunden und wir konnten uns die Fahrdienste teilen. Als beide Kinder drei Jahre später dieselbe Einrichtung besuchten, atmeten wir auf.

Zwischen dem dritten und sechsten Lebensjahr können Kinder in Spanien eine Art Vorschule besuchen, verpflichtend ist der Schulbesuch zwischen sechs und sechzehn Jahren. Dieser Regelschulbesuch ist kostenlos, Eltern bezahlen lediglich die Unterrichtsmaterialien und Bücher, das Mittagessen und gegebenenfalls für den Transport von und zur Schule.

Bis auf den viermonatigen Mutterschutz erhalten Familien mit Kindern in Spanien relativ wenig finanzielle Unterstützung. Dabei gibt es durchaus regionale Unterschiede, da neben der Regierung in Madrid häufig regionale Parlamente zuständig sind. Kindergeld steht nur Familien mit geringem Einkommen oder behinderten Kindern zu. Beträgt das Familieneinkommen weniger als rund 11.370 Euro im Jahr, liegt der Satz für ein Kind zwischen drei und achtzehn Jahren derzeit bei 291 Euro jährlich.

Pro Kind bekommen wir immerhin einen Nachlass auf die Einkommenssteuer. Ansonsten muss man schon mindestens drei Kinder haben, um in den Genuss staatlicher Vergünstigungen zu kommen, beispielsweise für öffentliche Verkehrsmittel und sonstige Dienstleistungen. Eine Freundin von mir ist Expertin auf diesem Gebiet und erzählte mir kürzlich, dass aufgrund der derzeitigen Wirtschaftskrise viele Leistungen eingestellt werden mussten. Darunter fällt auch die »Babyprämie«, eine Zahlung von 2.500 Euro, mit der die Regierung ab 2007 die Geburtenrate anzukurbeln versuchte.

Fehlende staatliche Unterstützung wird in Spanien durch die Familie kompensiert. Der familiäre Zusammenhalt ist generell groß. Auch meine Eltern leben in der Nähe und unterstützen uns bis heute nach Kräften – im Alltag und wenn die Kinder krank sind. Meine Mutter ist Hausfrau und als Celia zur Welt kam, war mein Vater bereits in Rente. Mindestens einmal die Woche verbringen sie nach der Schule Zeit mit den Kindern, bis Pedro oder ich es gegen 20 Uhr schaffen, die Mädchen abzuholen.

In der Generation meiner Mutter blieben die Frauen nach der Geburt ihrer Kinder zu Hause, heute ist das nicht mehr die Regel. Dafür sehe ich hauptsächlich zwei Gründe: Viele Frauen haben studiert und wollen nicht auf eine Karriere verzichten; häufig ist ein zweites Einkommen auch ganz einfach notwendig, um eine Familie ernähren zu können. Der Großteil der spanischen Mütter ist inzwischen berufstätig oder wäre es gern, doch die Vereinbarkeit von Familie und Beruf ist nach wie vor schwierig – traditionelle Rollenbilder wandeln sich nur langsam. Noch immer gibt es Firmen, die bevorzugt Männer einstellen, weil die nun mal nicht schwanger werden können und seltener fehlen, wenn ihre Kinder krank sind.

Mein eigener Alltag zeigt ja, dass es nicht leicht ist, Karriere und Familie miteinander zu vereinbaren. Dabei bin ich mit meinen flexiblen Arbeitszeiten sehr privilegiert. Dennoch bin ich eine gestresste berufstätige Mutter – eine, die versucht, in jeder Hinsicht ihr Bestes zu geben, und dabei viel zu oft das Gefühl hat, nirgends gut genug zu sein. Nach außen hin bin ich sicherlich erfolgreich, doch dafür bleibt vieles auf der Strecke, was mir wichtig ist – Hobbys zum Beispiel. Wenn ich heute ab und zu Sport treibe, dann hauptsächlich deshalb, weil mir der jahrelange Dauerstress gesundheitliche Probleme eingebracht hat. Nebenher lerne ich sogar etwas Französisch, was ich schon immer tun wollte. Aber ich finde einfach nicht die Zeit, meine Freundinnen anzurufen, geschweige denn mit ihnen auszugehen und lange Gespräche zu führen. Das fehlt mir sehr. Ich vermisse es, ab und zu ins Kino zu gehen – und zwar nicht in einen Kinderfilm. Es gibt so vieles, was ich gern tun würde: mehr Zeit mit meiner Familie und meinen Freunden verbringen, Malkurse besuchen, mehr Sport treiben.

Bis 2008 galt die spanische Wirtschaft innerhalb der EU als sehr dynamisch. Seither jedoch steckt Spanien in einer schweren Wirtschaftskrise. Das macht vielen Familien zu schaffen und folglich auch vielen Frauen. Die größte Sorge ist die Arbeitslosigkeit. Seit Beginn der Krise steigt sie von Jahr zu Jahr und liegt aktuell bei rund 25 Prozent. Besonders gravierend ist die Lage für junge Spanier, mehr als die Hälfte der unter 25-Jährigen ist hierzulande ohne Job. Die Regierung führt einen strikten Sparkurs, um die Probleme in den Griff zu bekommen. Doch bislang ist unklar, wann und ob dieser positive Effekte zeigen wird. Die Aussichten für die kommenden Monate sind alles andere als rosig. Wer noch Arbeit hat, musste im Zuge der Krise meist Lohn- und Gehaltskürzungen hinnehmen. Viele Menschen befürchten weitere Einschnitte und bangen um ihre Jobs. Meine Stelle an der Uni schätze ich als relativ krisensicher ein, doch als Wirtschaftsdozentin und vor allem als Mensch beschäftigt mich diese Situation tagtäglich.

Für meine Studenten ist die wirtschaftliche Situation ein Albtraum. Viele sind desillusioniert und wissen nicht, was nach dem Studium aus ihnen werden soll. Schulen und Universitäten bieten auch in Spanien Kurse zur Studien- und Berufsberatung an und dazu, wie man seinen Lebenslauf schreibt oder sich im Bewerbungsgespräch verhält. Doch für die derzeitige Situation gibt es kein Seminar. Wenn mich die Studenten um Rat fragen, nehme ich mir Zeit für sie, aber eine Lösung kann ich ihnen auch nicht bieten.

Wir Spanier sind bekanntlich sehr heimatverbunden und hängen an unserer Sprache, unserem Land und vor allem an unserer Familie. Diese kulturelle Prägung hemmt uns, unser Heimatland, ja selbst unsere Stadt zu verlassen. Doch angesichts der prekären Situation denken viele Studenten darüber nach, auszuwandern – vor allem diejenigen, deren Eltern sie finanziell nicht unterstützen können. Beinahe täglich lese ich in der Zeitung von jungen Leuten, häufig Ingenieuren, die nach Deutschland gehen, um dort zu arbeiten. Ein junger Softwareingenieur und guter Freund von mir unterrichtet beispielsweise seit Kurzem an einer österreichischen Universität. Es gibt eine Reihe europäischer Länder, in denen qualifizierte Spanierinnen und Spanier Arbeit finden – vorausgesetzt, sie verfügen über die nötigen Sprachkenntnisse. Doch daran mangelt es leider häufig.

Die Mehrheit der Spanier hat Angst vor der Zukunft. Als Reaktion auf die derzeitige Lage kürzen die meisten ihre Ausgaben, wo sie nur können. Was man nicht unbedingt braucht, wird verkauft oder gestrichen. Darunter fallen häufig haushaltsnahe Dienstleistungen. Aber wenn die Putzfrau oder der Gärtner eingespart werden, bleibt die Arbeit zum Großteil an der Mutter hängen.

Da Pedro und ich beruflich so eingespannt sind, haben wir eine Haushaltshilfe. Sie kommt montags, mittwochs und freitags für jeweils drei Stunden und ist wirklich Gold wert. Dennoch bleibt vieles liegen: Waschen, Einkaufen, Kochen. Dafür und natürlich für die Erziehung unserer Kinder sind mein Mann und ich zuständig. Wir teilen uns die Hausarbeit, wenn auch nicht ganz gleichmäßig. Wenn du ihn fragst, übernehme ich 60 und er

40 Prozent. Ich würde sagen, mein Anteil ist noch höher. Zum Beispiel gehört es zu meinen Aufgaben, die Wäsche zu machen und Kleidung für die Kinder zu kaufen – es ist kaum zu glauben, wie schnell sie aus den Sachen herauswachsen. Ich plane unseren Alltag, lege fest, was wir wann essen und unternehmen, merke mir, wo die Kinder eingeladen sind, und besorge die passenden Geschenke. Wirklich gleichberechtigt sind wir beim Kochen und bei der Betreuung der Schularbeiten. Pedro übernimmt meistens die Gutenachtgeschichten.

Bevor wir Kinder hatten, wohnten wir im Zentrum von Murcia in einem Apartment – die meisten Spanier leben in Apartments. Zwischenzeitlich sind wir umgezogen in ein Haus nahe der Universität. Unsere Wohnsiedlung besteht aus Doppelhäusern, die sich einen Garten mit Pool teilen. Auch viele unserer Nachbarn arbeiten an der Universität und haben Kinder. Die Gegend ist sehr hübsch und was noch viel wichtiger ist: Wir können länger und flexibler arbeiten, ohne viel Zeit mit Herumfahren zu verbringen, da wir nun kurze Wege haben.

Vom Stadtzentrum wohnen wir mit dem Auto nur fünf Minuten entfernt. Murcia ist die siebtgrößte Stadt Spaniens – nicht gerade riesig, aber sie bietet alles, was eine Großstadt ausmacht. Abgesehen von der wunderschönen barocken Kathedrale sind architektonische Glanzlichter dünn gesät, doch die Atmosphäre ist herzlich und einladend und die Fußgängerzonen der Altstadt sind fast immer voller Menschen. Es macht Spaß, dort zu flanieren und das lebensfrohe Flair der Stadt auf sich wirken zu lassen. Dazu trägt auch das schöne Wetter bei. Hier im Süden Spaniens sind die Winter mild und die Sonne scheint recht zuverlässig den ganzen Tag über.

Seit wir Kinder haben, fahren wir in den Ferien an den Strand, jedes Jahr im August. Wenigstens einmal im Jahr profitieren wir besonders von der geografischen Lage: In nur einer Autostunde gelangen wir von Murcia zu unserer Ferienwohnung am Meer.

Abgesehen von diesen vier Wochen und den Weihnachtsferien ist mein Tagesablauf genau durchgetaktet: Morgens um 7:30 Uhr bereite ich das Frühstück für die ganze Familie, richte den Kindern ein Pausenbrot für die Schule und helfe ihnen beim Anziehen. Etwa 8:45 Uhr beginnt mein Arbeitstag an der Uni, gegen 14 Uhr habe ich Mittagspause. Montags nutze ich diese, um ins Fitnessstudio zu gehen. Von 15:30 Uhr bis mindestens 20:30 Uhr arbeite ich montags, mittwochs und donnerstags wieder an der Fakultät. Wenn ich Doktoranden oder MBA-Studenten unterrichte, komme ich erst nach 21 Uhr nach Hause. Für gewöhnlich essen wir um 21 Uhr zu Abend; mein Mann und ich kochen abwechselnd, je nachdem wer früher zu Hause ist. Bis ich die Küche aufgeräumt und die Hausarbeit erledigt habe, ist es 23 Uhr. Anschließend bleibt mir ab und zu eine Stunde Zeit, bis ich selbst zu Bett gehe. Ich mache meine Französisch-Hausaufgaben, lese ein Buch oder schaue fern. Meistens geht es allerdings zurück an den Schreibtisch, beispielsweise weil ein Fachartikel dringend fertig werden muss.

Dienstagnachmittags bin ich nur bis kurz vor 15 Uhr an der Universität, anschließend fahre ich zur Schule meiner Kinder, wo mein Französischunterricht stattfindet. Ich habe den Unterrichtsort so gewählt, damit ich keine Zeit verliere und meine ältere Tochter gleich anschließend zum Englischkurs fahren kann. Celia und ich warten so lange in einem Park oder gehen einkaufen. Um 19 Uhr sind wir dienstags bereits zu Hause, dann helfe ich den Kindern bei den Hausaufgaben und koche. Mittwochs haben die Kinder nur bis kurz nach 15 Uhr Schule, also hole ich sie in meiner Mittagspause ab und bringe sie zum Haus meiner Eltern. Wenn mein Mann oder meine Eltern diesen Fahrdienst übernehmen, gehe ich stattdessen ins Fitnessstudio. Freitags arbeite ich nur bis kurz nach 15 Uhr. Nachdem ich die Kinder von der Schule abgeholt habe, gehen wir einkaufen oder sie treffen Freundinnen. Gegen 20 Uhr gesellen wir Eltern uns manchmal dazu und essen alle gemeinsam zu Abend. Ich genieße diese Freitagnachmittage, weil sie Raum lassen für Erledigungen und ab und zu sogar für spontane Aktivitäten.

Meine Familie und meine Arbeit sind die wichtigsten Konstanten in meinem Leben. Dabei haben die Kinder oberste Priorität, obwohl ich mir oft Vorwürfe mache, weil ich ihnen nicht genug Zeit widmen kann. Wenn sie mit mir spielen wollen, lautet meine Antwort fast immer: »Ich habe keine Zeit.« Das tut mir leid. Dennoch wünsche ich mir nichts mehr, als dass meine Töchter zu gesunden, glücklichen Menschen heranwachsen.

Leben im Süden Spaniens, das klingt nach Mañana-Mentalität, Fiesta und Siesta, Sonnenschein und Ferienstimmung, dazu eine Prise Flamenco, Stierkampf und kilometerlange Strände. Raquels Geschichte räumt auf mit solchen Klischees, nur die typisch spanische Lebensfreude blitzt hier und da an den Rändern ihres stressigen Alltags auf. Frauen in Spanien haben eine der höchsten Lebenserwartungen und gleichzeitig eine der geringsten Fruchtbarkeitsraten in der EU; ihre Beschäftigungsquote war selbst vor der Wirtschaftskrise relativ niedrig, 2007 lag sie bei knapp 55 Prozent. Tatsächlich ist es in kaum einem anderen Land Europas so schwierig für eine Frau, mehr als ein Kind zu haben und gleichzeitig zu arbeiten. Das soziale Netz in Spanien ist die Familie. Die Menschen sind sehr kinderfreundlich, doch die Betreuung der Kinder ist Privatsache und obliegt klassischerweise der Mutter. Beim Gespräch mit Raquel dachte ich voller Hochachtung: Meine Güte, die Frau stemmt ein unglaubliches Pensum. Aufgrund der herrschenden Krise ist sie in den Augen vieler Spanierinnen jedoch mit ihrem Beruf in einer beneidenswerten Lage. Denn sie möchten und müssten Geld verdienen – aber wie?

-4-

FAMILIENBANDE FÜR DIE FREIHEIT

SIMI (46),
INHABERIN EINER
TEXTILAGENTUR,
2 KINDER,
MUMBAI

Simi (46) ist Mutter einer 17-jährigen Tochter und eines 14-jährigen Sohnes. Mit ihrem Mann Rajesh und den Kindern lebt sie in der 18-Millionen-Metropole Mumbai. Gemeinsam mit ihrer Schwester und ihrer Mutter führt sie eine Einkaufsagentur für Textilien. Sie entwickelten unter anderem Kinderbekleidung für die Firma, bei der ich bis 2008 tätig war. Über Bergen von Musterteilen lernte ich Simi und ihre Schwester Sanjita kennen und schätzen.

Meine Mutter ist immer für uns und unsere Kinder da gewesen. Als wir klein waren, zauberte sie auf der Nähmaschine die schönsten Kleider für meine Schwester Sanjita und mich. Dann waren da noch die sieben Schwestern meines Vaters, alle sehr geschickt in Handarbeiten wie Nähen, Sticken, Klöppeln. Seit ich zurückdenken kann, umgebe ich mich gern mit schönen Stoffen. Mein Beruf ist daher tatsächlich eine Berufung, ich wusste immer schon, dass ich mit Textilien und Kleidung arbeiten würde. Als ich elf war, begann ich selbst zu nähen. Nach dem College absolvierte ich einen Masterstudiengang in »Textil und Bekleidung« und arbeitete danach für verschiedene Exportfirmen in der Textilbranche. Bevor wir unser eigenes Unternehmen starteten, leitete ich das indische Büro einer großen amerikanischen Einkaufsfirma mit mehr als zwanzig Standorten weltweit.

Eine »working mum« in Indien zu sein ist für die meisten Frauen harte Arbeit. Ihre Mütter haben so gut wie nie außer Haus gearbeitet, sodass es ihnen an Vorbildern mangelt. Nach wie vor wird von ihnen erwartet, so zu sein, wie ihre Mütter waren – also immer da, um die Bedürfnisse der Familie zu erfüllen. Die Männer haben ihr altes Rollenbild noch nicht abgelegt, die Frauen dagegen sollen arbeiten und sich gleichzeitig um Haushalt und Kinder kümmern. Indische Männer sind nicht gerade pflegeleicht. Es gibt längst nicht so viel Gleichberechtigung wie in der europäischen Gesellschaft, auch wenn Frauen und Männer vor dem indischen Gesetz gleich sind. Immerhin wurde der bezahlte Mutterschaftsurlaub schon Anfang der 1960er-Jahre eingeführt.

Die typische indische Mittelstandsfamilie hat keine Hausangestellten. Für gewöhnlich gibt es eine Hilfe, die kommt, um den Boden zu wischen und vielleicht auch Geschirr zu spülen und Wäsche zu waschen. Einen Koch haben die wenigsten.

Platz ist knapp in Mumbai, entsprechend teuer ist der Wohnraum. Die Immobilienpreise sind vergleichbar mit denen von Manhattan. Ich lebe im 15. Stock eines Apartmentgebäudes; ein Haus mit Garten ist illusorisch, wenn du nicht megareich bist. Wohnungen und Büros erinnern oft an Streichholzschachteln. Die Stadt wächst irrsinnig schnell und ist völlig überfüllt, rund die Hälfte der Einwohner lebt in Slums. Dementsprechend angespannt ist die Sicherheitslage vielerorts. Es gibt viele Verbrechen, aber kaum Richter, weshalb es nicht viel bringt, jemanden anzuzeigen. Du kannst es natürlich versuchen, aber bis ein Fall gelöst wird, dauert es oft zwanzig Jahre.

Es ist nicht einfach, hier über die Runden zu kommen. Die meisten Frauen müssen Geld verdienen, dabei sind sie auf den öffentlichen Nahverkehr angewiesen, um zur Arbeit zu kommen. Das bringt Probleme mit sich, denn wir haben nicht die Infrastruktur, die ihr in Europa habt. Sie stehen morgens gegen 5 Uhr auf, richten Lunchpakete für jedes Familienmitglied, verabschieden Mann und Kinder und verlassen selbst das Haus. Oft sehe ich Frauen, die im Zug Gemüse schnippeln, denn wenn sie abends nach Hause kommen, muss schnell das Essen auf dem Tisch stehen. Der Weg zur Arbeit dauert häufig mehr als eineinhalb Stunden – das macht täglich drei bis vier Stunden Pendeln, acht oder neun Stunden Arbeiten plus Hausarbeit.

Für meine Schwester und mich ist es einfacher, Beruf und Familie miteinander zu vereinbaren, denn wir arbeiten selbstständig. Ein Grund, weshalb wir 1991 unsere Firma Ama gegründet haben, war übrigens, auch unserer Mutter die Chance zu eröffnen, einer Tätigkeit nachzugehen. Sie hatte zwar das College absolviert – in ihrer Generation noch unüblich –, war aber nie berufstätig gewesen, weil sie sich um ihre vier Kinder hatte kümmern müssen. Meine Mutter war so wild darauf zu arbeiten, dass sie sich laufend weiterbildete und nebenher Wirtschaftswissenschaften und Jura studierte. Auch für meine Schwester und mich war die eigene Firma der beste Weg, Beruf und Familie miteinander zu vereinbaren, ohne auf das eine oder andere zu verzichten. Heute sind wir drei gleichwertige Partner in unserer Einkaufsagentur. Sie fungiert als Büro vor Ort für internationale Unternehmen, die Bekleidung oder Heimtextilien in Indien fertigen lassen möchten. Wir helfen bei der Entwicklung von Mustern, überwachen den Produktionsprozess, übernehmen Preisverhandlungen sowie Qualitätskontrollen und sorgen für den rechtzeitigen Versand der Waren. Dafür haben wir ein Netzwerk von Herstellern aufgebaut, die im ganzen Land verteilt sitzen. Ich kümmere mich um die Produktion, Sanjita ist für Entwicklung und Muster zuständig.

Der globale Textilmarkt ist so unberechenbar geworden, dass wir uns neben dem Export ein zweites, nationales Standbein aufbauen. Immer mehr Einzelhändler drängen nach Indien und diesen Trend wollten wir nicht verpassen. 2011 haben wir unseren ersten Laden eröffnet und die Geschäfte laufen vielversprechend.

Als wir 1991 die ersten Messen in Japan und Australien besuchten, war Sanjita gerade schwanger mit ihrem zweiten Kind. Eine ganze Zeit lang hatten wir nur einen einzigen Kunden, doch allmählich sprach sich unser Angebot herum und weitere Kunden kamen über Empfehlungen auf uns zu. Auf einmal waren wir sehr viel unterwegs. Ich reise liebend gern, aber als ich später eigene Kinder hatte, ertrug ich es kaum, von ihnen getrennt zu sein. Oft musste meine Schwester allein verreisen, sie kam besser damit klar. Die Kinder mitzunehmen war keine Option, internationale

Reisen sind teuer und meist sind wir zehn bis zwölf Tage am Stück unterwegs, so lange können sie in der Schule nicht fehlen. Außerdem machen wir keine Sightseeingtouren, sondern absolvieren ein Meeting nach dem andern. Ich war schon einige Male in Paris, ohne je den Eiffelturm gesehen zu haben, und bestimmt schon zwölf Mal in den USA – aber die Freiheitsstatue kenne ich nur vom Hörensagen. Natürlich könnte man sich am Ende einer Reise noch etwas ansehen, aber zu dem Zeitpunkt will ich jedes Mal auf dem schnellsten Weg nach Hause.

Zu unseren Anfangszeiten diente Sanjitas Wohnzimmer uns als Büro. Ein Computer war damals noch etwas ganz Neues. Ich erinnere mich, wie ihr Zweitältester als Baby auf ihrem Schoß saß und anfing, auf der Tastatur herumzuhämmern. Es muss ein Zwölf-Zoll-Bildschirm gewesen sein, den ihr Sohn aus Versehen in ein drei Zoll kleines Fenster verwandelte. Wir hatten keine Ahnung, wie wir das rückgängig machen sollten, studierten die Bedienungsanleitung und probierten verschiedene Tastenkombinationen aus – nichts half. Ungefähr drei Monate lang arbeitete Sanjita notgedrungen mit einem winzig kleinen Bildschirmfenster. Eines Tages krabbelte der Kleine wieder auf ihren Schoß, hämmerte erneut auf die Tastatur ein und plötzlich war der volle Bildschirm wieder da – er hatte ihn »repariert«!

In den zwanzig Jahren, die wir die Firma haben, zogen meine Schwester und ich insgesamt fünf Kinder groß. Sanjitas jüngste Tochter Shefali war ein Baby, als wir einen großen Neukunden gewannen. Meine Schwester arbeitete Tag und Nacht, doch das Baby wurde noch gestillt, weshalb ihr Mann oder unser Bruder es alle drei Stunden zu ihr ins Büro brachten und nach der »Fütterung« wieder mitnahmen. Gegen 22:30 Uhr ließen sie die Kleine dann einfach dort; sie bekam ein provisorisches Bettchen auf dem großen Schreibtisch und schlief, während ihre Mama arbeitete.

Unsere größeren Kinder betreuten meine Schwester, meine Mutter und ich abwechselnd – eine von uns blieb zu Hause, während die beiden anderen arbeiteten. Natürlich gibt es auch Kinderbetreuungsangebote, aber wir wollten unsere Kinder nicht von Fremden großziehen lassen.

Mehr oder weniger unfreiwillig blieb ich sogar fünf Jahre lang zu Hause, als meine Kinder klein waren. Nach der Hochzeit zog ich weg aus Mumbai – zu meinem Mann. Er ist SAP-Software-Berater. Es gab keine Textilindustrie in der Gegend und somit keine Arbeit für mich. Ich saß also zu Hause und wurde beinahe verrückt. Immerhin hatte ich bereits neun Jahre lang gearbeitet und war es nicht gewohnt, nichts zu tun. Es dauerte zwei lange Jahre, bis wir zurückkehrten nach Mumbai, dann kam zunächst mein Sohn zur Welt. Erst als er mit drei Jahren in den Kindergarten ging, fing ich wieder an zu arbeiten. Zunächst in Teilzeit, denn gegen 14:30 Uhr kam er nach Hause, ich machte ihm etwas zu essen und legte ihn ins Bett für seinen Mittagsschlaf. Unsere Firma erhielt von mir erst wieder die nötige Aufmerksamkeit, als meine Kinder den ganzen Tag über zur Schule gingen.

Wie sagt meine Schwester immer? »Ich wünschte, ich hätte eine Frau!« Es wäre so gut, eine Ehefrau zu haben, die sich zu Hause um die Kinder kümmert, während wir schuften.

Inzwischen lebt beinahe meine ganze Familie in Andheri, einem Vorort von Mumbai. Wir sind alle Nachbarn in einer Wohnanlage mit mehreren Gebäuden – ich lebe in einem, meine Schwester in einem anderen, meine Mutter und einer meiner beiden Brüder gleich nebenan. Doch nicht nur räumlich sind wir uns sehr nah, unsere Familie hält zusammen und ist eine unbezahlbare Unterstützung für uns alle. Meine Kinder sind nie allein, sie haben vier »Zuhause«, in denen sie stets willkommen sind. Tatsächlich nennt mein Sohn meine Mutter und mich »Mama«, zu Sanjita sagt er »zweite Mama«. Wenn er von der Schule kommt, geht er oft direkt zu meiner Mutter, isst und macht seine Hausaufgaben dort und kommt anschließend erst nach Hause. Auch unser Büro ist nur fünf Minuten von der Wohnung entfernt, so lassen sich Firma und Familie gut miteinander vereinbaren.

Meine Eltern sind unglaubliche Menschen. Meine Mutter ist eine der nettesten Mütter, die man sich vorstellen kann. Mein Vater wurde in Bihar zum Piloten ausgebildet und ging als Flugzeugingenieur zu Air India, deshalb zog unsere Familie nach Mumbai, als wir noch klein waren. Meine Mutter wuchs auf in T-Shirts und kurzen Hosen – absolut ungewöhnlich für Indien, damals wie heute. Sie und ihre ältere Schwester waren die einzigen Mädchen an ihrer Schule. Mein Großvater war ein ganz besonderer Mann, sanftmütig und intellektuell. Er war Schulinspektor und verfasste außerdem zahlreiche Schulbücher. Mit meiner Großmutter hatte er acht Kinder, fünf davon gingen gleichzeitig aufs College. Ich meine, sie gingen alle acht aufs College, aber für fünf Kinder gleichzeitig zu bezahlen muss irrsinnig schwer gewesen sein. Meine Großmutter versetzte ihren Schmuck und verpfändete den erhofften Gewinn, den die Bücher ihres Mannes einbringen sollten. So stellte sie sicher, dass alle eine gute Ausbildung erhielten. Der Vater meines Vaters dagegen war ein schwerreicher Anwalt.

Indien ist ein riesiges Land mit vielen Facetten – arm und reich, rückständig und aufgeschlossen. Dass meine Schwester und ich so eigenständig sind, verdanken wir in erster Linie unserem Elternhaus und dem Zusammenhalt in unserer Familie, der es uns erlaubt, unser Leben so zu leben, wie wir es tun.

Die Familie meines Mannes stammt aus dem Norden Indiens, aus dem Bundesstaat Uttar Pradesh. Meine Schwiegereltern hatten genaue Vorstellungen bezüglich ihrer idealen Schwiegertochter: Sie sollte Hindi sprechen, gut kochen und sich in erster Linie um ihre Familie kümmern. Ich dagegen kleide mich nicht gemäß der Tradition und leite zudem ein Unternehmen. Folglich waren sie schockiert, als Rajesh und ich heirateten.

Unsere Geschichte könnte aus einem Bollywood-Film stammen, also erzähle ich sie lieber von vorn: Üblicherweise wird in

Indien eine Heirat von der Familie arrangiert. Verwandte von uns hatten meinem Vater tatsächlich vorgeschlagen, mich mit Rajesh zu verheiraten, und so schickte er ein Foto von mir an Rajeshs Vater. Doch der sandte es umgehend zurück, denn mit einem Mädchen aus Mumbai wollte er nichts zu tun haben. Frauen aus Mumbai haben nicht den besten Ruf in der Provinz. Rajesh und ich wussten zu dem Zeitpunkt nichts voneinander. Doch zufällig arbeitete mein Cousin für dieselbe Organisation wie er und stellte uns einander vor. Es war Liebe auf den ersten Blick. Ich bat meine Familie darum, seine Familie zu treffen – nicht ahnend, dass mein Vater schon Kontakt mit ihnen gehabt hatte. Meine Eltern flogen also nach Varanasi, um Rajeshs Familie zu treffen. Leider waren sie sich nicht sympathisch.

Als meine Eltern zurückkehrten, meinten sie zu mir: »Du passt nicht in dieses Haus.« Seine Eltern sagten ihm das Gleiche.

Kurz darauf spielte Rajesh beim Basketball Federation Cup in Chennai, wo auch mein Bruder lebte. Ich flog hin und verbrachte eine großartige Woche mit Rajesh, meinem Bruder und meiner Schwägerin. Rajesh und ich beschlossen, keine Rücksicht auf unsere Familien zu nehmen und dennoch zu heiraten. Mit 28 beziehungsweise dreißig Jahren waren wir schließlich alt genug, um so eine Entscheidung selbst zu treffen. Unsere Familien überwanden zum Glück ihre Bedenken unserer Beziehung gegenüber und veranstalteten eine große Hochzeitsfeier. Das ist keineswegs üblich in Indien. Wenn die Eltern ihre Zustimmung verweigern, heiraten viele Paare heimlich. Manche Familien akzeptieren das und feiern eventuell noch ein richtiges Hochzeitsfest, bei anderen dauert es Jahre, bis sie sich mit der Ehe abfinden. Dann gibt es noch die Fälle, in denen eine Familie beschließt, die Braut oder den Bräutigam zu töten.

Meine Schwiegereltern hatten mich bis zu unserer Hochzeit nie gesehen. Mein Erscheinen war dann auch ein ziemlicher Schock für sie, den mein Äußeres leider noch verstärkte: Unglücklicherweise war ich auf die Idee gekommen, mich für die Hochzeit mit einer Dauerwelle zu verschönern. Die ging so gründlich daneben, dass ich nicht nur aussah wie die falsche Schwiegertochter, sondern wie ein Michael-Jackson-Verschnitt der falschen Schwiegertochter.

Unsere Familien standen unserer Ehe zwar nicht im Weg, kamen sich aber nie näher. Die kulturelle Kluft zwischen ihnen war zu tief. Die Gegensätze innerhalb dieses Landes sind so groß wie zwischen fremden Staaten – zu heiraten kam für uns einer interkulturellen Erfahrung gleich. Zum Glück kommen mein Mann und ich gut miteinander klar. Wir sind wie Pech und Schwefel und lieben uns heute noch sehr. Am Anfang war es allerdings ein komisches Gefühl für mich, ich wusste ja nicht genau, was mit der Ehe auf mich zukommt. Du verbindest dich mit jemandem, den du zwar seit einem Jahr kennst, aber es ist dann doch etwas ganz anderes, mit dieser Person zusammenzuleben.

Der größte Witz ist ja, dass ich mir nie hatte vorstellen können, Mumbai zu verlassen und der Ehe wegen in irgendeine andere Stadt zu ziehen. Schließlich hatten wir 1991 unser Unternehmen dort gegründet. Und dann entschwebte ich doch tatsächlich nur drei Jahre später glücklich mit meinem Mann nach Jamshedpur, einer kleinen Industriestadt im Norden Indiens, rund 1.800 Kilometer von Mumbai entfernt – um arbeitslos zu Hause zu sitzen. Glücklicherweise war mein erstes Kind unterwegs und somit hatte ich bald eine Aufgabe. Ich versuchte, die Zeit als ausgedehnten Hochzeits- und Mutterschaftsurlaub zu betrachten.

Die Kinderbetreuung war meine Angelegenheit. Ich hätte mir mehr Unterstützung von meinem Mann gewünscht, doch leider hat er nie gelernt, im Haushalt mit anzupacken. Ich meine, er schafft es, sich eine Tasse Tee zu kochen, aber mit den Kindern hatte er nichts am Hut, bis sie größer wurden. Ihre Ernährung, ihre Ausbildung, die Fahrten zur Schule – das war und ist meine Angelegenheit. Inzwischen steht er ihnen sehr nah, trainiert mit ihnen Basketball und hilft zum Beispiel bei den Mathehausaufgaben.

Aber die Hausarbeit ist immer noch meine Sache. Er stammt eben aus einem Haushalt, in dem er nie etwas tun musste, absolut nichts; stattdessen wurde er bedient. Zum Glück erwartet er diesen Service nicht von mir! Am Anfang war es dennoch frustrierend, schließlich bin ich ganz anders aufgewachsen, meine beiden Brüder halfen selbstverständlich mit. Sie können kochen, putzen, Windeln wechseln und so weiter. Aber mein Mann bemüht sich und wir haben uns arrangiert.

Während der fünfjährigen »Babypause« wurde ich wirklich beinahe verrückt. Zu arbeiten ist für mich beinahe lebenswichtig. Ich habe auch ein Problem damit, das Geld meines Mannes auszugeben, obwohl er mir nie das Gefühl gegeben hat, es wäre nicht auch mein Geld. Im Gegenteil, noch am Tag unserer Hochzeit hat er ein gemeinsames Konto mit gegenseitiger Vollmacht eröffnet und wir haben unser Geld immer gleichmäßig geteilt. Doch weil ich finanziell schon so lange auf eigenen Füßen gestanden hatte, war mir einfach unwohl dabei, Geld von jemand anderem auszugeben, selbst wenn dieser Jemand mein eigener Mann war. Wenn ich nicht arbeite, gebe ich für mich selbst kein Geld aus. Zu arbeiten ist also zwingend. Dabei geht es gar nicht um das Geld an sich – in den vergangenen Jahren war der Markt so instabil, dass wir mit unserer Firma kaum welches verdient haben. Mein Dasein beruht auf meiner Arbeit und meinen Kindern, es gibt nichts Wichtigeres in meinem Leben. Wobei die Kinder an erster Stelle stehen. Deshalb arbeiten wir ja selbstständig, damit wir immer da sind, wenn sie uns brauchen. Würde ich nicht arbeiten, wäre mein Selbstwertgefühl am Boden, das ist kein Witz. Ich bilde mir dann ein, die Leute denken, ich wisse nicht, wovon ich rede, weil ich ja nur zu Hause bin. Es ist extrem wichtig für mich, eine Aufgabe zu haben.

Ich träume davon, nicht immer in der Firma zu arbeiten, sondern rauszugehen und Kinder zu unterrichten. Wir leben in einem wirklich armen Land, es gibt so viel, was getan werden muss. Geld für wohltätige Zwecke zu spenden gibt mir kein gutes Gefühl, ich möchte selbst helfen. Mit Anfang fünfzig würde ich gern einen Schlussstrich ziehen unter meine Laufbahn im Textilbereich. Bis dahin ist das Studium meiner Kinder bezahlt und ich bin diese finanziellen Verpflichtungen los. Dann möchte ich etwas zurückgeben. Ich liebe Kinder und es würde mir Freude machen, arme Kinder zu unterrichten.

Meine Schwester Sanjita ist wie ich ein echter Workaholic, vielleicht sogar noch schlimmer. Sie würde verrückt werden, wenn sie Freizeit hätte. Sie hat Mathe und Statistik studiert und später ihr Design-Diplom gemacht. Nachdem sie bereits neun Jahre lang in der Textilindustrie gearbeitet hatte, absolvierte sie ihren Master in »Fashion and Textile Studies« am renommierten Fashion Institute of Technology in New York. Als sie nach New York ging, war ihr ältester Sohn erst ein halbes Jahr alt. Sie ließ ihn bei uns in Mumbai; er hielt mich damals für seine Mutter. Die Idee mit dem Masterstudium in New York stammte ursprünglich von Sanjitas Mann, einem Banker. Er wollte dort seinen MBA machen, aber im Textilbereich war es leichter, an ein Auslandsstipendium zu kommen. Sie planten, zusammen hinzugehen und vom Stipendium meiner Schwester zu leben, aber er konnte dann doch nicht weg und so musste sie das Baby hierlassen.

Sanjitas Ehe wurde arrangiert. Davon halte ich nichts, ich will, dass meine Kinder sich ihre eigenen Partner suchen. Es ist nichts anderes als Kuppelei und die indischen Zeitungen sind voll von entsprechenden Annoncen. Die Eltern arrangieren ein »Date«, bei dem man sich ein wenig kennenlernt. Danach kann man Ja oder Nein sagen. So heiratete auch meine Schwester nach einem einzigen Treffen. Ihre Kinder sind heute 23, 20 und 14 Jahre alt. Und wie es aussieht, werden sie alle Ärzte. Sie witzelt manchmal, dass sie bald ein eigenes Krankenhaus eröffnen kann.

Medizin und Ingenieurswesen sind nach wie vor die attraktivsten Ausbildungen hierzulande. Um an einen der begehrten Studienplätze zu kommen, muss man umfangreiche Aufnahmeprüfungen bestehen. Zur Vorbereitung gehen die Schüler nach dem regulären Unterricht noch in Nachhilfekurse, sogenannte »tuitions«. Diese Tutorate gibt es übrigens schon im Kindergarten. Um mit 17 Jahren an einer Ingenieursschule aufgenommen zu werden, fangen viele mit zwölf an zu lernen. Sie büffeln fünf Jahre lang. Kannst du dir vorstellen, was für ein Druck da aufgebaut wird? Kinderfreundlich ist das nicht, dazu noch sehr teuer. Viele indische Schüler und Studenten begehen Selbstmord.

Das Bildungssystem hier ist einfach mangelhaft. Es gibt staatliche Schulen, die für niemanden taugen, nur die Ärmsten der Armen gehen dorthin. Sie haben keinerlei Ausstattung, kaum Lehrer, sie haben gar nichts. Dann gibt es christliche Gemeindeschulen. Diese »Missionsschulen« spielen eine große Rolle in Indien und die meisten sind wirklich gut. Ich betone das, weil es viel Kritik an diesen Schulen gibt, denn manche von ihnen versuchen, die Menschen vom christlichen Glauben zu überzeugen. Doch das tun sie nicht offensiv, weshalb meiner Meinung nach die guten Seiten eindeutig überwiegen. Meine Tochter studiert Geisteswissenschaften an einem katholischen College, es ist eines der besten in der Stadt. Es gibt eine Kirche dort, aber niemand wird gezwungen hinzugehen. Stattdessen sind alle zum Gottesdienst eingeladen.

Dann gibt es noch den Privatschulsektor. Mein Sohn besucht eine private Schule und auch meine Tochter war auf einer. Privatschulen sind richtig teuer, ich bezahle rund 150.000 Rupien (etwa 2000 Euro) pro Schuljahr, und das ist nur die Grundgebühr. Insgesamt kommen mit Schulbüchern und Ausstattung umgerechnet bestimmt mehr als 3000 Euro im Jahr für ein Kind zusammen. Übrigens kostet oft schon der Kindergarten so viel Geld. Zudem bezahlen wir hohe Steuern. Und dann sind die Schulen noch nicht einmal besonders gut, die Lehrpläne völlig antiquiert. Der schulische Druck, der auf die Kinder ausgeübt wird, ist unglaublich ungesund und sie werden nicht als Kinder respektiert.

In Indien ist alles ein Wettbewerb. Wir können kaum laufen, da konkurrieren wir schon miteinander. In einem Land, in dem es so viele Menschen gibt, ist das Leben ein Rennen um die vordersten Plätze – im Kindergarten, in der Schule, im Studium, in den Unternehmen. Dementsprechend groß ist der Drill in den Schulen.

Ich habe mit meinem Mann und den Kindern zwei Jahre lang im nordenglischen Leeds gelebt, als Rajesh 2003 dorthin versetzt wurde – der Unterschied war frappierend. Ich war sehr angetan von den englischen Schulen. Der Akzent der Menschen war relativ stark, weshalb meine Kinder nicht alles verstanden, dennoch fühlten sie sich sehr wohl. Sie wurden zwar ab und zu angefeindet, aber die Schule ging sehr gut damit um und der Unterricht schien ihnen einfach besser zu gefallen.

Ich wünsche mir, die indischen Lehrer würden mehr auf die Kinder eingehen. Leider verdienen Lehrer hierzulande so schlecht, dass der Job überhaupt nicht attraktiv ist. Nur wer keine andere Arbeit bekommt, wird Lehrer. Folglich sind sie oft unzufrieden mit dem, was sie tun, und unterrichten nicht aus Liebe zu den Kindern. Wenn du Kinder nicht liebst, wie kannst du dann Lehrer sein? Ich würde gern unterrichten, aber die Bezahlung ist so mies, dass ich es nie ernsthaft in Erwägung ziehen konnte. 80 bis 300 Euro im Monat bekommt ein Lehrer durchschnittlich. Wenn du bedenkst, dass ich rund 3000 Euro Schulgeld für ein Kind im Jahr bezahle, ist das verdammt wenig. Übrigens schicke ich mein Kind auf eine teurere Privatschule, weil sie die Kinder dort nicht schlagen. Das ist der einzige Grund, denn der Unterricht ist auch nicht besser. Es ist ein stures Eintrichtern, die Kinder müssen auswendig lernen, was im Buch steht. Faktenvermittlung statt Bildung. Vor hundert oder fünfzig Jahren war das in Ordnung, aber seither hat sich die Welt weiterentwickelt. Nur nicht die indischen Schulen!

Unsere Lehrer lehren uns nicht zu denken, wir sollen nur gute Noten bekommen. Das ist alles, was zählt. Einmal sprach ich die Tutorin meiner Tochter darauf an – das Mädchen ging damals von 7:30 bis 16 Uhr zur Schule und hatte anschließend Prüfungsvorbereitung von 17 bis 21 Uhr.

Ich sagte zu der Frau: »Sie paukt und lernt stur alles auswendig, sogar Literatur. Wie kann man Literatur pauken?«

Die Lehrerin antwortete: »Es tut mir leid, aber genau das muss sie tun, um gute Noten zu bekommen.«

Weißt du, was ich komisch finde? Wenn du Inder fragst, worauf sie stolz sind, sagen sie: das Bildungssystem. Zum Glück besucht meine Tochter inzwischen ein katholisches College, in dem man sich wirklich um die Studenten bemüht.

Unsere Kinder sind beide sehr groß, meine Tochter misst 1,79 Meter und mein Sohn ist mit 14 Jahren bereits 1,82 Meter groß. Ihr Vater Rajesh war Kapitän der indischen Basketball-Nationalmannschaft und spielte rund zwanzig Jahre lang für Indien. Mit 1,89 Meter war er der Kleinste im Team. Auch die Kinder spielen Basketball, doch meine Tochter konnte zwei Jahre lang nicht trainieren, weil sie, wie gesagt, nur lernte. Meinen Sohn habe ich nach dieser Erfahrung in einen praxisnaheren Schulzug wechseln lassen. Er ist ein ganz anderer Typ als seine Schwester, hätte nie zehn Stunden am Tag gelernt und wäre wohl gnadenlos durchgefallen. Das heißt nicht, dass er dumm oder faul ist – im Gegenteil. Im Moment baut er zum Beispiel einen Thermokochtopf, der mit alternativen Energien funktioniert.

Wie man sieht, ist es für eine indische Mutter beinahe eine Vollzeitbeschäftigung, sich für die Ausbildung ihrer Kinder einzusetzen. Ich bin wohl eine typische Löwenmama, die ihre Kinder beschützt; doch wenn Eltern den schulischen Druck noch verstärken, können einem die Kinder nur leidtun. Meine Art, die Kinder zu umsorgen, habe ich sicherlich von meiner eigenen Mutter übernommen. Sie war und ist sehr wichtig für mich und meine Geschwister. Alle zehn Enkelkinder sagen »Mama« zu ihr. Sie scheinen sie genauso zu lieben wie ihre richtigen Mütter. Wobei die Kinder meiner Brüder ihr nicht ganz so nahestehen wie meine und Sanjitas Kinder, denn ihre Mütter haben ja andere Mütter. Ich denke, Kinder sind der Familie ihrer Mutter immer besonders nah. Sie ist die gute Seele, der Kompass in unserem Leben.

Eine indische Großfamilie hätte ich mir traditioneller vorgestellt. Simis Familie lebt im losen und doch verlässlichen Verbund, vier Familien in vier benachbarten Hochhäusern, drei Generationen, die füreinander da sind. Von ihnen können wir lernen, wie so ein Zusammenhalt das Leben erleichtern und Träume Wirklichkeit werden lassen kann. So können die Schwestern auch Kinder und Berufstätigkeit miteinander vereinbaren.

Um einander den Rücken zu stärken, brauchen wir Menschen, die uns nahestehen. In Deutschland fallen mir dazu die Mehrgenerationenhäuser ein, in denen Menschen jeden Alters zusammenleben und sich gegenseitig unterstützen. Sie sind wertvolle Netzwerke, wie es der Familienverbund schon immer war. Wer hat eigentlich behauptet, Networking sei ein moderner Trend?

-5-

WIE EIN WESEN VOM ANDEREN STERN

SIMONE (40),
MARKETINGMANAGERIN,
2 TÖCHTER,
HEIDELBERG

»I wanted to go out and change the world, but I couldn't find a babysitter« ist einer von Simones Lieblingssprüchen. Die vierzigjährige Betriebswirtin ist ein sportlicher Typ mit glatten blonden Haaren. Mit ihren zwei Töchtern Frida (7) und Kati (4) wohnt sie in der Universitätsstadt Heidelberg, ist seit vier Jahren alleinerziehend und arbeitet als Marketingmanagerin. Doch nicht mehr lange – der Standort wird geschlossen und Simone freut sich darauf, ihren Job zu verlieren. Denn damit ist der Weg frei für ihren großen Traum: ihre eigene Chefin zu werden.

Oft habe ich mich gefühlt wie ein Tiger im Käfig. Es gab Momente, in denen ich am liebsten schreiend nach draußen gerannt wäre, raus aus dem Korsett meines Lebens: jeden Morgen früh aufstehen, nie ausschlafen, Kinder versorgen, in den Kindergarten oder zur Schule bringen und weiter zur Arbeit fahren, zwei Stunden Autofahrt am Tag. Mein Tagesablauf ist nach wie vor völlig durchgetaktet, aber die Zeit arbeitet für mich. Meine Kleine ist jetzt vier geworden und ich merke seit einigen Monaten, dass mein Leben nach und nach einfacher wird. Die Große ist inzwischen sieben Jahre alt und geht allein zur Schule, wo sie bis 16:30 Uhr betreut wird. Freitags genießen wir unseren einzigen gemeinsamen Nachmittag unter der Woche.

An den Wochenenden geht es dafür entspannt zu. Ich stelle möglichst gar kein Programm auf, denn ich bin während der Woche so viel unterwegs und die Kinder werden so lange betreut, dass uns dreien wenig Zeit zu Hause bleibt. 17:15 Uhr sind wir werktags erst zu Hause, essen um 18 Uhr zu Abend und dann geht es schon bald ins Bett. Am Wochenende will ich meinen Kindern Freiraum geben, sie dürfen lange im Schlafanzug bleiben und selbst entscheiden, was wir unternehmen. Wir gehen mal auf den Spielplatz oder besuchen Freunde, im Sommer spielen sie mit den Nachbarskindern auf der Straße. Für große Ausflüge ins Hallenbad oder in den Zoo ist eher der Papa zuständig.

Natürlich wünsche ich mir oft einen Partner, der mir den Rücken stärkt. Ich habe schließlich nicht geplant, alleinerziehend zu werden. Ich bin mit drei Brüdern aufgewachsen und komme gut mit Männern klar. Leider fehlen sie heute in meinem Leben. Die Beziehung mit dem Vater meiner Kinder zerbrach. Noch vor der Geburt unserer zweiten Tochter zogen wir in getrennte Wohnungen. Inzwischen hat sich unser Verhältnis verbessert. Als echter Workaholic ist er jedoch im Privatleben nicht wirklich belastbar.

Durch die Reduzierung meiner Arbeitszeit auf 60 Prozent habe ich mich von der Karrierestraße aufs Abstellgleis begeben. Es gibt keine Aufstiegschancen und keinen Verhandlungsspielraum beim Gehalt, denn meine Chefs wissen, dass ich nicht gehen kann. Als alleinerziehende Mutter bin ich für meine Kinder und mich verantwortlich, aber jeder Jobwechsel birgt ein Risiko – wenn ich überhaupt eine lukrative Teilzeitstelle finden könnte. Hätte ich mir keine Kinder »geleistet«, wäre ich in puncto Karriere und Gehalt viel weiter oben. Wobei sich die »gläserne Decke« bei uns im Unternehmen bereits auf Abteilungsleiterebene befindet, ab da werden scheinbar nur noch Männer befördert.

Das Problem sind die traditionellen Strukturen: Männliche Chefs können sich nur schwer in die Rolle einer Mutter hineinversetzen, schon gar nicht in die einer alleinerziehenden. Sie brauchen sich in der Regel um nichts zu kümmern, denn sie haben ja eine Frau, die ihr Privatleben organisiert, und eine Assistentin, die ihr Arbeitsleben managt. Ab Abteilungsleiterebene haben in unserem Unternehmen alle eine Frau daheim, die ihnen den Rücken freihält. Mit diesen Männern konkurriere ich. Es ist nicht nur der Zeitvorteil, es ist vor allem auch ein mentaler Vorteil. Denn während sie sich voll und ganz auf die Firma und ihre Karriere konzentrieren können, habe ich

1000 Dinge im Kopf: Kinderarzt, Elternabend, Einkaufen und so weiter.

Als berufstätige Mutter fühle ich mich oft wie ein Wesen vom anderen Stern. In meiner jetzigen Firma gibt es außer mir keine Mütter oder gar Väter mit kleinen Kindern, die Kinderbetreuung und Job unter einen Hut bringen müssen. Ich wünsche mir eine Lobby im Unternehmen, mehr Gleichgesinnte, die in Teilzeit arbeiten, aber dennoch etwas erreichen wollen im Job. Klar, es gibt viele Mütter, die arbeiten – auf 400-Euro-Basis. Was mir fehlt, sind weibliche Vorbilder, an denen ich mich orientieren könnte. Im Berufsleben treffe ich selten Mütter in meinem Alter oder älter, zumindest wenn man von den Teilzeitkräften auf der Sachbearbeiterebene absieht. Ich kenne kaum Frauen, bei denen ich denke: Ja, so könnte ich das auch machen. Reifere Frauen gibt es gar nicht in unserer Arbeitswelt – oder ich sehe sie zumindest nicht. Außer in Lehrberufen, da finden sich viele Frauen.

Dabei ließen sich auch meine Aufgaben besser mit der Familie vereinbaren. Da leben wir als global vernetzte Menschen mit Blackberry und Laptop, aber weit entfernt von Telearbeit oder Homeoffice als anerkannter Arbeitsform. Wie kann das sein? Sicher gibt es bereits Firmen, die Telearbeit anbieten, IBM zum Beispiel, aber in den meisten Branchen manövriert man sich als Arbeitnehmer mit solchen Wünschen doch karrieretechnisch ins Aus. So wie ich in der Sackgasse stecke, seit ich nur noch in Teilzeit arbeite. Von Homeoffice will mein Chef nichts hören, doch tatsächlich sitze ich abends oft zu Hause noch an Projekten, die einfach fertig werden müssen.

Theoretisch hätte ich nach der Trennung auch in Vollzeit arbeiten können. Meine finanzielle Belastung ist enorm, als Alleinerziehende zahle ich fast so viel Steuern wie ein Single. Dennoch war es eine bewusste Entscheidung für diesen Weg. Erstens muss ich an mich denken und fit bleiben – ich darf einfach nicht ausfallen, denn meine Kinder brauchen mich. Deshalb wollte ich mir den totalen Stress eines Vollzeitjobs ersparen; unter sechzig Stunden die Woche wäre das im Produktmarketing nicht machbar gewesen, dazu kommen die vielen Geschäftsreisen. Und zweitens sind es nur ein paar Jahre – auch wenn sie einem anfangs wie eine lange Zeit erscheinen mögen, aber aufs ganze Leben betrachtet ist es nur eine kurze Zeitspanne –, die man so intensiv mit seinen Kindern erleben kann. Das war für mich der wichtigste Grund, beruflich kürzerzutreten. Wer sagt sich denn im Nachhinein: Ach, hätte ich doch mehr Stunden am Schreibtisch verbracht als bei meinen Kindern?

Aus diesem Grund steigen viele Mütter aus den Unternehmen aus. Sie sehen keine Entwicklungschancen, während die Männer und – falls vorhanden – die kinderlosen Frauen an ihnen vorbeibefördert werden. Wenn du als Mutter einigermaßen deinen Beruf leben oder wenigstens gutes Geld verdienen willst, dann musst du dir fast eine Alternative suchen. Das ist für mich jetzt hoffentlich die Selbstständigkeit.

Den Gedanken, mich selbstständig zu machen, hatte ich schon im Studium, wo ich Vorlesungen zum Thema Existenzgründung hörte. Ich vertagte den Wunsch damals, denn ich wollte ganz konkret in die New Economy, das war ja im Jahr 2000 der große Hype rund ums Internet. Noch vor Ende des Studiums stieg ich bei einem E-Business-Unternehmen ins Produktmanagement ein.

Vor vier Jahren flammte der Wunsch, selbstständig zu arbeiten, wieder auf. Nach der Geburt meiner zweiten Tochter im Jahr 2008 kam ich in den Genuss des frisch eingeführten Elterngeldes. Dadurch konnte ich ein Jahr Babypause einlegen und bekam in dieser Zeit circa 67 Prozent meines bisherigen Gehalts vom Staat. Ein zweites Kind, die Trennung vom Vater der Kinder, eine neue Wohnung – die Zeichen standen auf Veränderung. Gemeinsam mit einer ehemaligen Kommilitonin entwickelte ich Ideen, wir begannen sogar, einen Businessplan zu erstellen. Es reizte mich sehr, meine eigene Chefin zu werden.

Aber die Zeit war noch nicht reif dafür. In meiner damaligen Situation hatte ich null Kapazität für so ein Wagnis. Ich musste Geld verdienen, hatte ein Baby und eine Dreijährige allein zu versorgen. Auch meine Freundin bekam ihr zweites Kind und stellte den Plan zurück. Kurz darauf wurde sie arbeitslos und setzte ihn doch in die Tat um: Sie vermittelt Pflegekräfte an Privatleute. Ihr Geschäft lief gut an und sie wollte mich gern ins Boot holen. Wieder war ich drauf und dran, meinen Job hinzuschmeißen. Denn nach der Elternzeit war ich zwar zu meinem früheren Arbeitgeber zurückgekehrt, hatte aber intern die Abteilung wechseln müssen und bin seither unzufrieden. Vorher hatte ich als Produktmanagerin eigenverantwortlich gearbeitet, hatte aber auch sehr flexibel sein und verreisen müssen. Als alleinerziehende Mutter kann ich beides nicht mehr leisten, weshalb ich seither im Bereich Marketingkommunikation arbeite, offiziell vier Tage die Woche von 9 bis 15 Uhr. Doch der reine Bürojob ist mir zu monoton und die Chemie im Team stimmt leider auch nicht.

Dennoch möchte ich die Arbeit an sich nicht missen. Im Büro kann ich ich selbst sein, Simone, nicht die ständig verfügbare Mama. Ich kann einmal am Tag in Ruhe essen. Ich würde es nicht aushalten, den ganzen Tag über zu Hause zu sein. Manchmal bin ich intolerant gegenüber Freundinnen, die »nur« Mama sind; ich kann ihre Probleme nicht mehr hören.

Letztlich habe ich es nicht gewagt zu kündigen, weil ich gut verdiene und scheinbar einen sicheren Job hatte. Ich blieb und lotete aus, wie ich mich innerhalb des Unternehmens weiterentwickeln könnte. Gerade zu dem Zeitpunkt kamen erste Gerüchte auf, dass unser Standort verlagert werden sollte. Es hört sich vielleicht verrückt an, aber das nahm mir eine riesige Last von den Schultern. Ich war unbeschreiblich erleichtert, denn es sah so aus, als ob das Schicksal die Weichen in Richtung Selbstständigkeit stellen würde.

Der ganze Prozess der Standortverlagerung und die Art, wie das Unternehmen mit seinen Mitarbeitern – meinen Kollegen – umsprang, störten mich immens. Aber für mich selbst war es eine totale Befreiung. Ich wusste: Jetzt ist der Zeitpunkt gekommen, meinem Traum von der Selbstständigkeit eine Chance zu geben. Seitdem warte ich darauf, dass ich hier rauskomme. Zunächst sollte der Betrieb noch ein halbes Jahr lang laufen, jetzt ist es schon ein Jahr her, dass die Schließung beschlossen wurde – eine Hängepartie für alle Beteiligten. Obwohl ich gehen möchte, kündige ich nicht von mir aus. Denn dadurch bekäme ich zunächst kein Arbeitslosengeld, außerdem will ich meinen Job sauber zu Ende führen.

Wie ich mich selbstständig machen werde, ist naheliegend: Ich werde bei meiner Freundin als Geschäftspartnerin einsteigen und ebenfalls Haushaltsdienstleistungen und Pflegekräfte vermitteln. Wie schon erwähnt, läuft es bei ihr sehr gut; sie hat inzwischen Angestellte, ist aber räumlich begrenzt auf das Gebiet rund um ihren Firmensitz. Da ich eine Autostunde entfernt von ihr wohne, habe ich vor, mein Geschäft im angrenzenden Gebiet aufzubauen, also Akquise zu betreiben und die Familien zu betreuen. Pflegekräfte werde ich zunächst über meine Geschäftspartnerin »beziehen«. Mein Ziel ist es allerdings, eigene »Kanäle und Quellen« aufzubauen, um Pflegekräfte zu finden. Wie erfolgreich ich dabei sein werde, kann ich noch nicht abschätzen, denn diese Leute sind begehrt. Daneben entwickeln meine Freundin und ich gemeinsam weitere Dienstleistungsideen.

Ich frage mich oft, wo ich in zehn Jahren stehen werde, und hoffe, dass ich dann noch selbstständig sein werde. Vielleicht stelle ich auch fest, dass ich lieber wieder angestellt sein will, aber ehrlich gesagt glaube ich das nicht. Für die Zukunft baue ich vielmehr darauf, dass mir noch mehr Ideen kommen werden und sich immer wieder eine neue Tür öffnen wird. Denn ich weiß nicht, ob ich ewig Haushaltsdienstleistungen vermitteln möchte.

Ich habe so viel Lust darauf, andere und neue Dinge zu tun, und mein Gefühl sagt mir, dass ich noch ganz am Anfang stehe. Auch meine Brüder sind selbstständig, vielleicht stellen wir gemeinsam etwas auf die Beine. Bislang hat mir meist der Freiraum gefehlt, um mir Geschäftsideen auszudenken. Das merkte ich in den Herbstferien, als ich unverhofft aus dem Hamsterrad meines Alltags entkam: Meine Töchter waren bei meinen Eltern im Allgäu und ich hatte vier Tage nur für mich – und plötzlich jede Menge Ideen. Im Alltag dagegen funktioniere ich einfach nur.

Ich hatte schwer darauf gehofft, einen Existenzgründungszuschuss vom Arbeitsamt zu erhalten. Bis vor Kurzem war es relativ einfach gewesen, an das Geld zu kommen, doch ausgerechnet Anfang 2012 fiel der Rechtsanspruch darauf weg. Inzwischen habe ich die Absage schwarz auf weiß. Selbst meiner Beraterin beim Arbeitsamt schien das sehr leidzutun. Anscheinend wurden die Mittel um rund 80 Prozent gekürzt. Aber ich lasse mich nicht entmutigen und bin fest entschlossen, mich auch ohne diese Sicherheit selbstständig zu machen.

Einerseits kann ich es kaum erwarten anzufangen. Andererseits brauche ich dringend eine Pause. Ich hätte erwartet, dass mir das Arbeitsamt Druck macht, aber von denen aus kann ich erst mal ein halbes Jahr lang arbeitslos sein, bevor ich mich zur Gründung entschließe. Ein bisschen Zeit will ich mir darum lassen, um einen Schlussstrich unter die letzten Jahre zu ziehen. Ich habe das große Bedürfnis, zu entrümpeln: meine Wohnung, meinen Kopf, mein Leben. Darauf arbeite ich sehnsüchtig hin. Indem ich um mich herum Ordnung schaffe, will ich den Kopf freibekommen und meine neue Aufgabe sauber vorbereiten. Wie lange ich mir dafür Zeit nehmen kann, ist schwer zu sagen. Eventuell bekomme ich die ersten Kunden früher, als ich es erwarte. Ein oder zwei Monate würde ich den Start gern hinauszögern. So vieles ist liegen geblieben oder zu kurz gekommen in den vergangenen Jahren.

Mein nächstes »Projekt« ist meine Gesundheit. Ich habe schon längere Zeit gesundheitliche Probleme und ständige Schmerzen: Kopfschmerzen, Rückenschmerzen, Gelenkschmerzen. Endlich war ich beim Hausarzt – zum ersten Mal seit fünf Jahren – und habe mir vorgenommen, wieder Sport zu treiben oder Yoga zu machen. Ich habe mich lange vernachlässigt, nicht auf Warnsignale gehört. Vergangenes Jahr habe ich eine Grippe verschleppt und seither leide ich unter einer chronischen Neben- und Stirnhöhlenentzündung, die jetzt operiert werden muss. Ich kann mich nicht erinnern, wann ich zuletzt keine Schmerzen hatte. Das soll sich ändern. Schließlich darf ich nicht ausfallen – der altbekannte Teufelskreis. Jedenfalls habe ich einen Vorsorgetermin vereinbart und will dranbleiben am Projekt »meine Gesundheit«.

Früher war ich auch sozial engagiert, zum Beispiel bei einer Menschenrechtsorganisation. Aber für Hobbys oder ein Ehrenamt ist leider kein Platz in meinem Leben. Die Kinder kann ich noch nicht allein lassen und wenn sie betreut werden, arbeite ich. Sobald ich Feierabend mache, hole ich meine Kinder ab. Wenn mein Ex die Kinder nimmt und ich somit ein »freies Wochenende« habe, dauert das von Samstagabend 17 Uhr bis Sonntag 12 Uhr. Dann gehe ich auch mal tanzen. Wenn man so will, ist das Ausgehen mein einziges Hobby. Inzwischen schaffe ich es, zweimal im Monat tanzen zu gehen und ab und zu auf ein Konzert. Auch das ist ein großer Schritt in Richtung Freiheit, die ich so lange vermisst habe.

Für Abendtermine bis 22 Uhr habe ich eine Babysitterin; ein Nachbarsmädchen passt dann auf Frida und Kati auf, zum Beispiel, wenn ich zum Elternabend muss. Ich bin ja Elternvertreterin in Fridas Klasse. Als es darum ging, wer den Job machen wird, starrten alle nur zu Boden. Ich kann das einfach nicht haben, irgendjemand muss ja Elternvertreter werden. Also ging beinahe reflexartig mein Arm hoch und ich hörte mich sagen: »Dann mach ich das eben.« Es ist auch keine große Sache, aber bestimmt gibt es viele Eltern, die mehr Zeit dafür haben als ich. Auf jeden Fall möchte ich mich gern wieder ehrenamtlich engagieren, wenn es zeitlich geht – weil es mir wichtig ist und ich meinen Töchtern vorleben will, dass man Verantwortung übernehmen sollte.

Was die Kinder angeht, bin ich relativ streng und doch liebevoll und lege großen Wert auf körperliche Nähe; ich habe das Gefühl, das tut ihnen sehr gut. Sie sollen zu glücklichen, gesunden Menschen heranwachsen. Gerade als Mama von zwei Töchtern ist es mir wichtig, ihnen Selbstbewusstsein und Selbstzufriedenheit zu vermitteln. Denn da haben viele Frauen in meiner Generation große Defizite.

Wir wohnen in einer ziemlich liberalen und jungen Stadt. Hier leben nicht nur viele Studenten, sondern auch relativ viele Kinder. Alleinerziehende gibt es ebenfalls einige und wir unterstützen uns gegenseitig. Es ist eine Notgemeinschaft nach dem Prinzip »Nimmst du mein Kind mit auf den Spielplatz, solange ich beim Arzt bin, hole ich dein Kind morgen von der Kita ab«. Denn gefahrlose Räume für Kinder sind gerade in Städten rar, folglich dürfen sie kaum noch unbeaufsichtigt durch die Gegend streunen.

Leider wird der Wohnraum hier zunehmend unerschwinglich. Die Mieten sind hoch und es wird vieles gebaut, was sich eine Familie kaum leisten kann. Bei uns in der Straße entsteht gerade eine große Wohnanlage, da kostet eine Vierzimmerwohnung mit 120 Quadratmetern 480.000 Euro. Das ist doch nur was für gut situierte Doppelverdiener, vermögende Paare oder Kapitalanleger.

In meinen Augen wird die deutsche Gesellschaft zunehmend »kinderbefreit«. Und wo es noch Kinder gibt, werden sie häufig als Störfaktor gesehen. Zukünftig profitiere ich zwar beruflich davon, dass es hauptsächlich ältere Leute gibt. Das Szenario einer alten und damit trägen Gesellschaft finde ich jedoch beängstigend. Unser Land braucht also dringend mehr Nachwuchs. Aber die Politik kann an ihren Stellschrauben drehen, wie sie will, solange die gesellschaftlichen Vorstellungen sich nicht ändern.

Wer heute im Arbeitsleben steht, reibt sich auf für den Job. Man hat gestresst zu sein. Der Druck hat in den vergangenen zehn Jahren zugenommen. Am schlimmsten ist dabei aus meiner Sicht der Anspruch, ständig verfügbar zu sein. Dafür gibt es »elektronische Fußfesseln« wie das Blackberry. Meist wird vorausgesetzt, dass E-Mails binnen kurzer Zeit beantwortet werden. Wo bleibt da die viel beschworene Work-Life-Balance und wie soll man sich so wirklich seiner Familie widmen können?

Nach wie vor sind Frauen automatisch hauptverantwortlich für die Kinder, gleichzeitig sollen sie inzwischen ihren Beruf weiterhin ausüben und das alles zusammen mit dem Haushalt unter einen Hut kriegen. Das Problem liegt in den Köpfen vieler Männer und Frauen. Ja, gerade Frauen zementieren das System, weil sie ihren »Machtbereich« – Familie und Haushalt – nicht abgeben. Dadurch verbauen sie sich aber langfristig ihre Zukunft und stehen am Ende mit einer mickrigen Rente da. Die politischen und praktischen Rahmenbedingungen haben sich längst verbessert: Als ich vor fünf Jahren versuchte, für Frida einen Ganztags-Kindergartenplatz zu bekommen, war das nicht möglich. Als ihre kleine Schwester dann 2009 ein Jahr alt war, griff das Gesetz der damaligen Familienministerin von der Leyen, neue Kleinkindgruppen entstanden und ich bekam ohne Probleme einen Betreuungsplatz.

Was mich nervt: Als Frau und speziell als Mutter kannst du es in unserem Land überhaupt nicht richtig machen. Bleibst du länger als ein Jahr zu Hause bei deinem Kind, wirst du angefeindet als Hausmütterchen, das sich ein schönes Leben macht. Gehst du arbeiten, bist du womöglich eine Rabenmutter. Innerlich bist du zudem hin- und hergerissen zwischen dem Druck, mehr zu arbeiten, und dem Anspruch, mehr Zeit mit den Kindern zu verbringen. Letzteres gilt erst recht, wenn du Vollzeit arbeitest und eine Kinderfrau oder Tagesmutter beschäftigst. Hast du keine Kinder und willst womöglich auch keine, bist du egoistisch.

Anstatt uns zu verbünden, machen wir Frauen uns gegenseitig das Leben schwer. Wir sind zu selten solidarisch. Manchmal denke ich auch: Was, die arbeitet nicht? Doch dann bremse ich mich ganz bewusst und sage mir: Das ist allein ihre Entscheidung. Jede sollte tun, was für sie richtig erscheint. Mit kleinen Kindern zu Hause sein ist ein Fulltime-Job, das weiß jeder, der das schon gemacht hat.

Solange Frauen und Männer in der Familienarbeit nicht gleichberechtigt agieren, wird sich nichts ändern. Das sehe ich in meinem Bekanntenkreis: Es gibt kaum Mütter, die mehrere Jahre lang daheim bleiben. Dennoch sind sie hauptverantwortlich für Haushalt und Kinderbetreuung, ganz gleich, wie viel Geld sie zur Haushaltskasse beisteuern. Ich bin auch nicht besser: Mein Ex kann sich beruflich voll entfalten und seine Träume leben, weil ich ja da bin für die Kinder. Falls er gerade Lust hat, die Mädchen zu sehen, schneit er vorbei. Also müsste auch ich mehr Arbeitsteilung einfordern.

Ich habe eine Kollegin, die gar nicht viel älter ist als ich, aber schon große Kinder hat. Die sagt Sätze wie: »Für ein Mädchen, da reicht ja eine Ausbildung, die muss nicht studieren.« Das ist doch zum Verrücktwerden! Beruflicher Erfolg ist natürlich Definitionssache. Aber durch meine Qualifikation hatte ich immer einen guten Job. Allein diese Tatsache ermöglicht es mir heute, mich und meine Kinder versorgen zu können. Zwar bekomme ich Kindesunterhalt vom Vater, der mir auch zusteht, doch selbst ohne dieses Geld könnte ich mit meiner Teilzeitstelle meine Kinder ernähren. Und das ist doch ein gutes Gefühl. Das Versorgerprinzip passt heute nicht mehr. Aber viele Frauen verlassen sich nach wie vor darauf und haben den Anspruch, versorgt zu werden.

In den vergangenen vier Jahren gab es immer wieder Momente, in denen ich mir wünschte, nur für die Kinder da sein zu können, anstatt mich permanent zu zerreißen. Doch die Kinder geben mir letztendlich die Kraft, jeden Tag anzupacken. Durch sie habe ich grenzenlose, bedingungslose Liebe kennengelernt, wie es sie nur zwischen Mutter und Kind geben kann. Und ich lerne jeden Tag sehr viel über Gott und die Welt. Meine Vierjährige lässt mich an ihrer kindlichen Weisheit teilhaben, indem sie mir oft sehr philosophisch die Welt erklärt. Von Kindern erlernt man zudem die Langsamkeit wieder – zum Beispiel, wenn man für 100 Meter eine halbe Stunde braucht, weil der Mikrokosmos am Wegesrand so unendlich aufregend ist.

Durch meine Töchter hat sich meine Einstellung zur Karriere selbstverständlich geändert. Der Sinn des Lebens liegt nun nicht mehr nur im Job. Außerdem helfen mir die Kinder durch berufliche und private Frustphasen hindurch, indem sie mir immer vor Augen halten, dass sie oberste Priorität haben. Ich bin vom Typ her sehr leistungsbereit und zäh. Karriere war mir immer sehr wichtig. Ich würde gern noch mehr erreichen, habe aber das Gefühl, dafür nicht im richtigen Land zu leben.

Verändert hat mich vor allem, alleinerziehend zu sein. Ich muss alles unter Kontrolle haben, darf keine Schwäche zeigen. Es ist kräftezehrend, für drei Menschen immer allein entscheiden zu müssen. Ich war seit Jahren nicht im Urlaub, weil das mit zwei Kleinkindern purer Stress wäre. Bei Freunden bin ich am Wochenende meist abgeschrieben, denn sie haben Partner und unternehmen lieber etwas allein oder mit anderen Paaren.

Was mir zurzeit oft durch den Kopf geht: Meine Mutter ist Hausfrau und ich habe manchmal ihren Rat vermisst. Zum Beispiel als ich vor und nach dem Abitur »in der Luft hing« und nicht so recht wusste, wohin ich mich beruflich orientieren sollte. Wenn meine Töchter später einmal solche Fragen haben werden, kann ich sie ganz anders anleiten oder beraten. Ich kann ihnen Tipps geben, worauf es im Berufsleben ankommt und wo ihre Stärken und Schwächen liegen. Das konnte meine Mutter nicht, weil sie selbst nicht berufstätig war.

Mein Vater ist Beamter und sah mich entweder in der Jura-Schiene oder ebenfalls als Beamtin. Er sagte: »Werde doch Lehrerin. Oder geh in den gehobenen Verwaltungsdienst.« Das war immer sein Ding.

Wenn ich erwiderte: »Papa, ich will nicht in den gehobenen Verwaltungsdienst«, brachte er mir trotzdem die Anmeldeformulare mit.

»Als Frau ist das doch das Beste, was du machen kannst!«

Er hatte ja recht. Lehrerin zu werden, hätte ich mir sogar vorstellen können, ich bin vom Typ her jemand, der klare Ansagen machen und sich durchsetzen kann. Aber wenn du mal drin bist im Schuldienst, ist es immer das Gleiche. Als Betriebswirtin kann ich mehr gestalten. Im Nachhinein betrachtet, hätte mich auch ein Medizinstudium interessiert – oder Psychologie und Politik. Man hat leider nur ein Leben, dabei könnte ich gut drei Leben nebeneinander führen. Ich bin gespannt, was dieses eine noch für mich bereithält.

Wenn ich meine Freundin Simone treffe, wird mir immer klar, wie hart es gerade für Alleinerziehende ist, ihren Kindern, ihrem Job und sich selbst gerecht zu werden. Dann weiß ich es besonders zu schätzen, einen Partner an meiner Seite zu haben, der die täglichen Aufgaben mit übernimmt. Der da ist, wenn Entscheidungen getroffen werden müssen, und mit dem man kleine und große Sorgen und Erlebnisse teilen kann. Als die Hausärztin meinen Mann kürzlich für drei Wochen zur Kur schicken wollte, sagte ich: »Geh ruhig, Schatz. Es könnte nur sein, dass ich auch eine Kur brauche, wenn du zurückkommst.«

Mir fiel ein, wie wir in der Grundschule Spenden für das Müttergenesungswerk sammelten. Wieso denkt bei einem Vater kein Arzt daran, die Kinder mit zur Kur zu schicken? Weil wir einem Rollenbild verhaftet sind, bei dem Kinder traditionell zur Mutter gehören. Das beklagt auch Simone: »Das Problem liegt in den Köpfen vieler Männer und Frauen. Ja, gerade Frauen zementieren das System, weil sie ihren ›Machtbereich‹ – Familie und Haushalt – nicht abgeben. Dadurch verbauen sie sich aber langfristig ihre Zukunft und stehen am Ende mit einer mickrigen Rente da.« Sie wünscht sich weniger Schwarz-Weiß-Denken und mehr weibliche Vorbilder in der Arbeitswelt. Damit sie sich in Zukunft nicht mehr fühlt wie ein Wesen vom anderen Stern.

-6-

BALLERINAS BEKOMMEN KEINE BABYS

AYAKO (35),
BALLETTTÄNZERIN,
1 TOCHTER, BASEL

Bevor ich in die Schweiz fahre, um eine Primaballerina zu treffen, stimmt mich das Feuilleton ein: »Die großartige Ayako gibt der Elfenkönigin eine große Anmut und Geschmeidigkeit«, »Ayako bewundernswert in der Titelrolle: Die agile Japanerin weiß Carmens Tanz- und Verführungssucht so überzeugend zu gestalten wie deren Eigensinn und Freiheitsdurst«. Die Spannung steigt. In Jeans und T-Shirt holt mich Ayako (35) am Bahnhof ab. Ihre Haare sind noch nass vom Duschen, sie kommt direkt vom Training. Im hintersten Winkel eines Cafés weiht sie mich ein in ihre Welt.

Wenn ich auf der Bühne stehe, ist das pure Leidenschaft. Gefühle mit dem Körper ausdrücken zu können, ist etwas Wundervolles. Als Tänzerin war es schon immer mein Ziel, Geschichten zu erzählen, zu schauspielern. Das scheint mir erstrebenswerter als perfekte Technik. Auf der Bühne werde ich Teil der Handlung, verkörpere beispielsweise die Liebe von Julia zu Romeo mit allen Sinnen, bis dieses Gefühl ins Publikum überschwappt.

Als Balletttänzerin ein Kind zu bekommen ist sehr ungewöhnlich. Gerade im klassischen Ballett sind Tänzerlaufbahnen kurz und der Körper ist das Fundament dieser Karriere. Wie wird eine Schwangerschaft diesen Körper verändern? Der Alltag einer Tänzerin passt auch nicht so recht zu einem normalen Familienleben – Kindergärten schließen, lange bevor wir unseren abendlichen Auftritt haben. Insgeheim wünschen sich womöglich noch mehr Tänzerinnen Nachwuchs, doch meistens ist die Angst zu groß, damit die Karriere zu ruinieren. Vorbilder sind sowieso Fehlanzeige. Als Tänzerin hast du dein Leben der Kunst unterzuordnen, das ist der Preis des Erfolges. Doch meine Sehnsucht nach einem Kind war groß und ich habe daran geglaubt, Bühnen- und Familienleben miteinander vereinbaren zu können. Heute ist

Myjabi schon fünfeinhalb Jahre alt und ich bin sehr froh über meine wunderbare Tochter.

Schwanger zu sein habe ich sehr genossen. Zugleich trainierte ich weiter, nur auftreten durfte ich nicht mehr. Es war gut für mich, jeden Tag wie gewohnt am Theater zu sein. Das Tanzen war auch mit dickem Bauch noch schön und wichtig für mich. Bestimmt wäre ich unglücklich gewesen, hätte man mich für Monate herausgerissen aus meinem gewohnten Umfeld. Als Schwangere konnte ich essen, worauf ich Lust hatte. Ich habe eine Schwäche für gutes Essen, ab und zu auch Lust auf Fast Food, aber in meinem Beruf muss ich ständig auf mein Gewicht und eine gesunde Ernährung achten. Achtzehn Kilo nahm ich zu bis zu Myjabis Geburt. Zehn Wochen später trainierte ich wieder, stillte meine Tochter jedoch weiterhin. Die Kilos wieder loszuwerden war nicht ganz so einfach, wie sie anzufuttern, aber an und für sich war meine Figur ziemlich bald wieder dieselbe wie vor der Schwangerschaft.

Bis ich Mutter wurde, war Ballett mein Lebensinhalt. Seither ist meine Tochter das Wichtigste für mich. Doch auf wundersame Weise fällt es mir als Mutter leichter, mich ganz und gar auf meinen Tanz zu konzentrieren – wenn ich arbeite, arbeite ich zu 100 Prozent, obwohl meine Gedanken oft bei meiner Tochter sind. Ich bin stärker geworden, sowohl im Alltag als auch auf der Bühne. Und obwohl ich nun die Verantwortung spüre, fühle ich mich freier als zuvor. Denn ich weiß, in meinem Leben gibt es etwas, was wichtiger ist als das Ballett. Ich tanze besser, weil der Tanz nicht mehr mein Leben ist. Ich bin offener geworden, lebe intensiver und bin sehr glücklich. Leben in mir zu tragen und die intensive Erfahrung der Geburt verliehen mir Kraft, waren Vitamine für meine Seele.

Die scheinbar glamouröse Tanzwelt ist voller Egoismus. Jeder kreist nur um sich selbst, jeder will und muss sich ständig beweisen, vor jedem Stück gibt es ein Vortanzen und wir

Tänzer stehen immer im Wettbewerb um die begehrtesten Rollen. Kollegen sind zugleich stets Konkurrenten. Als Mutter bin ich in dieser Welt eine Exotin. Da ist keinerlei Verständnis für meinen Alltag und kein Respekt. Nach einer langen Show schlafen meine Mittänzer aus bis zum nächsten Mittag und frühstücken dann in aller Ruhe. Ich erzähle ihnen nicht, dass ich bereits morgens um 8 Uhr meine Tochter in den Kindergarten gebracht habe, denn sie würden höchstens sagen: »Du hast es dir so ausgesucht.«

Tänzer sind perfektionistisch, wir wollen schön sein und jugendlich – schließlich stehen wir ständig unter Beobachtung. Viele verlieren den Kontakt zur Realität. Dabei ist das Risiko einer Verletzung in unserem Beruf hoch, mit 30 oder 35 ist oftmals Schluss. Wer sich keinen Plan B zurechtgelegt hat, muss seine Träume begraben und steht gleichzeitig vor dem Nichts. Meiner Tochter würde ich nicht raten, Tänzerin zu werden. In unserem Job musst du so viele Opfer bringen und ständig Schmerzen ertragen. Der Körper nimmt schnell Schaden, denn die Balletttechnik widerspricht der menschlichen Natur. Unser hoher Einsatz wird finanziell nicht belohnt – jeder Opernsänger, jeder Schauspieler verdient mehr. Dennoch liebe ich meinen Beruf und genieße jede Sekunde, die ich auf der Bühne stehe.

Wenn ich Myjabi frage, was sie später werden will, sagt sie: »Ärztin oder vielleicht Verkäuferin für schöne Kleider.« Im Unterschied zu ihren Eltern ist sie sehr schüchtern und steht nicht gern im Rampenlicht.

Als Kind dachte ich nie daran, Tänzerin zu werden. In meinen Kindheitsträumen sah ich mich eher als Geschäftsfrau oder in der Modebranche. Ich wuchs in Shinjuku auf, im Zentrum Tokios. Meine Mutter ist Grafikerin, mein Vater war Filmemacher und ich bin ihr einziges Kind. Als ich fünf war, litt ich unter Asthma. Meine Mutter dachte, Sport würde mir guttun, und meldete mich zum Ballettunterricht an. Jahrelang war Ballett nicht mehr als ein Hobby für mich. Aus Spaß nahm ich irgendwann an kleinen

Turnieren teil und gewann, es folgten größere Wettbewerbe und schließlich durfte ich in Lausanne starten. Auch meine Familie war erstaunt über die Richtung, in die mein Leben sich entwickelte. Der Prix de Lausanne ist ein internationaler Wettbewerb für Nachwuchstänzer. Ich war gerade 15, als ich ihn gewann – zu jung, um Profi zu werden; ich hatte noch viel zu lernen. Der Preis war ein Stipendium für eine Ballettschule meiner Wahl. Ich entschied mich für die Royal Ballet School in London. Dort verbrachte ich die einsamste Zeit meines Lebens. Es war ein Schock, plötzlich herausgerissen zu werden aus meiner Familie und meinem Land. Jedes Mal, wenn ich ein Flugzeug am Himmel sah, weinte ich vor Heimweh. Die Ausbildung an der Royal Ballet School war unerbittlich und streng, zwei Jahre lang wurde ich »geformt« und heraus kam eine Ballerina. Ich erhielt mein Diplom und die Schule veranstaltete ein großes Vortanzen; Ballettdirektoren aus ganz Europa kamen nach London, um sich die besten Nachwuchskräfte zu sichern. Das erste Angebot kam von der Kompanie Zürich, später war ich in verschiedenen Städten Europas unter Vertrag, seit zwölf Jahren nun wieder in der Schweiz.

Myjabis Vater ist Spanier und ebenfalls Balletttänzer. Als wir uns kennenlernten, war ich gerade 18, er 19 Jahre alt. Zwischen uns entwickelte sich eine große Liebe. Als ich 25 war, heirateten wir in Japan – die Zeit zwischen den Tanzsaisons war wie immer knapp und eine buddhistische Hochzeit die unkomplizierteste Lösung. Als vor fünfeinhalb Jahren unsere Tochter zur Welt kam, schien das Glück vollkommen. Schon vorher hatten wir in der Welt des Balletts ein Vorzeigepaar verkörpert: zwei erfolgreiche Tänzer, die zusammen auf der Bühne stehen und sich dahinter ein gemeinsames Leben aufbauen. Myjabi war sozusagen die Krönung. Es gab ab und zu Zeitungsberichte über uns und vor allem über mich, als Ballerina mit Kind war ich ein beliebtes Thema für die Medien. So etwas lesen die Menschen gern. Mein Mann und ich stehen in gewisser Weise in der Öffentlichkeit, wir tanzen seit Jahren Hauptrollen und sind abgebildet auf Postern und Plakaten in der Stadt. Daher war auch unsere Familie immer ein Stück weit publik. Nach außen hin hatte ich das Glück gepachtet: eine glückliche Ehe, ein Kind, Erfolg auf der Bühne. Das ruft Neider auf den Plan, Eifersüchteleien unter Kollegen und jede Menge Klatsch und Tratsch.

Insgeheim freuten sich viele, als unsere Beziehung zerbrach. Das ist jetzt ein Jahr her und der Sturm der Gefühle legt sich langsam in mir, doch noch immer habe ich nicht ganz verwunden, was geschehen ist. Nach Myjabis Geburt hatten wir uns unmerklich auseinandergelebt, uns vielleicht zu sehr auf die Arbeit und unser Kind konzentriert und darüber unsere Partnerschaft vernachlässigt.

Nach dem plötzlichen Ende unserer Beziehung floh ich Hals über Kopf zu meiner Mutter nach Japan. Als ich zehn Tage später zurückkam, hing Myjabi an mir wie ein Koala-Baby; sie umarmte mich so fest, als wolle sie nie wieder loslassen. Ihr Vater versuchte, sie von mir wegzuziehen, doch sie weinte und war untröstlich. Auf offener Straße legte ich eine hollywoodreife Szene hin – dabei bin ich sonst nach außen hin eher ruhig und beherrscht. In dem Moment war mir alles egal, für mein Kind bin ich bereit zu kämpfen. Inzwischen reden mein Noch-Ehemann und ich wieder vernünftig miteinander und haben Myjabis Wohl im Sinn. Leicht ist es für uns ganz und gar nicht, weiterhin Tag für Tag gemeinsam zu tanzen. Wir teilen uns das Sorgerecht, eine Woche lebt Myjabi nun bei mir und eine Woche bei ihrem Vater.

Unter der Trennung habe ich schrecklich gelitten, doch am schlimmsten ist es für meine Tochter. Ich verstehe ja selbst nicht genau, wie das passieren konnte. Wie soll es da ein fünfjähriges Kind verstehen? Damals wollte ich auch das Ballett hinwerfen, doch mein Direktor ließ mich nicht gehen. Er sagte: »Bitte bleib, ich unterstütze dich.«

Und er hatte recht, es wäre zu früh gewesen, um aufzuhören. Nach dem Scheitern unserer privaten Beziehung wollte ich nicht auch noch meinen Platz auf der Bühne räumen. Mir selbst und allen anderen wollte ich beweisen, dass ich stark bin, stark genug, um diese Krise zu meistern und nicht vor ihr davonzulaufen.

Zum Glück habe ich nach Myjabis Geburt wunderbare Freunde gefunden, in deren Nähe ich inzwischen gezogen bin. Nach der Trennung verbrachte ich viel Zeit bei ihnen; sie haben drei Kinder und die Mutter ist inzwischen meine engste Vertraute. Meine Tochter ist dort immer willkommen. Wenn ich abends oder samstags arbeite, bringe ich sie so lange dorthin.

Seit ich Mama bin, habe ich einige nette Schweizer Familien kennengelernt: in der Nachbarschaft, im Kindergarten und durch die samstägliche Kinderbetreuung, welche die Stadt anbietet, um Eltern Zeit zu geben, in Ruhe Besorgungen zu machen. Es tut gut, Freunde mit einem anderen Blickwinkel zu haben, fernab der Ballettwelt. Mit ihnen kann ich mich austauschen über meine Schwierigkeiten als Mutter und sie verstehen mich. Im Sommer grillen wir zum Beispiel und unterhalten uns, während die Kinder miteinander spielen.

Von Anfang an haben mein Mann und ich uns gleichberechtigt um unsere Tochter gekümmert. Doch da wir meist gemeinsam auf der Bühne standen, brauchten wir ständig Babysitter, vier Stunden pro Abend. Als Myjabi klein war, baten wir manchmal Freunde, auf sie aufzupassen, doch meistens übernahm eine Praktikantin aus ihrem Kindergarten diese Aufgabe. Es war uns wichtig, dass jemand bei ihr war, dem sie vertraute und den sie kannte. Dennoch weinte sie oft beim Abschied oder konnte schlecht einschlafen, weil sie ihre Eltern vermisste. Aber ein kleines Kind konnte ich nicht mit ins Ballett nehmen, wer sollte dort auf sie achtgeben? Vieles wäre leichter, wenn wir Großeltern vor Ort hätten. Doch meine Familie lebt in Japan, ich sehe sie nur ein- bis zweimal im Jahr. Auf der Seite meines Mannes war es etwas einfacher, seine Mutter flog ab und zu aus Spanien ein, um sich um Myjabi zu kümmern.

Die Saison beginnt für uns Tänzer im August und endet im Juni des folgenden Jahres. Sind die Rollen verteilt, proben wir intensiv bis zur Premiere im September. Pro Saison absolviere ich rund sechzig Auftritte. Während des Probenmonats trainieren wir täglich, außer sonntags, von 10 bis 17 Uhr mit einer Dreiviertelstunde Pause. Sobald die Spielzeit beginnt, reduziert sich das tägliche Training auf circa vier Stunden, danach haben wir eine Pause bis zum Abend. Vorstellungsbeginn ist um 20 Uhr, davor sind wir beschäftigt mit Make-up, Frisur und Kostüm, tanzen uns warm. An den meisten Wochenenden treten wir samstags und sonntags auf, ebenso an Feiertagen. Unser freier Tag ist meistens Montag, nur ab und zu haben wir zwei Tage am Stück frei. Ferien gibt es – abgesehen von sechs Wochen im Sommer – kaum. Rund um Weihnachten ist Hochsaison, über Neujahr haben wir nur zwei freie Tage.

Es ist ein straffer Stundenplan, den wir absolvieren, und er scheint unvereinbar mit dem Alltag einer Mutter. Tatsächlich ist es nicht einfach, doch durch meine Tochter hat mein Leben eine ganz neue Dimension bekommen, ist weiter und reicher geworden. Nach dem Auftritt schlafe ich eben nicht aus, sondern stehe spätestens um 7 Uhr auf, richte das Frühstück und bringe sie zum Kindergarten – eine staatliche Einrichtung mit angeschlossener Kinderkrippe. Einen Teil der Betreuungskosten deckt die Familienzulage ab, die Eltern in der Schweiz erhalten. Kurz vor 10 Uhr beginnt mein Tag am Theater, so bleibt mir Zeit für Haushalt und Einkäufe. Nach dem Training bin ich um 15 Uhr oder spätestens 17 Uhr wieder am Kindergarten. Steht ein Auftritt an, bringe ich Myjabi am frühen Abend zu den befreundeten Nachbarn und bereite mich im Theater vor, absolviere meinen Auftritt, hole gegen 23 Uhr meine Tochter ab und lege sie zu Hause wieder schlafen.

Meine kulturellen Wurzeln liegen in Japan. Nach wie vor vermisse ich das Land und vor allem meine Familie. Doch ich lebe nun schon seit zwanzig Jahren in Europa, mir gefallen die Freiheit und der entspanntere Lebensstil hier. Den Arbeitsalltag in Japan kenne ich nur aus der Ferne, durch meine Mutter und alte Freunde. Sicher wäre es auch nicht einfach, dort als berufstätige, alleinerziehende Mutter zu leben. Die japanische Gesellschaft ist noch weitgehend traditionell, Mütter arbeiten häufig nicht, sondern sind allein verantwortlich für das Wohlergehen und die Ausbildung ihrer Kinder. Meine Eltern dagegen führten eine verhältnismäßig liberale Ehe, arbeiteten beide in kreativen Berufen und ließen mir als Kind viele Freiheiten. Aufgewachsen bin ich mitten im Zentrum Tokios, dort findet man inzwischen häufiger Elternpaare, bei denen beide berufstätig sind. Die vorherrschende Mentalität ist für meinen Geschmack jedoch sehr zugeknöpft. Vermutlich passe ich deshalb so gut nach Europa.

Würde sich mir die Chance bieten, könnte ich mir aber auch vorstellen, irgendwann in Japan einen Neuanfang zu wagen. Leicht wäre es sicher nicht. Vor allem in Tokio ist das Stresslevel viel höher und die Lebensqualität niedriger als in der Schweiz. Platz ist enorm knapp und die Leuchtreklamen blinken Tag und Nacht vor den Fenstern – ein Symbol für das ganze Leben dort: atemlos.

Was es mir erleichtert hat, fern der Heimat zu wohnen, ist die Tatsache, dass ich umgeben bin von »Leidensgenossen«. Ballettkompanien sind ein buntes Kaleidoskop von Menschen aus der ganzen Welt, hinter den Kulissen hörst du Englisch mit französischem, russischem oder südamerikanischem Akzent und du bist Teil einer großen interkulturellen Familie.

Abgesehen vom Tanzen ist Kochen mein liebstes Hobby. Es hört sich vielleicht komisch an, aber ein gutes Essen zu kreieren ist für mich die beste Meditation. Außerdem gehe ich zum Yoga und liebe Wellness in jeder Form. Im Fitnessstudio schwimme ich viel; das Wasser trägt mich, ich bin schwerelos und die

Schmerzen schwimmen einfach davon. Anschließend gehe ich in die Sauna und entspanne mich, höre Musik, chille. Dafür nutze ich seit unserer Trennung die Zeit, in der Myjabi bei ihrem Vater ist.

Mit Mitte dreißig gehöre ich inzwischen zu den Ältesten in der Kompanie. Ich habe immer sehr auf meinen Körper geachtet und hatte wenig Verletzungspech. Womöglich könnte ich tanzen, bis ich Anfang vierzig bin. Ob ich das will, ist noch eine offene Frage. Denn Ballett ist nicht nur eine Schinderei für den Körper, es ist ebenfalls sehr anstrengend für den Geist, verlangt absolute Konzentration und den Willen, täglich mit größter Disziplin an sich zu arbeiten. Das mache ich nun schon seit meinem 15. Lebensjahr. Etwas anderes habe ich nicht gelernt, doch ich traue mir durchaus zu, in einem anderen Bereich Fuß zu fassen. Denn eines steht für mich seit Langem fest: Wenn ich nicht mehr auf der Bühne stehe, verlasse ich die Ballettwelt. Anders als viele Kollegen habe ich nie davon geträumt, in meinem zweiten Leben Choreografin oder Ballettmeisterin zu werden. Am ehesten könnte ich mir vorstellen, als Pilates-Trainerin zu arbeiten. Vielleicht eröffne ich aber auch ein Restaurant oder ein kleines Café, denn wie bereits erwähnt koche ich leidenschaftlich gern. Leidenschaft ist schon immer mein Antrieb gewesen und wenn ich eines Tages nicht mehr auf der Bühne stehe, werde ich auch die Zeit dafür haben.

Den Film »Black Swan« mit Natalie Portman als Primaballerina hat Ayako aus Zeitmangel nie gesehen, nur davon gehört. Darin spielt Portman die Tochter einer ehemaligen Tänzerin, deren Mutter die eigene Karriere wegen der Schwangerschaft aufgeben musste und nun um jeden Preis den Erfolg der Tochter herbeizwingen will. Der Film vermittelt einen guten Einblick in die Welt des Balletts – eine Welt, die Talente komplett fordert, mit

Körper und Seele. Für Ayako ist es dementsprechend schwierig, eine Balance zu finden zwischen ihrer Rolle als Mutter und ihrem Beruf als Tänzerin. Doch anders als der Mutter im Film gelingt ihr dieser Spagat seit mehr als fünf Jahren – vermutlich, weil sie alles im Leben mit bedingungsloser Leidenschaft angeht.

-7-

DIE ABTEILUNGSLEITERIN IN DER ABSTELLKAMMER

NINA (39),
ABTEILUNGSLEITERIN,
2 KINDER,
NEW YORK

»If I can make it there, I'll make it anywhere, it's up to you, New York, New York« – Frank Sinatras Song vom Aufstieg in der Weltstadt, die niemals schläft, ist zur inoffiziellen Hymne von New York City geworden. Bis heute lockt die Metropole Zuwanderer aus aller Welt an – wie die Deutsche Nina (39) und ihren südafrikanischen Mann Jan. Beide arbeiten in leitender Position in Manhattan. Ihre Kinder Lena (7) und Tim (5) gehen zur Schule und werden anschließend von Babysittern betreut; als sie klein waren, übernahm das ein karibisches Kindermädchen. Warum es für sie als Mutter nicht einfach ist, im Land der scheinbar unbegrenzten Möglichkeiten beruflich voranzukommen, und wieso Kindergartenkinder Intelligenztests absolvieren müssen – darüber klärte mich Nina auf.

Während ich Kommunikationswissenschaften studierte, zog es mich als Praktikantin nach Ghana, ans Goethe-Institut. Nach dem Studium fand ich eine Stelle in Südafrika, wo ich meinen heutigen Mann Jan kennenlernte. In Kapstadt stieg ich bald zur stellvertretenden Geschäftsführerin eines deutschsprachigen Wirtschaftsverbandes auf. Ich fühlte mich sehr wohl dort. Dennoch zogen Jan und ich im Oktober 2001 nach New York City. Mein Mann hatte immer davon geträumt, einmal im Ausland zu leben und zu arbeiten, und dann hatte er ein lukratives Jobangebot von einer Softwarefirma in Long Island erhalten. Dafür gab ich meinen Job in Kapstadt auf, den Firmenwagen und die sonstigen Annehmlichkeiten – typisch Frau, kann man wohl sagen.

Mit nur zwei Koffern kamen wir in New York an, zu einem denkbar schlechten Zeitpunkt – drei Wochen nach den Terroranschlägen vom 11. September, bei denen das World Trade Center zerstört worden war und Tausende von Menschen gestorben waren. Die Welt war erschüttert und New York stürzte in eine Krise. Auch wenn die Wunden bis heute nicht verheilt sind – die pragmatischen New Yorker ließen sich nicht unterkriegen. Ihre Stadt erlebte in den folgenden Jahren einen fulminanten Aufschwung: wirtschaftlich, gesellschaftlich, architektonisch. Bis der Finanzcrash kam.

Jan hatte damals ein Arbeitsvisum, als seine Ehefrau bekam ich lediglich eine Aufenthaltsgenehmigung. Das erschwerte meine Jobsuche, gerade in der damaligen Situation. Nach vier Monaten fand ich eine Stelle bei einem deutsch-amerikanischen Wirtschaftsverband, der sich bereit erklärte, mir ein Arbeitsvisum zu sponsern. Ich übernahm die Leitung der Abteilung Kommunikation – eine Position, die ich bis heute innehabe.

2004 kam unsere Tochter Lena zur Welt, zwei Jahre später unser Sohn Tim. Beide wachsen zweisprachig auf. Das funktioniert vor allem deshalb gut, weil mein Mann auch ganz ordentlich deutsch spricht. In Südafrika gibt es elf offizielle Landessprachen und seine Muttersprache ist Afrikaans, doch er hat in der Schule Deutsch gelernt.

Der Übergang von der Businessfrau zur »working mum« verlief für mich nicht gerade reibungslos. Bis heute bin ich die einzige Frau mit Kindern in der ganzen Firma. Seither stagniert meine Karriere. Ich habe das Gefühl, als Mutter in einer bestimmten Schublade zu stecken. Werden beispielsweise Positionen neu besetzt, ziehen die Chefs mich dafür meist gar nicht erst in Betracht.

Laut Arbeitsvertrag standen mir nach der Geburt nur vier Wochen bezahlter Mutterschaftsurlaub zu. Frau hat also bis zum Tag der Niederkunft zu arbeiten und nach vier Wochen wiederzukommen, alternativ kann sie zwei Monate unbezahlten Urlaub nehmen. Diese Regelung verdanken wir dem Family and Medical Leave Act, der festlegt, dass man diese Zeit beanspruchen kann und so lange nicht gekündigt werden darf – allerdings gilt das nicht für alle Arbeitnehmer. Die USA sind eines der letzten Länder der Welt, in denen der bezahlte Mutterschutz nicht verbindlich ist – zusammen mit Ländern wie Liberia, Papua-Neuguinea und

Swasiland. Einige Bundesstaaten wie Kalifornien und Oregon haben familienfreundlichere Gesetze erlassen, während wir es hier in New York City eher der Freundlichkeit des Arbeitgebers zu verdanken haben, vier Wochen bezahlten Mutterschaftsurlaub zu bekommen. Allerdings weiß ich von einigen großen Firmen, Kanzleien und Unternehmensberatungen in Manhattan, dass sie Müttern sogar drei Monate bezahlten Mutterschaftsurlaub gewähren.

Während meiner ersten Schwangerschaft hatte ich mich mit meinem Chef darauf verständigt, nach Ablauf der vier Wochen noch zwei Monate lang von zu Hause aus zu arbeiten, um nicht unbezahlt Urlaub nehmen zu müssen und meine Abteilung nicht so lange allein zu lassen. Leider war die Absprache nur mündlich gewesen. Der Vizechef bekam Wind davon und stellte sich quer, er war absolut dagegen, dass ich von zu Hause aus arbeiten durfte: »Entweder du kommst ins Büro wie alle anderen oder du nimmst unbezahlten Urlaub.«

Es gab mächtigen Ärger, denn ich wollte das nicht akzeptieren und bestand auf der ursprünglichen Abmachung. Wir einigten uns darauf, dass ich einen Tag in der Woche ins Büro kam, um an der Abteilungsleiterkonferenz teilzunehmen. Die restlichen Tage arbeitete ich von zu Hause aus, wobei ich mich ständig überwacht fühlte. Ich weiß noch, wie ich mit Lena auf dem Schoß am Schreibtisch saß, stillend und tippend zugleich.

Anschließend gestattete man mir, meine Arbeitszeit auf 80 Prozent zu reduzieren und einen Tag pro Woche zu Hause zu sein. Homeoffice war und ist bei uns im Unternehmen nicht möglich und so musste ich eben mit 20 Prozent weniger Gehalt klarkommen. Aber immerhin räumte man mir überhaupt ein, als Teamleiterin in Teilzeit zu arbeiten. Das Unternehmen meines Mannes war da flexibler, er durfte von zu Hause aus arbeiten und tat das während der ersten drei Jahre nach der Geburt unserer Tochter an jeweils einem Tag die Woche. Damit waren wir an zwei Tagen in der Woche für die Kinder da, die restlichen drei kam ein Kindermädchen zu uns nach Hause.

Das ist in New York City gang und gäbe, die meisten Familien mit kleinen Kindern haben Nannys, und diese kommen wiederum fast alle aus der Karibik. An Werktagen sieht man im Park fast nur schwarze Frauen, die weiße Babys durch die Gegend schieben. Als ich mit Babybauch durch den Park spazierte, wurde ich angesprochen: »Oh, du bist schwanger, suchst du eine Nanny?« Das ist ein eigener Wirtschaftszweig, der im Verborgenen blüht. Dennoch gibt es in der »Nanny-Mafia« feste Preisabsprachen und Regeln. Der Mindestlohn in New York liegt derzeit bei ungefähr 7,50 US-Dollar (knapp 6 Euro), aber die Nannys verdienen locker das Doppelte, und zwar schwarz. Einen Großteil des verdienten Geldes schicken sie in ihre Heimatländer, um ihre Familien dort zu unterstützen. Die Frauen sind oft illegal hier, sie reisen mit einem Touristenvisum ein und nie wieder aus. Würden sie das tun, dürften sie nicht mehr wiederkommen – außer sie ergattern irgendwie eine Aufenthaltsgenehmigung.

Während meiner zweiten Schwangerschaft wechselte mein Vorgesetzter und ich erlebte das gleiche Spiel noch einmal. Wieder hatte ich versäumt, mir schriftlich die Erlaubnis einzuholen, nach vier Wochen Mutterschaftsurlaub noch zwei Monate lang von zu Hause aus zu arbeiten. Der neue Chef wollte von der mündlichen Vereinbarung mit seinem Vorgänger nichts wissen. Erneut stellte ich auf stur und kam nur einen Tag in der Woche ins Büro, bis mein Sohn drei Monate alt war. Das wurde zähneknirschend akzeptiert.

Trotz relativ kurzer Babypause stillte ich beide Kinder jeweils acht Monate lang – und das, obwohl mir das Stillen große Probleme bereitete und ich manchmal dachte: Oh je, drei Stunden sind um und dieser Piranha beißt mich gleich wieder. Doch ich war überzeugt davon, meinen Kindern damit etwas Gutes zu tun. Zum einen war ich vielleicht durch Deutschland beeinflusst, zum anderen durch unsere etwas alternative Wohngegend, in der fast alle Mütter stillen. War das Kind nicht bei mir, benutzte ich eine Milchpumpe. Die nahm ich mit ins Büro und da unsere Arbeitszimmer nicht abschließbar sind, verzog ich mich mehrmals täglich in die vollgestopfte Abstellkammer.

Für mich ist es sehr wichtig zu arbeiten. Ich kenne viele Frauen, die ihren Beruf aufgegeben haben, als sie Mutter wurden, und die sind meist frustriert. Das wäre nichts für mich. Ich möchte mein eigenes Geld verdienen. Auch karrieremäßig würde ich mich gern weiterentwickeln. Andererseits bin ich in meiner derzeitigen Stelle relativ flexibel und werde nicht schlecht bezahlt.

Auf Geschäftsreise gehe ich höchstens drei oder vier Mal im Jahr. Seit die Firma im vergangenen Jahr ein flexibles Arbeitssystem eingeführt hat, arbeite ich wieder in Vollzeit. Wir melden uns elektronisch an und ab, haben ein Zeitkonto und Kernzeiten von 10 bis 15 Uhr, freitags bis 13 Uhr. Ich muss auf meine 39,5 Stunden in der Woche kommen, bin aber freier bei der Gestaltung der einzelnen Tage. So kann ich die Kinder zum Beispiel freitags um 15 Uhr von der Schule abholen – wie vorher an meinem freien Tag. Von zu Hause aus dürfen wir nach wie vor offiziell nicht arbeiten; es lässt sich zwar nicht vermeiden, wird aber nicht als Arbeitszeit angerechnet.

In den USA ist es absolut akzeptiert, als Frau mit Kindern in Vollzeit zu arbeiten. Auch dank der Antidiskriminierungsgesetze haben Frauen an und für sich gute Chancen, selbst in männlich dominierten Branchen Karriere zu machen. Dennoch werden wir häufig schlechter bezahlt als die Männer. Und die Bedingungen für arbeitende Mütter sind im Vergleich zu anderen Industrienationen schwierig. Kinder zu bekommen gilt als Privatangelegenheit, jede Familie muss selbst sehen, wie sie ihren Nachwuchs in den Alltag integriert.

Da fällt mir eine ehemalige Kollegin ein, die von New York nach München zog. Als sie Mutter wurde und anschließend wieder arbeiten ging, musste sie sich dort so einiges anhören von wegen »Rabenmutter«. Einen entsprechenden Ausdruck gibt es in den USA übrigens nicht, das finde ich bezeichnend. Viele Frauen hier arbeiten und haben zwei, drei oder auch vier Kinder. Und je mehr Geld man verdient, desto einfacher geht das. In der Mittel- und Oberschicht gilt Kinderreichtum mitunter als Statussymbol.

Krankenversichert bin ich übrigens über meinen Mann, hätte mich aber auch über meinen Arbeitgeber versichern können. Eine allgemeine Krankenversicherungspflicht besteht in den USA nicht, viele Arbeitnehmer sind über ihre Firma privat versichert. Präsident Obama will die allgemeine gesetzliche Krankenversicherung einführen und wird dafür von den Republikanern als Sozialist bezeichnet.

Das Leben in New York City wirkt von außen vermutlich hektischer, als es ist. Jeder meistert eben seinen Alltag, wie überall sonst auf der Welt auch. Die Kinder gehen morgens zur Schule, ich fahre mit der U-Bahn nach Manhattan ins Büro. Ein paar Eigenheiten gibt es allerdings schon in so einer Riesenstadt: Platz ist knapp, die Konkurrenz in jeder Hinsicht groß und die Preise sind gesalzen. Tatsächlich sind die Lebenshaltungskosten nirgends in den USA so hoch wie in New York City. Mit meiner Familie lebe ich in Brooklyn, genauer gesagt in Park Slope, einer ziemlich angesagten Gegend. Laut einer Studie des *New York Magazin* war sie 2010 das beliebteste Wohnviertel New Yorks. Viele Künstler und Kreative leben hier, es gibt tolle Restaurants und Ausgehmöglichkeiten, das Viertel gilt als relativ sicher und die öffentlichen Schulen werden hoch gelobt. Einziger Wermutstropfen sind die Mieten; eine gewöhnliche Zweizimmerwohnung ist unter 2.000 Dollar im Monat nicht zu haben. Weil immer mehr Familien mit Kindern hierherziehen, lästern viele New Yorker über die Kinderwagen-Armadas. Auch sonst gibt es einige Parallelen zwischen Park Slope in New York und Prenzlauer Berg in Berlin.

Bei uns darf man sich nicht einfach eine Schule aussuchen für sein Kind. Die Stadt ist aufgeteilt in Schulbezirke und damit die Kinder in einem bestimmten Bezirk zur Schule gehen können, muss man dort wohnen. Deshalb sind wir vor einem Jahr nach Park Slope umgezogen. Vorher lebten wir nur einen Kilometer entfernt, aber eben in einem anderen Schulbezirk. Durch den Ortswechsel können wir unsere Kinder in Park Slope auf eine öffentliche Schule schicken, die als sehr gut gilt.

Das Konkurrenzdenken in New York ist gewöhnungsbedürftig und rührt vermutlich daher, dass rund acht Millionen Menschen an einem Ort leben. Der Wettbewerb geht schon im Vorschulalter los mit der Frage: Auf welche Vorschule schicke ich mein Kind? Dieser Sektor ist komplett privat finanziert und sehr teuer, staatliche Unterstützung wie Kindergeld oder Ähnliches gibt es nicht. Man kann lediglich einen Teil der Ausgaben von der Steuer absetzen. Bis die Kinder vier oder fünf sind, müssen Eltern also richtig viel Geld ausgeben, um ihnen einen optimalen Start zu gewährleisten.

Als unsere Tochter zwei Jahre alt war, brachten wir sie zwei Vormittage die Woche in eine Art Vorschule. Unser Sohn kam mit zwei Jahren in eine Family Day Care, eine private Kleinkindbetreuung mit nur vier bis fünf Kindern pro Gruppe. Bis dahin hatten wir vier Jahre lang eine Nanny gehabt. Bei wohlhabenden Familien mit genügend Platz im Haus wohnt diese bei ihnen. Ansonsten kommt sie tagsüber, hilft im Haushalt und versorgt die Kinder. Häufig gehen Mütter ja bereits vier Wochen nach der Geburt wieder arbeiten und ein so kleines Kind gibt man ungern in eine Tagesstätte.

Mit fünf kommen die Kinder in den staatlichen Kindergarten, damit geht bereits der offizielle Schulbesuch los. Für Jüngere bieten manche Schulen in New York das staatlich finanzierte Universal Pre-Kindergarten Program an, hauptsächlich in einkommensschwächeren Gegenden, wo die Kinder früh gefördert werden sollen, weil sich die Eltern eine private Vorschule nicht leisten können. Wir hatten Glück und konnten beide Kinder mit vier Jahren in dieses Programm geben. Damit waren sie bereits »normale« Schulkinder mit den üblichen Unterrichtszeiten von 8:30 bis 15 Uhr. Der spielerische Unterricht ist in diesem ersten Jahr vergleichbar mit dem Programm in einem deutschen Kindergarten; es wird gemalt, gesungen und gebastelt und nach dem Essen herrscht Mittagsruhe.

Die üblichen Bürozeiten hier sind von 9 bis 17 Uhr. Jan oder ich bringen die Kinder morgens zur Schule; um 15 Uhr holt eine Babysitterin sie ab und betreut sie bei uns zu Hause, bis ich zwischen 18 und 18:30 Uhr von der Arbeit komme.

Wenn die Kinder fünf sind, geht es schulisch gleich richtig rund – mit Intelligenztests. Um in einem privaten Kindergarten aufgenommen zu werden, müssen vier- bis fünfjährige Kinder so einen Test bestehen. Privatschulen sind weit verbreitet, sie kosten zwischen 25.000 und 60.000 Dollar pro Jahr. Für die New Yorker Mittelschicht ist das ganz normal, keineswegs elitär. Erreicht ein Kind den geforderten Durchschnitt im Test nicht, kann es keine Privatschule besuchen – da spielt offensichtlich auch das Einkommen der Eltern keine Rolle.

In den öffentlichen Schulen hat jedes Kind ab fünf das Recht auf einen Platz, doch auch dort geht es dann häufig los mit dem Test »Gifted and Talented« (»Begabt und talentiert«). Mich irritierte das anfangs, ich konnte nicht glauben, dass Kindergartenkinder bereits »sortiert« werden nach begabt oder nicht. Der Test soll aber helfen, besonders begabte Kinder von Anfang an gezielt zu fördern. Hat eine Schule beispielsweise eine zehnzügige Klassenstufe, sind darunter vielleicht zwei »Gifted and Talented«-Klassen für Kinder, die mehr als 90 Prozent der Punktzahl im Test erreichten. Die Realität sieht häufig so aus, dass die weißen Kinder in der Begabtenklasse landen und die anderen in den restlichen Klassen. Dagegen sträubten wir uns. Wir wollten unsere Kinder nicht so früh in Schubladen stecken lassen, sie sollen mit ganz unterschiedlichen Menschen aufwachsen. Das war unter anderem ein Grund für unseren Umzug – ihre jetzige Schule verzichtet auf diese Art von Tests.

Das Schulsystem hier ist wirklich ein Dschungel. Man muss früh lernen, wie es funktioniert. Populär sind deshalb Ratings und Ranglisten. Eltern schauen automatisch auf Websites wie www.greatschools.org oder www.insideschools.com nach, bevor sie ihr Kind an einer Schule anmelden. Es ist ein beliebtes und – wie ich finde – ziemlich ätzendes Gesprächsthema unter New Yorker Eltern: Wo geht dein Kind hin? Welchen Platz hat diese Schule im Ranking?

Meine Eltern ließen sich früher einmal im Jahr zum Elternsprechtag in der Schule blicken. Hier dagegen wird Zusammenarbeit großgeschrieben, dafür gibt es auch die Parent Teacher Association (Eltern-Lehrer-Verband). Ungefähr alle zwei Tage kommt eine E-Mail von der Klassenlehrerin: Eine Begleitung für den Schulausflug, Geldspenden, Taschentücher, Farbstifte – alles Mögliche wird benötigt. Zum Schuljahresbeginn bekommen wir Eltern richtige Einkaufslisten, längst nicht nur für das eigene Kind, sondern auch für die Lehrer und die ganze Klasse. Man kann sich in den USA nicht nur auf den Staat verlassen. Je mehr die Eltern an Präsenz und Geld beisteuern, desto besser sind die Schulen. So funktioniert das hier.

In unserer Freizeit unternehmen wir etwas mit der Familie und unseren vielen Freunden. Unter ihnen sind US-Amerikaner sowie Leute mit ganz unterschiedlichen Nationalitäten, die ebenfalls Kinder haben. Gestern beispielsweise, am Samstag, hatten wir abends Freunde zu Besuch, nachher gehen wir noch zum Barbecue zu einer anderen Familie. Die Fußballsaison der Kinder hat gerade wieder begonnen und so trifft sich die Nachbarschaft auf dem Spielfeld unterhalb des Prospect Parks; gemeinsam feuern wir die Kinder an. Lena und Tim spielen beide in der American Youth

Soccer Organization. Jedes Kind bekommt vom Verband eine Spieleruniform gestellt, das Ganze wird vom Staat subventioniert und so kostet die Teilnahme ausnahmsweise fast gar nichts. Steht ein Spiel an, fahren wir Eltern mit dem Fahrrad rüber zum Spielfeld, so machen wir auch ein wenig Sport.

Jan und ich arbeiten schon seit über zehn Jahren bei denselben Firmen, dadurch haben wir für US-Verhältnisse relativ viel Urlaubsanspruch. Er bekommt 22 und ich 24 Tage pro Jahr. Die Urlaubskultur unterscheidet sich von der in Deutschland. Eine Woche zu verreisen gilt in den USA als vollwertiger Urlaub, drei Wochen am Stück wegzufahren ist für normale Arbeitnehmer kaum vorstellbar. Wir waren dieses Jahr über Ostern zehn Tage in Costa Rica und trafen dort auch viele Deutsche, Schweizer und Österreicher, die alle mindestens drei Wochen unterwegs zu sein schienen. Wir haben dieselben Orte besichtigt, nur eben in kürzerer Zeit.

Die Schulkinder hingegen haben extrem lange Sommerferien, in unserem Fall vom 28. Juni bis zum 6. September – zehn Wochen, in denen der Staat keinerlei Kinderbetreuung anbietet. Viele US-Amerikaner haben gerade mal zehn Tage Jahresurlaub, damit lassen sich diese Ferien beim besten Willen nicht überbrücken. Und übers Jahr verteilt gibt es ja noch viel mehr Ferien.

Private Anbieter organisieren Camps für die Kinder, Summer Camps sind für viele das Geschäft des Jahres. Es gibt Schauspiel- und Fußballcamps, naturwissenschaftliche Camps, Musikcamps und viele mehr. Eltern und Kinder werden regelrecht überschüttet mit Angeboten, dabei preist jeder Veranstalter seine Kurse als das ultimativ Beste für die Kinder an. Wir können uns dem nicht entziehen, denn wir haben nun mal keine Großeltern in der Nähe, bei denen die Kinder einen Teil der Ferien verbringen könnten. Selbst wenn wir einen Babysitter engagieren würden, kostet der auch 15 Dollar die Stunde und dann sitzen die Kinder nur zu Hause und haben kein Programm. Deshalb geben wir

Jahr für Jahr einen guten Teil unserer Bonuseinkünfte für die Feriencamps aus. Diesen Sommer gehen Lena und Tim tagsüber zwei Wochen lang in ein Science Camp und anschließend vier Wochen lang in das Park Slope Day Camp, wo sie viel draußen spielen werden. Gegen Ende der Ferien fliegen wir dann noch gemeinsam für zwei Wochen nach Deutschland. Damit wären die Sommerferien einmal mehr überstanden und der Schulalltag kann wieder losgehen.

Nach der langen Pause haben die Kinder fast alles vergessen. Diese Sommerferienregelung passt nicht zum modernen Leben in einer Großstadt – sie stammt aus einer Zeit, in der die Kinder bei der Ernte helfen mussten. Manchmal sagen wir Eltern im Spaß: »Wir schicken unsere Kinder jetzt als Erntehelfer aufs Land, dann müssen sich die Saisonarbeiter aus Mexiko warm anziehen.«

Es ist schade, aber Jan und ich gehen abends so gut wie nie zusammen aus. Da wir jeden Nachmittag bereits Babysitter im Hause haben, verbringen wir die kurze Zeit zwischen 18 und 20:30 Uhr lieber mit den Kindern. Wenn wir da auch noch ausgehen würden, hätten wir ein schlechtes Gewissen.

Allein in der Wohnung bleiben dürfen Kinder offiziell erst, wenn sie zwölf sind. In New York schickt man jüngere Kinder auch nicht ohne Begleitung zur Schule. Wir wohnen nur etwa 400 Meter Luftlinie von der Schule entfernt, doch die Kinder werden dorthin begleitet, bis sie 13 oder 14 Jahre alt sind. Das ist vermutlich typisch Großstadt. Zudem haben viele Eltern große Angst vor Pädophilen. In New York gibt es ja für alles Mögliche ein Register, auch eines, in dem du nachschauen kannst, wo in deiner Nachbarschaft ein verurteilter Kinderschänder wohnt. Will ich das wirklich wissen? Natürlich möchte auch ich meine Kinder schützen, aber in dieser Stadt sind viele Eltern beinahe hysterisch. Ich denke, es ist wichtig, den Kindern einzuschärfen, dass ihr Körper nur ihnen gehört und sie keiner auf eine bestimmte Art und Weise anfassen darf.

Übrigens gibt es auch ein Bettwanzen-Register in New York, die Leute haben panische Angst vor der Bettwanzen-Invasion. Man mietet hier keine Wohnung, ohne vorher auf der einschlägigen Website zu prüfen, ob das Haus bereits von Wanzen befallen war. Wenn man sich die Karte anschaut, ist eigentlich ganz New York verwanzt.

....

Die USA sind ein widersprüchliches Land. Einerseits Trendsetter, innovativ, mächtig und modern. Andererseits die womöglich einzige westliche Nation, in der die Krankenversicherungspflicht höchst umstritten, ein bezahlter Mutterschutz nicht verbindlich geregelt ist und Schwangere gekündigt werden können.

Für berufstätige Mütter ist gerade die Millionenmetropole New York City ein hartes Pflaster. Angesichts der Menschenmassen auf den Gehsteigen Manhattans ist ein Spaziergang mit Kinderwagen ungefähr so empfehlenswert wie eine Lkw-Fahrt über den Ku'damm am Samstagnachmittag. Wenn ich mir vorstelle, mein vier Wochen altes Baby ganztags in fremde Hände zu geben, zwischen zwei Meetings mit meiner Milchpumpe in der Abstellkammer zu sitzen, weil es im Büro keine Räumlichkeiten für stillende Mütter gibt, und mich – sobald das Kind keine Windeln mehr trägt – nebenberuflich in den Vorschul-Dschungel zu stürzen, wird mir ganz anders. Darin liegt meiner Ansicht nach der für Mütter schmerzlichste Widerspruch dieses Landes: Obwohl die amerikanische Mentalität äußerst kinderfreundlich ist, gilt gleichzeitig der Grundsatz »Kinder kriegen ist Privatsache«.

-8-

GLEICHBERECHTIGUNG? NA KLAR!

INGELA (37), ANGESTELLTE IM KONZERN-RECHNUNGSWESEN, 2 SÖHNE, UPPSALA

Das schwedische Modell stand jahrzehntelang für einen sozialen Wohlfahrtsstaat, der vom Kleinkind bis zum Rentner alle Einwohner umsorgt. Wirtschaftskrise und demografische Entwicklung führten in den 1990er-Jahren zu einem teilweise radikalen Umbau des Systems. Dennoch ist Schweden in Bezug auf die soziale Absicherung seiner Bürger heute noch ein Musterland. Dort lebt und arbeitet Ingela (37) mit ihrem deutschen Mann Andi und den drei und fünf Jahre alten Söhnen. Auf den ersten Blick ist die blonde Schwedin ein nüchterner Zahlenmensch, sie entpuppt sich aber schnell als sehr herzlich und zu Späßen aufgelegt.

Oh, es ist kurz nach 17 Uhr und das Büro ist schon leer, dachte ich oft, nachdem wir von Deutschland zurück nach Schweden gezogen waren. Ich glaube, in Deutschland wird länger gearbeitet und mehr erwartet. Vielleicht setzen die Schweden ihre Prioritäten auch nur anders, um Überstunden zu vermeiden. Ich bin im Konzernrechnungswesen angestellt und wir arbeiten mit Quartalsabschlüssen, daher kann die erste Woche im Quartal hektisch sein. Mein Mann arbeitet in einer ähnlichen Position und so kommt es manchmal vor, dass wir beide abends oder an einem Samstag arbeiten. Zum Glück leben meine Eltern in der Nähe. Falls Andi und ich gleichzeitig Überstunden machen müssen, kümmern sie sich um ihre Enkelkinder. Außerhalb dieser überschaubaren Stoßzeiten lässt sich unser Job jedoch in acht Stunden am Tag erledigen.

Ich arbeite in einem Team, habe jedoch selbst keine Personalverantwortung. Bislang wollte ich bewusst keine, da ich dann vermutlich weniger Zeit für meine Kinder hätte. Angebote gab es schon und ich denke gerade darüber nach, ob jetzt der Zeitpunkt für so einen Karriereschritt ist. Für mich war es immer wichtig, anspruchsvolle Aufgaben zu haben und eigenverantwortlich zu arbeiten. Aber ich muss nicht unbedingt noch weiterklettern auf der Karriereleiter. Daher überlege ich, ob ich überhaupt aufsteigen will. Denn so wie ich jetzt arbeite, habe ich viel Verantwortung, erstelle den Konzernbericht mit, aber wenn ich nach Hause gehe, lasse ich die Arbeit gedanklich hinter mir. Wenn ich Personalverantwortung hätte und jemand würde sich bei mir beschweren, dann ginge mir das sicher sehr nahe. Will ich das wirklich? So wichtig ist mir Karriere nicht.

Studiert habe ich Internationale Betriebswirtschaft in Karlstadt im Westen Schwedens. Ich hatte bereits im Gymnasium die Richtung Betriebswirtschaft gewählt, außerdem habe ich Sprachen schon immer sehr gemocht. Deutsch war einer meiner Studienschwerpunkte und 1996 verbrachte ich ein Semester in Süddeutschland. Ich war 21 Jahre alt und traf dort an der Hochschule unverhofft den Mann fürs Leben – Andi. Im Prinzip glaube ich nicht an Liebe auf den ersten Blick, aber es war nah dran.

Während meines vierten und letzten Jahrs an der Uni in Schweden führten wir eine Fernbeziehung und besuchten uns abwechselnd in den Ferien. Danach war Schluss mit der Liebe auf Distanz: Andi kam für ein Praxissemester zu mir nach Schweden. Zu der Zeit suchte ich einen Job, fand aber keine Stelle. Vermutlich war es Schicksal, jedenfalls beschloss ich, mit Andi zurück nach Deutschland zu gehen. Zunächst wohnte ich wieder in dem alten Studentenwohnheim, aber bald fand ich eine Trainee-Stelle und zog nach Stuttgart. Andis Studium dauerte noch ein Jahr, anschließend zogen wir zusammen in eine größere Wohnung und ich lebte sieben Jahre lang mit ihm in Deutschland.

2004 heirateten wir in Schweden. Getraut wurden wir in einer schönen, traditionellen Holzkirche. Das Fest war typisch schwedisch, unprätentiös, aber herzlich. Der Festsaal war ein großes Blockhaus, um das im Kreis herum zahlreiche kleine Holzhäuser standen, in denen wir und die Gäste nächtigen konnten. Zum Zeitpunkt unserer Hochzeit lebten wir noch in Deutschland, wo ich mich sehr wohlfühlte. Nach Schweden zurückzukehren, war eigentlich die Idee meines Mannes. Andi meinte, er würde auch gern mal für einige Zeit im Ausland leben. Außerdem konnte er schon ganz gut Schwedisch. Vor allem aber kamen wir zurück, weil wir uns Kinder wünschten und wussten, dass es in Schweden einfacher sein würde, Beruf und Familie miteinander zu vereinbaren. Wir wollten in meine Heimatstadt an der Ostküste ziehen, etwas nördlich von Uppsala. Meine Eltern und viele alte Freunde wohnen in der Nähe, deshalb war es mir wichtig, hierher zurückzukehren.

Der Plan war folgender: Sobald Andi einen Job in Schweden hat, ziehen wir um. Denn wir dachten, wenn er etwas findet, wird es für mich als Schwedin kein Problem sein, auch eine Stelle zu bekommen.

Die Zentrale eines großen schwedischen Stahlkonzerns liegt nur zwanzig Minuten von unserem jetzigen Wohnort entfernt. Dort bekam Andi eine Stelle als Business Controller. Ich suchte zunächst eine Arbeit in Uppsala, landete aber schließlich im selben Unternehmen wie mein Mann. Ich arbeite allerdings im Konzernrechnungswesen in der Holding und damit in einem anderen Bereich als er.

Im Herbst 2005 hatten wir uns gerade in Schweden niedergelassen, da war ich auch schon schwanger. Es war eine schöne Überraschung, denn wir hatten bereits in Deutschland versucht, Kinder zu bekommen, und es hatte einfach ein Jahr gedauert, bis ich schwanger wurde. Daher arbeitete ich gerade mal neun Monate lang in Schweden, bis Neo zur Welt kam.

Einen gesetzlich vorgeschriebenen Mutterschaftsurlaub vor der Geburt gibt es bei uns übrigens nicht. Schwangere können bis zum Tag der Geburt arbeiten, außer ihre Arbeit ist körperlich anstrengend oder risikoreich. Bei einem normalen Bürojob kann jede Frau selbst entscheiden, ob sie einen Teil der ihr zustehenden Elterntage bereits vor der Geburt in Anspruch nehmen möchte.

Wenn werdende Mütter keine größeren Beschwerden haben, arbeiten sie meistens bis zwei oder drei Wochen vor dem Termin. So habe ich es auch gemacht, um dann noch 14 Tage Urlaub zu nehmen.

In Schweden bekommt man vom Staat pro Kind 480 Elterntage, 240 Tage pro Person. Jeweils sechzig Tage davon gehören nur der Mutter und nur dem Vater, sie sind nicht übertragbar. Die restlichen Tage kannst du auf deinen Partner überschreiben. Als das Mitte der 1970er-Jahre eingeführt wurde, war es hauptsächlich gedacht als Anreiz für die Männer, bei ihren Kindern zu Hause zu bleiben. 1974 war das auch in Schweden noch eine Seltenheit – ich bin in diesem Jahr geboren und mein Vater nahm keine Elternzeit. Dann wurde es üblicher für die Väter, zwei Monate oder länger zu Hause zu bleiben. Nicht nur sie, auch die Arbeitgeber mussten sich umstellen. Inzwischen ist es selbstverständlich für beide Seiten – bis zu einem gewissen Punkt. Der schwedische Staat legt großen Wert auf Gleichstellung und hat das Ziel, dass Männer die Hälfte der Elterntage in Anspruch nehmen. Das ist noch lange nicht erreicht, laut Statistik nehmen sie aktuell erst ein Viertel der insgesamt 480 Tage. Der Vater eines Neugeborenen hat zusätzlich Anrecht auf zehn Tage Vaterschaftsurlaub, bei Zwillingen zwanzig Tage.

Als ich schwanger war, wurde Andi auf der Arbeit ganz selbstverständlich gefragt: »Und wann bleibst du dann zu Hause?«

Meine Arbeitgeber reagierten auch nicht überrascht auf die Nachricht – ich glaube, sie haben damit gerechnet. Ich war 31 Jahre alt, ein Jahr verheiratet und wir hatten gerade ein Haus gekauft – beste Voraussetzungen also. Sicher ist es schade, wenn jemand längere Zeit ausfällt, vor allem wenn er oder sie erst kurz im Unternehmen ist, aber das wurde akzeptiert. Schwedische Firmen sind häufig sozial eingestellt, nicht nur wenn es um ihre Mitarbeiter geht, sie engagieren sich auch für die Umwelt und leisten oft mehr, als gesetzlich verlangt wird. Im »Dow Jones

Sustainability World Index« werden Unternehmen gelistet, die sich in besonderem Maße für die Rechte der Beschäftigten, die Menschenrechte und den Umweltschutz einsetzen – unter den acht schwedischen Unternehmen, die es 2010 auf diese Rangliste schafften, war auch mein Arbeitgeber.

Das Elterngeld ist bei uns zweistufig. 390 Tage lang bekommst du vom Staat 80 Prozent deines Gehalts, allerdings nur bis zu einer Obergrenze. Mein Gehalt lag über dieser Grenze, sodass mir weniger zustand, aber mein Arbeitgeber gehört zu den Unternehmen, die diese Differenz noch draufzahlen. Die restlichen neunzig Tage sind sogenannte »niedrig bezahlte Tage«, man bekommt rund 20 Euro pro Tag. Das Besondere an diesem System ist: Du musst die Elterntage nicht am Stück nehmen. Damit sie länger reichen, kannst du sagen: »Ich möchte pro Woche nur drei oder vier Tage ausgezahlt bekommen.« Man hat quasi ein Elterntagekonto mit 480 Tagen, die man flexibel nehmen kann, bis das Kind acht Jahre alt ist. So war ich mit jedem Kind 16 Monate lang daheim. Anschließend war Andi je ein halbes Jahr lang zu Hause.

Unseren Sommerurlaub verlängern wir gern mit ein paar Elterntagen. Das ist wirklich gut; wir können immer wieder einige Tage frei nehmen, bis die Kinder größer sind. Manche Schweden nutzen das auch, um dauerhaft weniger zu arbeiten, zum Beispiel nur drei oder vier Tage in der Woche, und ein oder zwei Tage pro Woche als Elterntage zu nehmen – je nachdem, wie es zum Leben passt, und natürlich abhängig davon, wie man finanziell über die Runden kommt. Du kannst sogar stundenweise Elternzeit nehmen. Der Nachteil ist der bürokratische Aufwand, den die Elterntagekonten mit sich bringen. Dafür ist die Flexibilität gesetzlich garantiert: Wenn der schwedische Arbeitgeber drei Monate vorher Bescheid bekommt, wie man sich die Zeiteinteilung vorstellt, darf er nicht ablehnen.

Finanziert wird das Elterngeld über Steuern, die sind relativ hoch, allerdings hat man als Arbeitnehmer sonst kaum

Abgaben. Die Einkommenssteuer ist in zwei Teile gegliedert: Die kommunale Steuer ist unabhängig von der Höhe des Einkommens und regional verschieden; bei uns beträgt sie 33 Prozent. Die staatliche Steuer richtet sich nach dem Einkommen; wer weniger als circa 40.000 Euro im Jahr verdient, bezahlt keine, wer mehr verdient, zahlt 20 oder 25 Prozent – allerdings nur auf den Betrag, der diese Einkommensgrenze übersteigt. Ehepaare werden nicht gemeinsam veranlagt, es zählt also das einzelne Einkommen. Steuerermäßigungen für Kinder gibt es nicht. Schweden war jedoch weltweit der erste Staat, der Elterngeld für Vater und Mutter eingeführt hat, ebenfalls 1974. Parallel dazu wurde die Kinderbetreuung ausgebaut und es gab Kampagnen, um die Väter stärker an der Erziehungsarbeit zu beteiligen. Wir bekommen für zwei Kinder rund 250 Euro pro Monat an Kindergeld – ich glaube, es sind um die 117 Euro pro Kind plus ein Mehrkinderzuschuss. Je mehr Kinder man hat, desto höher der Zuschuss.

Nach der Babypause bin ich beide Male wieder voll in den Beruf eingestiegen und Andi blieb ein halbes Jahr zu Hause. Jedes Kleinkind hat bei uns ein Recht auf einen Vollzeitplatz in einer Tagesstätte (Dagis). Die Wartezeit beträgt maximal drei Monate. Geöffnet sind die meisten Dagis von 7 bis 18 oder 19 Uhr – »unsere« schließt früher, weil niemand so lange sein Kind dort lässt, aber wenn Bedarf da wäre, würden sie länger öffnen. Wenn die Mutter oder der Vater mit einem Baby zu Hause ist, darf das ältere Kind 15 Stunden die Woche in die Dagis. Ansonsten ist man in Schweden der Auffassung, dass Kinder nicht in die Tagesstätte gehören, wenn ein Elternteil zu Hause ist.

Genauso selbstverständlich ist es aber auch, dass Papa oder Mama nicht arbeiten geht, wenn ein Kind krank ist. Wir bekommen von der Krankenkasse 80 Prozent unseres Gehalts, wenn wir mit kranken Kindern daheim sind, oder wir nutzen die Möglichkeit, von zu Hause aus zu arbeiten, wie viele Eltern, deren Tätigkeit das erlaubt. Ich habe in meinem Job generell die

Möglichkeit, zeitweise im Homeoffice zu arbeiten – wenn die Kinder krank sind, ist das praktisch. Wenn ich zu Hause arbeite oder wichtige Termine anstehen, bin ich über mein Firmentelefon auch mobil erreichbar. Aber das gilt wirklich nur für die ganz heißen Phasen, an normalen Wochenenden oder Abenden würde mich niemand stören.

Da Andi und ich gleich viel arbeiten, ist es für uns selbstverständlich, auch die Hausarbeit gerecht zu teilen. Darüber gibt es gar keine Diskussion, wir beide kochen, putzen und kümmern uns um die Kinder. Neo und Silas sind werktags von 7:30 bis 16 Uhr in der Kita. Dafür bezahlen wir 130 Euro im Monat, inklusive Frühstück und Mittagessen. Ich glaube, für das erste Kind kostet es 90 und für das zweite 40 Euro, es wird also deutlich billiger, wenn man mehrere Kinder hat. Andi und ich arbeiten in Vollzeit. Einer von uns bringt die Kinder in die Kita, der andere fängt schon kurz nach 7 Uhr an zu arbeiten. Wer früher angefangen hat, holt die Kinder um 16 Uhr ab, der andere arbeitet bis 17 Uhr. So kommen wir beide auf acht Arbeitsstunden am Tag und sind doch gegen kurz nach 17 Uhr alle gemeinsam zu Hause.

Das klappt besser, als ich es erwartet hätte. Am Anfang dachte ich, wir sollten beide unsere Arbeitszeit auf 90 Prozent reduzieren, aber Andi meinte: »Lass es uns einfach mal probieren. Wenn wir sehen, dass es nicht klappt, können wir immer noch runterstufen.« Es gibt schließlich ein Recht auf Teilzeit hier; solange die Kinder unter acht sind, kannst du auf 75 Prozent reduzieren. Viele Paare nehmen das in Anspruch und teilen sich Arbeit und Familienzeit. Weniger als 75 Prozent zu arbeiten ist unüblich, aber auf Antrag sicher möglich.

Allerdings kenne ich niemanden, wirklich niemanden, der sein Kind nicht in einer Tagesstätte oder bei einer Tagesmutter hat. Die Tagesstätten sind alle staatlich, auch Tagesmütter sind oft bei der Stadt angestellt. Meine Mutter war Hausfrau, als ich ein Kind war – seither hat sich viel geändert. Würde ich heute mit den Kindern daheim bleiben, wäre ich fast die Einzige. Dafür spielten wir Kinder früher draußen, so ähnlich wie in den Büchern von Astrid Lindgren. Heute sind die Kleinen in der Tagesstätte und treffen dort ihre Freunde. Wenn sie am Spätnachmittag zu Hause sind, gehen sie natürlich auch noch raus oder besuchen mal einen Spielkameraden, aber häufig sind meine Kinder dann müde und wir spielen und kochen gemeinsam daheim. Piratenspiele stehen derzeit hoch im Kurs. Als Neo fünf wurde, feierten wir Kindergeburtstag mit Piratenkuchen, anschließend begaben sich alle auf Schatzsuche. Zum Abschluss wurde geangelt, wir spannten ein Tuch in den Türrahmen und dahinter saß Andi, der jedem Kind eine Tüte mit Süßigkeiten an die Angel hängte.

Übrigens ist es in ganz Schweden üblich, dass die Kinder nur samstags Süßes essen. Es gibt sogar einen feststehenden Begriff dafür: »Lördagsgodis«, zu deutsch »Samstagssüßigkeiten«. Das ist eine ganz gute Regelung, denn so betteln die Kinder nicht jeden Tag um Schokolade oder Bonbons. Und der Start ins Wochenende wird regelmäßig versüßt.

Reisen ist – neben Familie und Job – eine Leidenschaft von mir. Als ich noch in Deutschland war, reiste ich viel geschäftlich; hier sind es vielleicht ein bis zwei Geschäftsreisen pro Jahr. Privat ist es auch weniger geworden, seit wir Kinder haben. Wir sind regelmäßig in Deutschland bei Andis Familie. Vergangenen Winter waren wir in den schwedischen Bergen – ich fahre gern Ski – und die Kinder haben einen Skikurs besucht. Jetzt, wo sie größer werden, freue ich mich darauf, wieder mehr und weiter weg zu verreisen. Mit drei und fünf Jahren sind sie gerade in einem wunderbaren Alter. Man kann schon viel mit ihnen reden und unternehmen, gleichzeitig sind sie noch sehr anhänglich und oft drollig.

Die gesellschaftliche Akzeptanz von Familien mit Kindern ist in Schweden definitiv hoch. Es gibt hier auch mehr Kinder als in anderen Ländern, in der internationalen Geburtenstatistik liegen wir deutlich vor Deutschland. In der Stadt kommst du mit dem Kinderwagen überall durch. Tagsüber gibt es »Elternkinos«, da laufen Filme für Erwachsene und Eltern können ihr Baby mitbringen. Es gibt viele Angebote für Familien und immer mehr Aktivitäten für Kinder. Das fängt ganz früh an mit Babysingen, Babyschwimmen und so weiter. Durch die große Zahl der Möglichkeiten bekommt man beinahe das Gefühl, man müsse sein Kind in solche Kurse schicken. Ich bin da skeptisch.

Auch meine Hebamme sagte: »Es ist absolut in Ordnung, mit deinem Kind zu Hause zu sein und Ruhe zu haben.«

Jetzt wird Neo bald sechs und geht in einen Schwimmkurs. Im Sommer war er ab und zu beim Fußballtraining, wir dachten, das sei gut für ihn, damit er sich mehr bewegt. Wenn sein kleiner Bruder einen Ball sieht, muss er einfach anfangen zu kicken. Er besucht aber noch keinerlei Kurse. Wenn er alt genug ist für den Fußballverein, kann er gern hingehen. Ansonsten denke ich, die Kinder sind noch früh genug »verplant« mit Schule und sonstigen Aktivitäten.

In Schweden kommt man normalerweise mit sechs Jahren in die Vorschule und mit sieben in die erste Klasse. Die Vorschule ist mehr wie Kindergarten und dauert nur einige Stunden am Tag, aber die Einrichtung ist bereits an die Schule angegliedert.

Gewalt gegen Kinder wird in Schweden übrigens seit Jahrzehnten geächtet. 1979 erließ Schweden als erstes Land der Welt ein Gesetz gegen Züchtigung und elterliche Gewalt gegen Kinder. Dazu gab es eine breit angelegte Kampagne mit Informationen für die Eltern. Inzwischen ist selbst eine Ohrfeige undenkbar. Man kann dafür ins Gefängnis kommen. Ganz ehrlich: Ich würde meinen Partner nicht ins Gesicht schlagen, wie könnte ich es dann bei meinem Kind tun? Das ist so eine Kränkung. Die Haltung war schon verbreitet, als ich klein war, ich wurde nie geschlagen. Dennoch gibt es sicher Familien, in denen das vorkommt. Wenn Nachbarn oder Lehrer etwas bemerken, können sie die Eltern anzeigen, was auch häufig gemacht wird. Schweden ist generell ein Land, in dem Offenheit mehr zählt als Anonymität. So gibt es bei uns zum Beispiel kein Steuergeheimnis; wenn ich wissen wollte, wie viele Steuern meine Nachbarn bezahlen, könnte ich das nachschlagen.

Unser Wohlfahrtssystem soll es Männern und Frauen ermöglichen, Beruf und Familie miteinander zu vereinbaren. Die Gleichberechtigung macht auch vor altehrwürdigen Einrichtungen wie dem Königshaus nicht halt. So wurde 1980 beschlossen, dass von da an das erstgeborene Kind des Königspaares automatisch Thronfolger wird, nicht mehr der älteste Sohn.

In Schweden können auch homosexuelle Paare heiraten. Andererseits heiraten heterosexuelle Paare häufig nicht, obwohl sie Kinder haben. Schon in den Tagesstätten spricht man offen mit den Kindern über die unterschiedlichen Familienformen, um Vorurteilen vorzubeugen.

Mein Bruder ist Lehrer und lebt mit seiner Frau, zwei gemeinsamen Kindern und zwei Bonuskindern zusammen – meine Schwägerin hatte schon zwei Kinder, als sie meinen Bruder kennenlernte. Auch das ist eine alltägliche Familiensituation in Schweden. Übrigens ist »Bonusbarn« ein sehr hübscher Begriff verglichen mit der deutschen Bezeichnung »Stiefkind«, nicht wahr?

Inzwischen wird rund die Hälfte der Ehen in Schweden geschieden. Eine Scheidung ist daher nichts Außergewöhnliches und relativ unkompliziert.

Kürzlich sprach ich mit Neo über Autos und ich erwähnte den »Smart«. »Weißt du noch, was für Autos das sind?«, fragte ich Neo. Nein, das wusste er nicht mehr. »Es sind die kleinen bunten Autos, in denen nur zwei Personen Platz haben«, erklärte ich. »Ah, jetzt weiß ich es«, meinte Neo. Er dachte kurz nach und sagte dann: »Wenn ich groß bin und einen Mann heiraten würde, und wir hätten keine Kinder (denn er weiß schon, dass nur ein Mann und eine Frau zusammen ein Kind zeugen können – nur genau wie weiß er nicht) – dann könnten wir einen Smart fahren!«

. . . .

Nachdem ich Ingela gebeten hatte, mir ihre Geschichte zu erzählen, bekam ich prompt eine E-Mail von ihrem Mann Andi: »Und wer schreibt das Buch über die arbeitenden Papas, Peggy?« Eine gute Frage, die mir noch keiner gestellt hatte – und kein Wunder, dass sie aus Schweden kam. Bevor Ingela und ihr deutscher Mann eine Familie gründeten, lebten und arbeiteten sie in Deutschland. Als sie Kinder wollten, war klar: Wir ziehen um, weil »es in Schweden einfacher sein würde, Beruf und Familie miteinander zu vereinbaren«. Solche Beispiele müssten bei deutschen Familienpolitikern eigentlich die Alarmanlage auslösen. Eine flexible, gut bezahlte Elternzeit, familienfreundliche Arbeitsplätze und vorbildliche Kinderbetreuung: staatliche Angebote, die gezielt für Gleichberechtigung sorgen sollen. Vor zwei Jahren organisierte ich eine Veranstaltung mit der deutschen Außenhandelskammer in Stockholm. Im Vorfeld bekam ich mit, wie dortige Führungskräfte – Frauen wie Männer – mit absoluter Selbstverständlichkeit zu Hause blieben, weil ihr Kind krank war. Das kommt in Deutschland zwar auch vor, aber mit einem Unterschied: In Stockholm hatten die Menschen deswegen kein schlechtes Gewissen und mussten sich nicht rechtfertigen. Familie hat dort einfach Priorität.

-9-

IM LAND DER WORK-LIFE-BALANCE

STEFFI (36),
MARKETINGMANAGERIN,
1 SOHN,
MELBOURNE

Steffi (36) stammt aus Nordrhein-Westfalen und ist gelernte Betriebswirtin. Die zierliche Frau mit dem ansteckenden Lachen ist ein herzlicher, weltoffener Mensch. Als sie ihr Leben nicht länger der Arbeit unterordnen wollte, verließ sie Deutschland und zog 2007 auf eigene Faust nach Australien. Heute lebt sie als Marketingmanagerin in Melbourne, ist mit einem Australier verheiratet und hat einen kleinen Sohn. In ihrer Freizeit fährt sie mit der Familie gern ans Meer, ohne dabei an die Arbeit zu denken.

Ich hatte noch nie so viel Zeit wie momentan im Mutterschutz. Bald wird unser Sohn Benjamin ein halbes Jahr alt sein, dann werde ich wieder arbeiten gehen und mein Mann Chris nimmt für ein Vierteljahr Vaterschaftsurlaub. Sobald ich aus dem Mutterschutz zurückkehre, werde ich sogar befördert. Zusätzlich zu meinen Marketingaufgaben werde ich das Kundendienstteam leiten. Mein Arbeitgeber hat also trotz Kind keine Bedenken, mir weitere Verantwortung zu übertragen und meine Karriere zu fördern. Das freut mich riesig und bestätigt, dass ich zum einen im richtigen Unternehmen und zum anderen im richtigen Land arbeite. In Deutschland war ich vorher in verschiedenen Textilunternehmen und zuletzt bei einer Unternehmensberatung angestellt.

Im Vergleich zur deutschen Arbeitswut ist die Work-Life-Balance in Australien wesentlich besser. Reguläre Arbeitszeiten sind hier so selbstverständlich, wie es in meinen Jobs in Deutschland die Überstunden waren. Australischen Arbeitnehmern wird leistungsmäßig nicht so viel abverlangt, Deadlines sind nicht in Stein gemeißelt. Es ist auch ganz normal, übers Wochenende an den Strand zu fahren und dafür freitags früher Feierabend zu machen. Oder nach der Arbeit gemeinsam mit dem Chef und den Kollegen auf einen Drink zu gehen. Wenn ich von der Arbeit nach Hause komme, ist der Job gedanklich bereits abgehakt. Am nächsten Tag gehe ich mit gutem Gefühl wieder ins Büro, während mir in Deutschland oft suggeriert wurde: »Wir zeigen dir lieber nicht, wie zufrieden wir mit dir sind, damit du dich noch mehr reinkniest.« Sogar aus dem Krankenstand überredete man mich dort, zu Meetings zu kommen – und ich machte mit, weil ich den Erwartungen gerecht werden wollte. Auch wenn Kollegen im Auslandsurlaub waren, veranstalteten wir häufig Telefonkonferenzen mit ihnen, als wären sie unersetzlich.

Das würde es in Australien nicht geben. Feierabend heißt hier Feierabend, Urlaub ist Urlaub und Mutterschutz ist Mutterschutz. Das wird absolut respektiert. Mit meiner deutschen Arbeitseinstellung war ich vielmehr diejenige, die kurz vor der Geburt zu den Kollegen sagte: »Ihr könnt mich jederzeit anrufen, wenn ihr Fragen habt.« Aber auf die Idee wäre keiner gekommen. In Australien wird man respektiert als Mensch mit Familie und Privatsphäre.

Ich bin bei einem sehr familienfreundlichen Unternehmen gelandet und optimistisch, dass sich Karriere und Familie gut vereinbaren lassen werden. Denn obwohl ich in einem männlich dominierten Unternehmenszweig arbeite – wir produzieren und vertreiben Farben und Lacke –, sehe ich bei Kolleginnen aus anderen Abteilungen, wie das funktionieren kann. Beispielsweise kenne ich eine Teamleiterin, die nur zwei Tage die Woche im Büro ist und ansonsten von zu Hause aus arbeitet.

Aber am besten erzähle ich erst einmal, wieso ich überhaupt in Australien lebe. Ich war gerade dreißig Jahre alt, Single und hatte einen stressigen Job in einer Düsseldorfer Unternehmensberatung. Der hatte zwar auch gute Seiten, wie das beinahe familiäre Verhältnis zu den Arbeitskollegen und die Tatsache, dass ich viel Nützliches gelernt habe. Weniger gut war aber, dass wir Angestellten rund um die Uhr zur Verfügung stehen sollten. Ich weiß noch, wie wir einmal dreißig Stunden am Stück arbeiteten. Direkt im Anschluss rasten wir mit halsbrecherischem Tempo über die Autobahn zur Kundenpräsentation. Wie man sich denken kann, war die Fluktuation im Unternehmen hoch. Auch ich fühlte mich nach zwei Jahren ausgebrannt. Durch Zufall erfuhr ich vom Working-Holiday-Visum, mit dem man bis zu einem Jahr lang durch Australien reisen und arbeiten kann. Bingo! Die Idee kam wie gerufen und ich bewarb mich spontan um dieses Visum. Bereits nach wenigen Minuten erhielt ich es auf elektronischem Weg. Nun gab es kein Zurück mehr. Ich kündigte meine Stelle und vermietete die Wohnung an einen Freund. Im Januar 2007 zog ich los nach Down Under. Ich hatte vor, ein halbes Jahr lang in Melbourne zu jobben, anschließend mit einer Freundin durch Australien zu reisen und mit ihr zusammen wieder nach Deutschland zurückzukehren. Doch es kam ganz anders.

Melbourne ist die südlichste Millionenstadt der Erde. Ich fühlte mich hier vom ersten Tag an sehr wohl. Arbeitstechnisch empfing mich Australien allerdings nicht gerade mit offenen Armen. Ich kellnerte in einem Biergarten und versuchte, einen regulären Job zu ergattern. Als Ausländerin ohne permanentes Arbeitsvisum merkte ich jedoch schnell, dass nur »Temp Jobs«, also zeitlich begrenzte Tätigkeiten, infrage kamen. Diese werden über spezialisierte Agenturen vermittelt und dauern zwischen einem Tag und einem halben Jahr. Ich bewarb mich bei diversen Agenturen; eine davon meldete sich sofort und noch am selben Tag stellte ich mich dort vor. Nach ein paar Tests hieß es gleich: »Super, du kannst morgen anfangen.«

Die Agentur vermittelte mich an das Australian Centre for the Moving Image, eine kulturelle Einrichtung und Touristenattraktion Melbournes, in der sich alles um das Thema Film und Fernsehen dreht. Dort habe ich es vom temporären Job zu einer festen Anstellung als Marketing Coordinator geschafft. Dank meiner damaligen Chefin erklärte sich das Centre nämlich dazu bereit, ein Arbeitsvisum für mich zu sponsern. Ich konnte mein Glück kaum fassen, denn das hatten sie in der Vergangenheit nur für ihren Direktor und den Ausstellungsleiter getan – die beiden höchsten Positionen in der Organisation.

Wie geplant kam meine Freundin Ines im Juni zu Besuch. Zu der Zeit war es in Melbourne lausig kalt, also machten wir uns schnell auf und reisten drei Wochen lang durch Australien. Bereits vor ihrer Ankunft hatte ich Ines vorgewarnt, dass ich nicht wie geplant mit ihr nach Deutschland zurückkehren würde. Nach einem tränenreichen Abschied flog sie ab in Richtung Heimat. In dem Moment überkam mich ein mulmiges Gefühl. Was hielt mich allein am anderen Ende der Welt?

Wenige Tage später, am 27. Juli 2007, sollte ich einen guten Grund kennenlernen. Ich war nach Feierabend mit einem Freund verabredet. Er nahm mich am Eingang der Bar in Empfang und sagte: »Ich habe heute einen neuen Arbeitskollegen kennengelernt, den ich dir unbedingt vorstellen will.«

So traf ich Chris. Ich erzählte ihm ganz begeistert von der Fußballweltmeisterschaft in Deutschland und offensichtlich mochte er meinen Enthusiasmus und meine positive Art von Anfang an. Da wir alle in derselben Ecke Melbournes wohnten, nahmen wir am nächsten Morgen gemeinsam ein Taxi nach Hause. Chris brachte mich noch bis zur Haustür und wir küssten uns flüchtig. Er meint ja bis heute, es wäre ein langer, inniger Kuss gewesen. Knapp fünf Jahre später lachen wir noch immer gern über unsere unterschiedliche Erinnerung an diesen ersten Kuss. Anschließend wartete er volle vier Tage lang damit, mir eine SMS zu schicken! Trotzdem wurden wir unzertrennlich.

Australien hatte die Einwanderung qualifizierter Arbeitskräfte viele Jahre lang gefördert. Leider wurden die Bedingungen ungefähr zu dem Zeitpunkt erschwert, als ich mich um die dauerhafte Aufenthaltsgenehmigung bemühte. Nachdem ich Chris kennengelernt hatte, wollte ich nämlich noch viel weniger zurück nach Deutschland. Mein Plan A lautete fortan, über meine berufliche Qualifikation dauerhaft in Australien Fuß zu fassen. Für die Bewerbung musste ich einen Stapel an Dokumenten besorgen und hohe Gebühren bezahlen. Ich ließ meine Ausbildung und mein Studium anerkennen und sämtliche Arbeitszeugnisse übersetzen, absolvierte Englischtests und eine Gesundheitsprüfung. Als Ärztin oder Krankenschwester hätte ich gute Chancen gehabt, doch an Betriebswirten besteht wohl kein Mangel in Australien. Tatsächlich habe ich bis zum heutigen Tag noch keine Rückmeldung bekommen – nach mittlerweile vier Jahren.

Da der Weg über meine berufliche Qualifikation nach einer Sackgasse aussah, entschieden Chris und ich uns für Plan B: ein Partnervisum. Fortan suchten wir gemeinsam viele Stapel an Papieren zusammen, aber diesmal ging es nicht um berufliche Fähigkeiten, sondern um den Nachweis unserer Liebe. Die »Beweisaufnahme« umfasste auf uns beide ausgestellte Rechnungen, E-Mails, Liebesbriefe, eidesstattliche Erklärungen von Freunden sowie das gemeinsame Bankkonto – Berge von Papier, die eine Behörde davon überzeugen sollten, dass unsere Beziehung auf Liebe basiert und nicht bloß auf meinem Wunsch, in Australien zu leben.

2010 heirateten wir, im April in Südaustralien, im Oktober in Norddeutschland. Es war uns wichtig, mit allen unseren Freunden und Verwandten zu feiern, die nun mal an zwei verschiedenen Enden der Erde leben. Unsere Eltern und Geschwister waren auf beiden Hochzeiten dabei. In Australien feierten wir in einer Art DLRG-Klubheim an unserem Lieblingsstrand, dem Sandy Point Beach. Den ganzen Tag über regnete es in Strömen. Niemand glaubte so richtig an eine Trauung unter freiem Himmel. Wir hatten eine Fotografin engagiert, die unsere Porträtfotos notgedrungen in der Ferienwohnung knipste, während mein Schwager Daniel den Aufbau koordinierte. Ich hatte ihm aufgetragen, dass die Zeremonie wenn irgendwie möglich im Freien stattfinden sollte. Zum Glück war er mutig genug, die Dekoration trotz Regen am Strand aufbauen zu lassen. Just in time kam die Sonne zum Vorschein; das Licht und die Wolken ergaben ein unglaublich stimmungsvolles Szenario.

Die zweite Trauung fand im Garten eines romantischen Wasserschlosses statt und die Sonne strahlte vom norddeutschen Himmel. Anschließend feierten wir im festlich geschmückten Rittersaal. Der Strand auf der einen und das Schloss auf der anderen Seite der Welt sind ein schönes Bild für den Kontrast zwischen meiner neuen und meiner alten Heimat.

Nach der Verlobung erhielt ich ein Prospective-Marriage-Visum, mit der Heirat dann ein Partner-Visum, aus dem zwei Jahre nach der Hochzeit eine dauerhafte Aufenthaltsgenehmigung (Permanent Residency) wird. Damit habe ich quasi dieselben Rechte wie eine Australierin, abgesehen vom Wahlrecht. Weitere zwei Jahre später könnte ich mich um die Staatsbürgerschaft bewerben, das möchte ich aber nur, wenn ich meine deutsche Staatsangehörigkeit behalten kann. Ehrlich gesagt, habe ich auf absehbare Zeit genug von Behörden, die auch nur im Entferntesten mit Visa zu tun haben. Eine Freundin in Deutschland ist auch mit einem Australier verheiratet, soweit ich weiß, musste er nur seinen Wohnsitz anmelden und bekam durch die Hochzeit mit einer Deutschen automatisch eine Arbeits- und Aufenthaltsgenehmigung. Im Vergleich dazu ist Australien viel bürokratischer. Immerhin bekam unser kleiner Sohn bereits mit zwei Monaten seinen deutschen Ausweis und besitzt inzwischen auch einen australischen Pass.

Das kreative Umfeld beim Filminstitut war klasse, dennoch zog es mich zurück in die freie Wirtschaft. Ich bin nun mal ein sehr karriereorientierter Mensch und habe genaue Vorstellungen von meiner beruflichen Zukunft. Nach dem Papierkrieg ums Visum wollte ich diese endlich wieder selbst in die Hand nehmen. Bei meiner jetzigen Firma fühle ich mich sehr wohl, der Umgang mit den Mitarbeitern ist äußerst respektvoll. Private Termine während der Arbeitszeit werden akzeptiert und interne Beförderungen sind üblich, weil man erkannt hat, dass sich Mitarbeiter verändern beziehungsweise weiterentwickeln möchten. Schon mehrmals konnte ich unbezahlten Urlaub nehmen, um ein paar Wochen in Deutschland zu verbringen. Die Betriebskrankenschwester rief mich während der Schwangerschaft ab und zu im Büro an und erkundigte sich nach meinem Befinden. Sie wollte sichergehen, dass ich für Arzttermine und Untersuchungen problemlos frei bekam, mein Arbeitsplatz ergonomisch war und ich regelmäßig Pausen machte, um mich zu bewegen.

Vier Wochen vor Bens Geburt hörte ich auf zu arbeiten. Mein Arbeitgeber bezahlte insgesamt sechs Wochen lang mein volles Gehalt (vier Wochen vor und zwei Wochen nach der Geburt). Alternativ hätte ich auch zwölf Wochen mit halbem Gehalt wählen können. Chris arbeitet bei einer der größten Banken des Landes und hat dort noch bessere Konditionen, er bekommt während des Vaterschaftsurlaubs zwölf Wochen lang sein volles Gehalt. In unserem Bekanntenkreis bleiben einige Mütter ein Jahr lang bei ihrem Kind, bevor sie wieder arbeiten gehen. Andere kehren wie ich bereits zurück in den Job, wenn das Kind ein halbes Jahr alt ist.

Erst 2011 hat Australien Parental Leave Pay eingeführt, eine staatlich geförderte Elternzeit. Seither haben Eltern die Wahl zwischen diesen Zahlungen und dem sogenannten Baby Bonus. Je nach Einkommens- und Familiensituation ist die eine oder andere Option besser, ein Vergleichsrechner im Internet hilft bei der Entscheidung. Der Baby Bonus besteht aus 13 Zahlungen im Abstand von zwei Wochen, die erste beträgt derzeit knapp 900 australische Dollar, alle weiteren rund 380 Dollar. Für mich waren die Parental Leave Pay günstiger, damit bekomme ich 18 Wochen lang den Mindestlohn von derzeit circa 590 Dollar pro Woche. Die staatliche Familienförderung ist abhängig vom Einkommen, so bekommt eine Freundin von mir weder Baby Bonus noch Elterngeld, da ihr Gehalt über der Bemessungsgrenze liegt. In Deutschland möchte man gerade gut verdienende Frauen ermutigen, Kinder zu haben. In Australien ist die Geburtenrate höher – ich glaube, sie liegt bei rund zwölf Geburten pro 1000 Einwohner im Gegensatz zu nur rund acht in Deutschland – und das Land hat aufgrund der Einwanderungspolitik kaum Nachwuchssorgen. Dennoch gibt es Zuschüsse für die Kinderbetreuung und Steuernachlässe für Familien mit Kindern. Ein Detail am Rande: Der australische Staat belohnt Eltern, die ihre Kinder impfen lassen, mit einer Bonuszahlung.

Durch die Schwangerschaft und Benjamins Geburt hat sich an meinem Karrierewillen nichts geändert. In Kürze endet meine Elternzeit und Chris und ich tauschen die Rollen: Ich werde arbeiten gehen und er wird für drei Monate zu Hause bleiben. Später habe ich vor, meine Arbeitszeit auf drei Tage die Woche zu reduzieren; ich möchte zwei Tage im Büro und einen Tag von zu Hause aus arbeiten. Bevor ich aus dem Mutterschutz zurückkehre, bezahlt mir die Firma einen »Return to work with confidence«-Workshop (auf Deutsch: »Selbstvertrauen für den Wiedereinstieg«), auf den ich mich schon freue. Inhaltlich soll es darum gehen, wie ich mein berufliches Potenzial auch als Mutter ausschöpfe, wie ich trotz reduzierter Arbeitszeiten erfolgreich sein kann und wie man es nach der Rückkehr aus dem Mutterschutz vermeidet, bei Gehaltsverhandlungen benachteiligt zu werden.

Was das Leben in Australien so angenehm macht, ist die »no worries«-Mentalität. »No worries« heißt wörtlich übersetzt »keine Sorgen«, wird aber generell wie »gern geschehen« verwendet. Die meisten Australier sorgen sich weniger als der Durchschnittsdeutsche und bleiben bei Schwierigkeiten zunächst gelassen. Als an unserem Lieblingsstrand kürzlich Hai-Alarm ausgerufen wurde, bemerkte mein Schwager Daniel nur: »Ach, das ist bestimmt bloß Seetang, der da rumschwimmt.«

Das Wochenende ist den Australiern sozusagen heilig, da lässt man sich im Büro nicht blicken. Ganz in der Nähe des Strandes, an dem wir geheiratet haben, liegt das Wochenendhaus von Chris' Familie. Dort können wir in den Erholungsmodus schalten: keine To-do-Listen, keine Termine, keine Verpflichtungen. Von Melbourne aus brauchen wir zwei Stunden dorthin; wir versuchen, freitagnachmittags möglichst früh loszufahren, um das Wochenende voll auszukosten. Chris nutzt die freie Zeit gern zum Klavierspielen und Malen. Ich habe immer meinen Fotoapparat dabei und experimentiere mit Blende und Belichtungszeit. Mein Lieblingsmotiv ist inzwischen Benjamin. Abends kochen wir gemeinsam, spielen, lesen oder schauen einen Film. Wir haben absichtlich keinen Fernsehempfang, sondern nur einen DVD-Player. Ab und an kommen Freunde zu Besuch. Im Sommer grillen wir meistens auf der Terrasse und sitzen draußen, bis uns die Mücken zu doll quälen.

Unter der Woche wird in der Regel von 8:30 bis 17:30 Uhr gearbeitet, aber selten länger. Man hat eine Stunde Mittagspause. Wirtschaftlich geht es dem Land derzeit sehr gut, vor allem die Minen florieren und in vielen Bereichen herrscht Fachkräftemangel. Der Umgangston ist locker und freundlich, so begrüße ich unseren Vorstandsvorsitzenden – den Chef von 2500 Mitarbeitern – einfach mit »Hi, Pat«.

Gleichzeitig empfinde ich die Australier als sehr höflich. Bei jeder Gelegenheit hält mir zum Beispiel jemand die Tür auf. Während der Schwangerschaft bekam ich in der Straßenbahn immer einen Sitzplatz angeboten. Das ging meinen Eltern auch so, als sie uns besuchen kamen. Nach anfänglicher Verwunderung waren sie ganz begeistert und sprachen von der »britischen Höflichkeit der Australier«. Kürzlich stand ich im Zug mit dem Kinderwagen neben einer Gruppe Jugendlicher. Das Mädchen neben mir hatte nicht gleich gesehen, dass ich einen Kinderwagen dabeihatte. Ein paar Minuten später fiel es ihr auf und sie bot mir sofort ihren Sitzplatz an. Daraufhin machte sich die ganze Gruppe über sie lustig, weil sie mich erst so spät bemerkt hatte. Sie entschuldigte sich bestimmt dreimal.

Familien mit Kindern sind in Australien hundertprozentig akzeptiert. Findet im Kindergarten ein »Väterfrühstück« statt, so fehlt der Kollege eben an diesem Vormittag im Büro. Der Staat bietet jungen Familien neben monetärer auch praktische Unterstützung an. Wird ein Baby geboren, kommt eine Maternal and Child Health Nurse (Mutter-Kind-Krankenschwester) zum Hausbesuch; ist das Kind größer, sucht man ihr Büro auf, das oft im örtlichen Rathaus untergebracht ist. Sie führt die vorgeschriebenen Untersuchungen durch und steht für alle Fragen rund um das Wohlergehen von Mutter und Kind zur Verfügung, und zwar von der Geburt bis zum Schuleintritt des Kindes. Natürlich steckt auch eine gewisse Kontrolle hinter diesem Angebot, denn die Vorsorgetermine sind – soweit ich weiß – verpflichtend, aber ich finde es gut. Außerdem kann so frühzeitig Hilfe eingeschaltet werden, falls eine Familie Schwierigkeiten hat oder ein Kind vernachlässigt wird.

Meine Schwiegermutter arbeitet bei einer Organisation, die sich um Familien mit Problemen kümmert. Die Organisation lädt beispielsweise Familien ein, für eine Woche in der Einrichtung zu übernachten und von erfahrenen Kräften wie meiner Schwiegermutter zu lernen, wie man Babys beruhigt und zum Schlafen bringt. Häufig kümmert sich Chris' Mutter um Eltern mit behinderten Kindern oder mit Drogen- beziehungsweise Alkoholproblemen. Sie ist eine gelernte Mothercraft Nurse, eine Mischung aus Kinderkrankenschwester und Sozialarbeiterin. Sie hält auch immer wieder Vorträge auf Kongressen oder trifft sich beispielsweise mit Aborigine-Frauen und bespricht mit ihnen, wie sie junge Mütter aus ihrer Gemeinde unterstützen können. Wir haben viel von ihr gelernt im Umgang mit Benjamin. Freunde von uns, die ebenfalls Eltern wurden, besuchten Kurse wie

»How to settle your baby«. Chris und ich verbrachten einfach ein tolles Wochenende auf der Farm seiner Eltern und bekamen dort von seiner Mutter einen privaten Crashkurs rund ums Baby. Meine Schwiegermutter ist über sechzig und hat ihre Arbeitszeit inzwischen auf drei Tage die Woche reduziert. Wenn Chris und ich beide wieder arbeiten, will sie sich an zwei Tagen in der Woche um ihren Enkel kümmern. Wir haben also eine hoch qualifizierte und sehr persönliche Kinderbetreuung für ihn.

In Australien lernen frischgebackene Eltern ein Feed-Play-Sleep-Schema, das wird hier sehr ernst genommen. Nach dem Füttern spielst du mit dem Kind, bis es die ersten Müdigkeitssymptome zeigt. Den Eltern wird ans Herz gelegt, auf diese Signale zu achten und das Kind zum richtigen Zeitpunkt schlafen zu legen. Wir fahren gut mit diesen Tipps, Benjamin ist ein sehr ausgeglichenes Baby.

Während meiner Schwangerschaft dachte ich oft, es wird wahnsinnig viel Aufhebens gemacht von einem ganz natürlichen Vorgang. Manchmal hatte ich das Gefühl, dass die Vorfreude und Entspannung wegen der vielen Untersuchungen etwas zu kurz kommen. Und auch die Ernährung während der Schwangerschaft und Stillzeit wird hierzulande sehr ernst genommen. Ich versuchte, mich daran zu halten – mit dem Ergebnis, dass ich manchmal nicht wusste, was ich überhaupt essen sollte.

Für die medizinische Betreuung rund um die Schwangerschaft und Geburt bezahlten wir rund 8000 Dollar aus der eigenen Tasche, den Rest übernahmen unsere privaten und gesetzlichen Krankenversicherungen. Hier in Australien kann man sich neben der gesetzlichen Krankenkasse zusätzlich privat versichern. Arztbesuche zahlt die gesetzliche Versicherung zum Teil, den Rest trägt der Versicherte selbst. Daran ändert sich auch nichts, wenn man privat versichert ist. Die private Versicherung übernimmt aber einen Teil der Ausgaben für Zahnbehandlungen, Brille, Physiotherapie sowie Krankenhausaufenthalte in einem privaten Krankenhaus. Als Privatpatientin wurde ich während der Schwangerschaft von einem Facharzt für Geburtshilfe betreut. Ansonsten kann man hier zu einem Hausarzt gehen, der auf Schwangerschaften spezialisiert ist.

Für Privatpatienten gibt es eigene Krankenhäuser, der Unterschied zu den öffentlichen ist gewaltig, zumindest habe ich es bei Benjamins Geburt so erlebt. Bekommt man sein Kind in einem öffentlichen Krankenhaus, wird man nach ein bis zwei Tagen im Mehrbettzimmer entlassen. In einem privaten Krankenhaus dagegen können Mutter und Vater fünf bis sechs Tage lang mit ihrem Baby bleiben, und zwar in einem schönen, großen Zimmer mit Doppelbett und eigenem Bad. Manchmal kooperieren diese Krankenhäuser sogar mit Hotels. Die Betreuung durch Hebammen, Stillberaterinnen und Physiotherapeuten war bei uns wirklich spitze. Die Kosten für den Krankenhausaufenthalt übernahm unsere private Versicherung, lediglich der Kinderarzt und Chris' Essen gingen auf unsere Rechnung. Hätte ich eine Periduralanästhesie (PDA) gegen die Schmerzen gebraucht, wären die Kosten für den Anästhesisten ebenfalls von uns zu tragen gewesen.

Auch wenn die Zeit zu Hause mit Benjamin eine besondere ist, freue ich mich inzwischen schon wieder aufs Büro. Solange ich weg bin, übernehmen andere Mitarbeiter meine Aufgaben; größere Projekte wie die neue Firmenwebsite wurden verschoben, bis ich wiederkomme. Von daher ist es gut für das Unternehmen, dass ich nur fünf Monate wegbleibe und kein ganzes Jahr. Diese Auszeit lässt sich durchaus überbrücken, weil das Tempo hier etwas langsamer ist, als ich es von deutschen Firmen kenne. Zudem lag Weihnachten in meiner Elternzeit und damit die hiesigen Sommerferien.

Vorerst nutze ich mein Dasein als Vollzeit-Mama, um viel mit Benjamin zu unternehmen. Jeden Donnerstag besuchen wir eine deutschsprachige Spielgruppe, in der Lieder, Reime und kleine

Spiele auf dem Programm stehen. Eigentlich ist er dafür noch ein wenig zu jung, aber Singen und Tanzen findet er toll, bis er irgendwann einschläft. Für Kinder ab sechs Monaten gibt es in Melbourne musikalische Früherziehung, so zum Beispiel die »Mini Maestros«. Chris wird es sich bestimmt nicht nehmen lassen, während seines Vaterschaftsurlaubs mit Benjamin dorthin zu gehen. Zu Hause singen wir beide viel mit ihm, Chris auf Englisch und ich auf Deutsch. Meine Eltern waren gerade zu Besuch und haben eine Wagenladung an deutschen Kinderbüchern und CDs mit sämtlichen Kinderklassikern mitgebracht.

Es ist für mich immer ein Traum gewesen, meine Kinder zweisprachig aufwachsen zu lassen. Sehr gern würden wir Benjamin später in einen deutsch-australischen Kindergarten oder auf eine solche Grundschule schicken. Meine Eltern wollen ihm bald jeden Sonntag auf Deutsch vorlesen, per Telefon oder Webcam. Ich hoffe, dass er eines Tages beide Sprachen sprechen, schreiben und lesen kann. Mir ist es außerdem wichtig, dass er seine Großeltern in Deutschland genauso gut kennt wie seine Großeltern in Australien und dass er meine deutschen Freundinnen und deren Kinder kennenlernt. Daher haben wir fest vor, irgendwann einige Jahre lang in Deutschland zu leben. Aber derzeit ist Melbourne der Mittelpunkt unserer kleinen Familie. Als meine Eltern hier waren, meinten sie: »Steffi, du lebst hier im Paradies!«

....

Wie stark beeinflusst unser Lebensraum unser Denken? Wer die Visumshürde gemeistert hat, dem macht es der australische Kontinent vergleichsweise leicht, Fuß zu fassen. In einem Land, in dem jeder vierte Einwohner eingewandert ist, bleibt die Gesellschaft durchlässiger und Neuankömmlinge werden schneller integriert. Steffi hat sich durch die Jahre in Australien verändert. Sie ist nach wie vor pflichtbewusst und leistungsbereit, doch heute ruht sie in sich und kann das Leben genießen. Dafür waren nicht bloß Glück im Job und in der Liebe verantwortlich. Die nagende Unzufriedenheit und das Streben nach mehr Leistung machen die deutsche Gesellschaft wirtschaftlich zwar sehr erfolgreich, verhindern Ausgeglichenheit aber relativ zuverlässig.

Allerdings sind nicht alle australischen Arbeitgeber so familienfreundlich wie der von Steffi. Eine Freundin aus Sydney erzählte mir, Teilzeitstellen seien dort rar. Als diese Freundin nach der Geburt von Baby Nummer zwei vor Kurzem in Teilzeit in ihren Job als Marketingmanagerin zurückkehren sollte, bestellte ihr Arbeitgeber sie zu einem Gespräch. Dabei wurde ihr eröffnet: »Entweder du kommst ab Montag doch in Vollzeit oder du kannst dir einen anderen Job suchen.« Da sie zu dem Zeitpunkt nur einen Betreuungsplatz für drei Tage hatte, konnte sie darauf nicht eingehen und wurde arbeitslos. Australien ist also auch nicht das »gelobte Land« für berufstätige Mütter. Die entspannte Einstellung der Menschen und die staatliche Förderung von Familien lassen mich dennoch zu dem Schluss kommen: Im Vergleich zu Deutschland ist die Work-Life-Balance in Down Under doch sehr viel besser.

-10-

BYE-BYE BURN-OUT

SANNE (37),
FINANZCONTROLLERIN,
3 TÖCHTER,
GRONINGEN

Sanne ist 37 und hat drei Töchter im Alter von sieben, fünf und zwei Jahren. Mit ihnen und ihrem Mann lebt sie in einem Vorort von Groningen. Die sympathische, zierliche Blondine mit den lustigen Sommersprossen ist ein ausgesprochen pflichtbewusster, zuverlässiger Typ. Diese Einstellung, zusammen mit Druck im Job, kränkelnden Kindern und mehreren Umzügen, erzeugte so viel Stress, dass auf einmal nichts mehr ging. Burn-out lautete die Diagnose.

Wie viele werdende Eltern dachten mein Mann Thomas und ich auch, wir könnten mit Kind einfach so weiterleben wie bisher. Ich war dreißig, als unsere erste Tochter geboren wurde, und wir nahmen sie eben mit, wenn wir ausgingen und Freunde trafen. Die Nächte mit Säugling waren unruhig und wir folglich übermüdet. Nach und nach entdeckten wir immer neue Arten von Krankheiten, die sich Emma in der Kinderkrippe einfing und die auch uns oft nicht verschonten. Es ist stressig, wenn du arbeiten sollst, obwohl dein Kind krank ist und deswegen nicht in die Kinderbetreuung darf, wenn es dir selbst nicht gut geht, du nächtelang kaum geschlafen hast und dennoch funktionieren musst, als sei alles in Ordnung.

Ich habe Betriebswirtschaft mit Schwerpunkt Finanz- und Rechnungswesen studiert und arbeite heute als Führungskraft bei einem holländischen Konzern. Nach dem Studium wollte ich meine Laufbahn in einem großen Unternehmen starten. Davon abgesehen, war mir mein Privatleben immer wichtig; ich hatte nie den Ehrgeiz, fünf Tage die Woche von 8 bis 20 Uhr im Büro zu verbringen. Karriere ist für mich kein Statussymbol, sondern ein Weg, auf dem ich mich weiterbilde und entwickle.

Als Emma geboren war, reduzierte ich meine Stelle auf 60 Prozent. Mehr wollte ich nicht arbeiten, auch wenn ich so auf manche Chancen und Projekte verzichten muss, die sich in

Teilzeit nicht umsetzen lassen. Für mich war von vornherein klar, dass ich Kinder will und Karriere. Im Laufe des vergangenen Jahres habe ich diese Haltung erstmals bewusst hinterfragt.

Vor der Geburt unseres dritten Kindes prophezeiten mir viele Leute, es sei ein großer Unterschied, ob man mit zwei oder mit drei Kindern berufstätig ist. Ich wollte das nicht glauben, ärgerte mich sogar über solche Kommentare. Inzwischen weiß ich, dass das Leben wesentlich hektischer wird und eine noch genauere Organisation erfordert. Doch selbst der beste Plan wird durch unvorhersehbare Zwischenfälle in Sekundenschnelle ausgehebelt. Emma muss zum Hockeytraining, Fleur hat Hunger und Sara hält Mittagsschlaf – eine absolut alltägliche Situation. Und alle drei können plötzlich krank werden.

Unsere jüngste Tochter Sara hatte als Baby eine Infektion nach der anderen. Fleur, die mittlere, litt unter Magenproblemen und verlangte Tag und Nacht engen Körperkontakt – ohne diesen schrie sie und ihr kleiner Körper verkrampfte sich völlig. Im Wartezimmer unseres Kinderarztes konnte ich beinahe meinen zweiten Wohnsitz anmelden. Ist ein Kind längere Zeit krank, können nicht beide Eltern berufstätig sein, doch wir dachten: Bestimmt wird es nächsten Monat besser, und hangelten uns so durch.

Als ich nach der Geburt unserer dritten Tochter aus dem Mutterschutz zurückkehrte, wurde das Unternehmen gerade umstrukturiert. Wir hatten eben unser jetziges Haus gekauft, zogen für drei Monate zur Zwischenmiete in ein Häuschen in der Nähe und stürzten uns in Umbau und Renovierung. Im Büro beschlich mich der Gedanke: Was tue ich hier? Mein Kind ist krank und meine Eltern verbringen mehr Zeit bei uns als bei sich. Das ist doch verrückt. Mein Mann hatte zur selben Zeit Schwierigkeiten im Job und wechselte schließlich das Unternehmen. Haus, Umzug und Kinderbetreuung hingen also hauptsächlich an mir.

Drei Schwangerschaften in fünf Jahren, kränkelnde Kinder, zwei Umzüge in kürzester Zeit, die Rückkehr in einen anspruchsvollen Job – das Gedankenkarussell in meinem Kopf kam nicht mehr zum Stehen. Ich suchte Hilfe bei der Betriebsärztin, aber die meinte, ich müsse mich eben mehr anstrengen. Vor knapp eineinhalb Jahren diagnostizierte ein anderer Arzt dann ein Müdigkeitssyndrom, besser bekannt unter dem Modewort »Burn-out«. Vier Monate lang war ich praktisch ein Totalausfall. Mir war so schwindelig, dass ich nicht zu Boden schauen konnte, ohne mich festzuhalten. An Büroarbeit war nicht zu denken und auch mit dem Haushalt war ich völlig überfordert, konnte keine Wäsche machen und keinen Kinderlärm ertragen. Tagsüber lag ich stundenlang im Bett, während meine Eltern und meine Schwiegermutter sich um Haushalt und Kinder kümmerten.

Bis heute bin ich in psychologischer und psychotherapeutischer Behandlung. Medikamente habe ich keine bekommen, denn ich bin nicht depressiv und kann über alles sprechen. In der Therapie lernte ich, mein Verhalten zu hinterfragen: Warum fuhr ich nach einem langen Arbeitstag noch in den Supermarkt? Warum glaubte ich, abends noch Freunde anrufen zu müssen? Durch viele Gespräche über scheinbar banale Dinge bekam ich wieder einen klaren Zugang zu mir selbst. Wie die meisten Menschen kannte ich nur meine Perspektive; die Psychologin brachte mir bei, verschiedene Seiten meines Handelns zu erkennen. Sie schärfte mir ein: »Vergiss für die nächsten Monate deine Verpflichtungen und widme dich nur dir selbst. Unternimm ein wenig mit deiner Familie und blende alles andere zunächst aus.«

In der Therapie wurde deutlich, dass ich unbewusst einen Fehler gemacht hatte. Über Monate hinweg hatte ich mich selbst vernachlässigt, eigene Interessen und Freundschaften auf Eis gelegt und mich voll und ganz Kindern, Arbeit und Haus gewidmet. Wie eine Maschine hatte ich funktioniert und dabei den Bezug zu mir selbst verloren. Meine Therapeutin machte mir klar, wie gefährlich das ist, und erklärte mir, dass ich immer versuchen soll, ein Gleichgewicht zu bewahren zwischen Mutterschaft, Partnerschaft, Beruf, eigenen Interessen und Freundschaften, Sport und Entspannung.

Nach einem Jahr Auszeit kehrte ich zunächst stundenweise an meinen Arbeitsplatz zurück. Nach wie vor ertappe ich mich bei Gedanken wie: Oh, die und die habe ich seit Monaten nicht mehr angerufen. Ich sollte, müsste, könnte dieses und jenes tun. Doch ich habe gelernt, nicht Supermama, Superfrau und Supermanagerin zugleich sein zu wollen, und reflektiere bewusster, was ich wann tue und warum. An den zwei Tagen, an denen ich mit meiner jüngsten Tochter zu Hause bin, spiele ich mit ihr oder gönne mir eine Tasse Kaffee mit der Nachbarin. Zeit für Freunde nehme ich mir ganz bewusst. Von zeitfressenden Onlinenetzwerken wie Facebook halte ich mich lieber fern, auch wenn ich dadurch manchmal das Gefühl habe, etwas zu verpassen.

Ab dem kommenden Monat arbeite ich wieder montags, dienstags und donnerstags jeweils acht Stunden. An diesen Tagen gehen Emma und Fleur nach der Schule zur Ganztagsbetreuung und Sara in den Kindergarten. Mittwochs und freitags kommen die »Großen« nach der Schule direkt nach Hause. Meine kleine Tochter ist an meinen freien Tagen jetzt wieder bei mir und ich genieße die Zeit mit ihr, auch wenn mir meine Ärztin geraten hat, sie noch mindestens ein halbes Jahr länger in den Kindergarten oder zu meinen Eltern zu bringen, um mich vollständig zu erholen.

Viele Menschen fragen Thomas und mich nach meinem Burnout, ob es eine komplizierte Zeit für uns als Paar gewesen sei. Das war es nicht. Thomas konnte im Prinzip weiterarbeiten wie zuvor, seine Mutter und meine Eltern unterstützten mich werktags. Sicher, über Monate hinweg trafen wir kaum Freunde und unternahmen nur wenig. Aber das war ihm recht, er wollte in seinem neuen Job durchstarten und konnte erholsame Wochenenden gut gebrauchen. Überhaupt bin ich ja diejenige von uns, die öfter Freunde treffen will und die Freizeitaktivitäten organisiert.

Als Mutter ist es schwieriger geworden, alte Freundschaften zu pflegen, vor allem wenn die Freunde weiter weg wohnen. Meine Schul- und Studienfreundinnen treffe ich höchstens ein- oder zweimal im Jahr. Obwohl wir uns sehr nahestehen, kennen wir nur die Schlagzeilen des anderen Lebens, nicht die ganze Geschichte. Ich habe jedoch durch die Kinder viele neue Kontakte geknüpft – in der Nachbarschaft, durch den Kindergarten und die Schule, beim Hockeytraining und im Schwimmbad. Eine richtig tolle Clique ist aus meinem ersten Geburtsvorbereitungskurs entstanden, wir treffen uns heute noch regelmäßig, ab und zu auch mit Partnern und Kindern. Nach dem Kurs tauschten wir uns per E-Mail aus: »Was soll ich tun, mein Baby schläft nicht?«, »Wie klappt bei euch das Stillen?« Über solche Dinge konnte ich mit meinen alten Freundinnen gar nicht sprechen – entweder hatten sie schon größere Kinder oder noch keine, jedenfalls waren sie nicht an so etwas interessiert. Mir ging es ja genauso, bevor ich Kinder hatte.

Für die Betreuung während der Schwangerschaft sind bei uns Hebammen zuständig. Sie assistieren auch bei der Geburt. Holländische Frauen bekommen ihre Kinder häufig zu Hause; im Krankenhaus wird ein Gynäkologe nur hinzugezogen, falls Komplikationen auftreten. Ich selbst war dreimal im selben Krankenhaus, da es in der Nähe unseres früheren Wohnorts liegt. Beinahe wie im Hotel hatte ich mein eigenes Zimmer mit Bad, Thomas konnte bei mir und dem Baby übernachten. Nach einer normalen Geburt gehen viele allerdings schon wenige Stunden später nach Hause, eine von der Krankenkasse bezahlte Hilfe kommt für eine Woche ins Haus und kümmert sich um Mutter, Kind und Haushalt.

Der Mutterschutz beträgt bei uns insgesamt sechzehn Wochen, vier bis sechs Wochen vor der Geburt und zehn bis zwölf Wochen danach. Während dieser Zeit bekommt man sein volles Gehalt weiterbezahlt. Um länger bei meinem Kind bleiben zu können, nahm ich im Anschluss meine angesammelten Urlaubstage. Das machen viele Niederländerinnen so. Darüber hinaus können Mütter und Väter bis zu sechs Monate unbezahlte Elternzeit nehmen, die von manchen Arbeitgebern bezuschusst wird. Ehrlich gesagt, kenne ich keinen Mann, der sie in Anspruch genommen hat. Manche Familien können es sich auch gar nicht leisten, dass ein Elternteil unbezahlt zu Hause bleibt. Sie geben ihr Kind in die Krippe, wenn es ein Vierteljahr alt ist, und arbeiten wieder in Voll- oder Teilzeit. Immer häufiger höre ich von Paaren, bei denen beide ihre Arbeitszeit auf 80 Prozent reduzieren.

Selbst auf dem Land ist es längst üblich, Kleinkinder in einer Kindertagesstätte oder Krippe betreuen zu lassen. Mit vier Jahren besuchen die meisten Kinder bereits eine Art Vorschulklasse, offiziell eingeschult werden sie direkt nach ihrem fünften Geburtstag, die Einschulung ist also immer zum Monatsersten möglich. Der fließende Übergang funktioniert so gut, weil die Kinder spielerisch an das Lernen herangeführt werden. Der Unterricht dauert in der Grundschule an zwei Tagen bis 12:30 Uhr und an drei Tagen bis 15 Uhr. Anschließend gibt es bis circa 18 Uhr eine kostenpflichtige Kinderbetreuung. Neuerdings können die Kinder dort auch zu Abend essen. Das erleichtert den Alltag, denn wenn ich acht Stunden gearbeitet habe und dann noch meine Kinder einsammle, ist es 18:30 Uhr, bis wir zu Hause sind. Früher waren die Kinder dann hungrig und ich musste schnell etwas zu essen auf den Tisch zaubern, denn eigentlich sollten sie bald ins Bett gehen. Durch das Abendessen in der Schule ist es nun einfacher.

Auch um Müttern die Rückkehr in den Beruf zu erleichtern, erließ die Regierung 2005 den Dutch Childcare Act. Darin werden Arbeitgeber zu einer Abgabe für die Kinderbetreuung verpflichtet. Der Elternanteil beträgt pro Stunde und Kind rund sechs Euro, bislang hat der Staat etwas dazubezahlt, was jedoch teilweise gestrichen werden soll. Wir Niederländer sollen mehr arbeiten und gleichzeitig mehr für die Kinderbetreuung bezahlen. Viele Familien müssen deshalb überlegen, ob es sich finanziell überhaupt noch lohnt, wenn beide Elternteile arbeiten. Und ob sie glücklich sind mit dem Leben, das sie führen. Gerade mit Kindern verschieben sich die Prioritäten und Zeit wird wichtiger als Geld, solange ein gewisser Lebensstandard gesichert ist. Immer mehr Familien holen sich auch Unterstützung ins Haus, anstatt die Kinder zur Kinderbetreuung zu bringen und wieder abzuholen. Kommen die Eltern von der Arbeit, sind die Kinder bereits zu Hause und das Essen ist gekocht. Dieser Lebensstil kostet zwar mehr Geld, aber weniger Nerven.

Die Regierung fördert den Ausbau von Kinderbetreuungseinrichtungen, doch die Nachfrage ist größer als das Angebot und Eltern müssen häufig warten, bis sie einen Platz für ihr Kind bekommen. Ich habe Freundinnen, die in ihren Beruf zurückkehren wollten, aber nur eine Kinderbetreuung für drei Tage die Woche bekamen. Die meisten öffentlichen Kindertagesstätten sind für Kinder von sechs Wochen bis vier Jahren. Die Eltern regeln individuell, wie viele Tage und Stunden sie diese Betreuung brauchen, und bezahlen auch nur für diese Zeit.

Meine Mutter blieb zu Hause, nachdem mein Bruder und ich auf der Welt waren. Damals in den 1970er-Jahren war das ganz normal in den Niederlanden. Ich hatte kaum Freunde, deren Eltern beide berufstätig waren. Heute dagegen erwartet die Gesellschaft mehr oder weniger, dass Mütter berufstätig sind. Für mich ist mein Beruf ein Bereich, der nur mir gehört. Die Aufgabe außer Haus und der Kontakt zu Kollegen sind dabei mindestens so wichtig wie die Arbeitsinhalte an sich.

Natürlich gibt es nach wie vor Hausfrauen in den Niederlanden, aber die Beschäftigungsquote von Frauen ist vergleichsweise hoch. Traditionell arbeiten Männer weiterhin Vollzeit, nachdem sie Väter wurden. Mütter dagegen reduzieren ihre Arbeitszeit auf drei bis vier Tage pro Woche. Wie viel eine Mutter arbeitet, hängt auch vom Bildungsstand und von der Branche ab. Gerade hoch qualifizierte Frauen verlieren leicht den Anschluss, wenn sie einige Jahre aussetzen. Beim dritten Kind fragte ich mich dennoch, ob ich nicht drei Jahre lang zu Hause bleiben soll. Doch zum einen arbeite ich sehr gern, zum anderen hatte ich die Befürchtung, danach keinen gleichwertigen Job mehr zu bekommen.

Laut Vertrag arbeite ich 24 Stunden pro Woche, zwei Tage im Büro und einen Tag von zu Hause aus. Der Homeoffice-Tag ist kein Zugeständnis meines Arbeitgebers, sondern eine klare Vorgabe. Die neue Struktur wurde eingeführt, als ich aus dem dritten Mutterschutz zurückkehrte; seither arbeitet jeder Mitarbeiter ein bis zwei Tage pro Woche von zu Hause aus. Die Firma propagiert das ganz geschickt als moderne Arbeitsform, die für eine hohe Mitarbeiterzufriedenheit sorgt. Inzwischen gilt das Unternehmen deshalb als attraktiver Arbeitgeber. Es ist ja auch ganz angenehm, weniger Zeit auf der Straße zu verbringen – obwohl ich nicht weit vom Büro entfernt wohne, brauche ich doch mindestens eine halbe Stunde dorthin, denn es liegt mitten im Stadtzentrum.

Wenn im kommenden Jahr alle drei Kinder zur Schule und Vorschule gehen, bleiben mir zwei Vormittage in der Woche für den Haushalt und mich selbst. Nun signalisierte mir die Geschäftsleitung, ich solle an diesen beiden Vormittagen auch arbeiten. Offenbar ist es ein Problem, dass ich in Teilzeit mit nur 60 Prozent Arbeitszeit angestellt bin. Ich bin grundsätzlich bereit, ab und zu Überstunden zu leisten, aber regelmäßig mehr arbeiten kann und will ich nicht. Ich bräuchte dann mehr Kinderbetreuung und zugleich bliebe privat vieles liegen, das wir am Wochenende erledigen müssten. Es wäre nicht gut für meine Familie und für mich, sondern einzig und allein im Interesse meines Arbeitgebers.

Wie viele Eltern gehen Thomas und ich zu wenig miteinander aus, aber wir bemühen uns. Von Anfang an haben wir jedes Jahr zwei Wochenenden allein verbracht und die Kinder so lange bei meinen Eltern oder Schwiegereltern untergebracht. Doch wir wissen beide, wie wichtig es für ein Paar ist, regelmäßig Zeit miteinander zu verbringen. Freunde von uns sind trotz Baby viel ausgegangen, aber aufgrund der gesundheitlichen Probleme der Kinder ging das bei uns lange Zeit nicht.

Als Thomas und ich 2002 heirateten, waren wir schon seit zehn Jahren ein Paar. Gemeinsam waren wir ein ganzes Jahr lang mit dem Rucksack um die Welt gereist. Heute unternehmen wir gediegene Radtouren mit der Familie. Wir Niederländer erledigen am liebsten alle Fahrten mit dem Rad oder dem Bakfiets. Das sind Lastenfahrräder, in denen sich Einkäufe und bis zu fünf Kinder transportieren lassen. Wenn die Eltern ihre Kinder vom Kindergarten oder von der Schule abholen, ist der Parkplatz oft voller Bakfiets. Natürlich gehen wir Niederländer mit der Zeit und so gibt es längst auch elektrische Lastenräder.

Wir sind eine sportliche Familie. Emma spielt Hockey und am Samstagmorgen um 8 Uhr fährt Thomas mit ihr zum Hockeymatch. Fleur geht neuerdings ins Ballett. Sie war vier, als ihre Freundin sie fragte, ob sie nicht mitkommen wolle. Unsere erste Reaktion war: Nein, das tun wir uns am Wochenende bestimmt nicht an. Aber nachdem ihre große Schwester inzwischen beinahe jeden Samstag ein Hockeyturnier spielt, haben wir es erlaubt. Wenn du mir vor ein paar Jahren erzählt hättest, dass selbst unsere Samstage komplett verplant sein würden, hätte ich nur den Kopf geschüttelt – und jetzt ist es ganz normal und macht sogar Spaß.

Mein Mann spielt ebenfalls Hockey und hat manchmal ein Spiel am Sonntagmorgen. Ich selbst versuche, ein- bis zweimal die Woche Sport zu treiben. Die Kurse im Fitnessstudio sind immer abends um 19 oder 20 Uhr, da komme ich zu Hause nicht weg. Meiner Nachbarin geht es genauso, daher versuchen wir, regelmäßig zusammen laufen zu gehen. Einmal die Woche spiele ich Feldhockey.

Mütter vernachlässigen häufig ihre Bedürfnisse und fragen sich nur, was das Beste für die Familie ist, anstatt auch mal, was ihnen selbst guttut. Der ständige Verzicht stresst und frustriert. Wir können uns an den Männern ein Beispiel nehmen. Wenn Thomas' Hockeytraining ansteht, kann zu Hause gerade los sein, was will, er sagt: »Ich muss gehen, die warten auf mich.« Ich dagegen nehme häufig Rücksicht und bleibe zu Hause, dabei kommt mein Mann gut allein klar mit den Kindern. Und ich ärgere mich insgeheim, weil ich lieber zum Sport gegangen wäre.

Chronische Überforderung ist inzwischen ein gesellschaftliches Problem in den Niederlanden. Gerade junge Mütter haben es in meinen Augen nicht leicht: Sie wollen möglichst perfekt sein, gut aussehen, Karriere machen und vor allem eine gute Mutter sein. Doch mit kleinen Kindern ist es nicht möglich, weiterzumachen wie bisher. Zudem entsteht Glück nicht durch Perfektion. Eltern sollten ihre Ansprüche an sich selbst lieber auf ein vernünftiges Maß herunterschrauben.

Während meiner Krankheit sagten viele Leute zu mir: »Na ja, du hast ja auch drei kleine Kinder.« Das nervte mich. Ich bereue es keinen Tag, drei Kinder zu haben – auch wenn es viel Geschick erfordert, alle Bälle gleichzeitig in der Luft zu halten.

Ich bin sehr froh über Sannes Geschichte, weil sie eine persönliche Krise schonungslos beleuchtet und gleichzeitig Mut macht, das Abenteuer Familie mit dem eigenen Berufsweg zu vereinbaren. Auch in Deutschland sind Fehlzeiten aufgrund psychischer Erkrankungen stark angestiegen, seit 1994 laut einer Studie um 80 Prozent. Das hängt vermutlich mit einem gestiegenen Leistungsdruck in der Arbeitswelt zusammen. Berufstätige Mütter müssen dem standhalten und parallel dazu Familie und Haushalt organisieren. Mit diesem traditionellen Rollenbild scheinen die Niederlande und Deutschland nicht allzu weit auseinander zu liegen. Wäre es nicht schön, wenn beide Eltern arbeiten und dennoch Zeit für ihre Kinder haben könnten? Ich kann mich Sanne nur anschließen: Verabschieden wir uns lieber vom Perfektionswahn und dem Diktat der ständigen Verfügbarkeit. Dann entgehen uns auch nicht die vielen schönen Augenblicke, die das Leben so lebenswert machen – zum Beispiel mit unserer Familie.

-11-

EINE KLEINE INSEL DES ÖKONOMISCHEN ANSTANDS

SHEREEN (47),
GESCHÄFTSFRAU,
2 KINDER,
KAPSTADT

Südafrika gilt als stabilste Demokratie und bedeutendste Volkswirtschaft auf dem afrikanischen Kontinent. Dennoch ist das Land Lichtjahre entfernt von Desmond Tutus Traum von einer gleichberechtigten »Regenbogennation«. Nach wie vor ist Armut meist gleichbedeutend mit schwarzer, Wohlstand mit weißer Haut. Jobs sind rar, es fehlt an qualifizierter Ausbildung und an mittelständischen Arbeitgebern. Shereen (47) hat nach dem Ende der Apartheid ein Geschäft gegründet und will benachteiligten Jugendlichen und jungen Müttern die Chance auf Arbeit und ein selbstbestimmtes Leben bieten. Hartnäckig kämpft sie für ihren Traum von der Selbstständigkeit und ist stolz darauf, ihren Zwillingen Shaheema und Shaheem (26) ein Studium ermöglicht zu haben.

Wir wohnen und arbeiten in einem Teil Kapstadts, der von der Regierung als »ehemals benachteiligt« eingestuft wird. Unsere Nachbarn leben teilweise in ärmlichen Verhältnissen – wenn sie überhaupt Arbeit finden, dann als Tagelöhner, Putzfrau oder Hilfsarbeiter. Armut und ein Dasein ohne Perspektiven sind der Nährboden für Gewalt, Drogen- und anderen Missbrauch. Während des Apartheidregimes wurden Farbige hierher umgesiedelt; heute sind sie prinzipiell frei – doch wohin sollen sie gehen?

Ich stamme selbst aus dieser Gegend und bin zurückgekehrt, weil ich Menschen helfen will, die ähnlich dürftige Startchancen haben, wie ich sie hatte. Mit meinem zweiten Mann Berthold betreibe ich ein eigenes Geschäft. Wir handeln mit Schreibwaren und Bürobedarf und haben es geschafft, Lieferverträge mit Schulen und Regierungsstellen abzuschließen. Selbstständig zu sein ist immer schon mein großes Ziel gewesen. Und es ist jede Anstrengung wert, solange ich nur auf eigenen Beinen stehen kann. Ich arbeite gern mit Menschen zusammen. Dagegen verabscheue ich es, meine Kunden anzurufen, um sie an die Bezahlung überfälliger Rechnungen zu erinnern.

Meine Familie gehört zum Volk der Cape Malay – so werden wir heute noch wegen unseres moslemischen Glaubens genannt. Im Apartheidsystem galten wir als farbig. Als ich jung war, identifizierten sich auch viele der Cape Malay mit der Black-Consciousness-Bewegung und machten sich stark für ein Ende der Rassentrennung in Südafrika.

Aufgewachsen bin ich in Steenberg, einem Vorort von Kapstadt. Damals lebten wir in einer Sozialwohnung mit nur zwei Schlafzimmern – meine Eltern, fünf Brüder, sieben Schwestern und ich. Als Kind träumte ich von einem Leben ohne Apartheid. Ich wollte gern eines Tages einen Weißen heiraten und die Rassenschranken durchbrechen. Mein Vater fuhr für eine Molkerei die Milch aus und schaffte es als Lastwagenfahrer, uns allen eine gute Ausbildung zu finanzieren. Bis zur zehnten Klasse konnte ich die Schule besuchen, anschließend ging ich auf eine Berufsschule, schloss mit einem Diplom für Sekretariat und Management ab und verdiente als Sekretärin mein eigenes Geld.

Ich war höchstens 19, als ich meinen zukünftigen Mann traf. Richard war Engländer. Wir liebten uns sehr, doch durften wir das in der Öffentlichkeit nicht zeigen; es war uns sogar verboten, miteinander spazieren zu gehen. Heute wäre das keine große Sache, doch damals regelte die Apartheid das Zusammenleben von Weißen und Nichtweißen bis ins kleinste Detail. Richard zum Beispiel konnte ein Restaurant besuchen, mir jedoch war das nicht erlaubt. Heimlich teilten wir uns ein winziges Apartment in Johannesburg. Eines Tages stand plötzlich die Polizei vor unserer Tür, sie hatten Wind von unserem Zusammenleben bekommen und nahmen uns fest. 24 bange Stunden verbrachten wir auf der Wache, bis sie uns schließlich gehen ließen.

Richard konvertierte 1985 zum Islam und wir heirateten nach moslemischem Recht. Zu der Zeit kippte die Regierung endlich das

Verbot »gemischtrassiger« Ehen. Gleich am nächsten Tag ließen wir uns vor Gericht trauen. Richard und ich waren das zweite Paar in ganz Südafrika, das sich legal über die Rassenbarriere hinwegsetzte und heiratete. Unser Bild erschien in mehreren Zeitungen und für eine Weile waren wir das Gesprächsthema Nummer eins in unserer Gemeinde. Die Zeitungsausschnitte bewahre ich immer noch auf. Von überallher kamen Menschen, um uns zu gratulieren. Und die Krönung unseres Glücks: Ich erwartete Zwillinge, Shaheema und Shaheem.

Doch nach ihrer Geburt verließ uns das Glück. Mein Mann wurde krank und ich musste den Lebensunterhalt für meine Familie allein verdienen. Tagsüber arbeitete ich von 9 bis 17 Uhr als Sekretärin und nachts von 18 bis 4 Uhr als Barmanagerin in einem Hotel. Richard blieb bei den Kindern. Obwohl ich mehrere Jobs gleichzeitig hatte, kamen wir gerade so über die Runden. Und mir blieb kaum Zeit für meine Kinder, denn ich arbeitete nicht nur 100, sondern vielmehr 200 Prozent. Doch im Hinterkopf hatte ich immer meinen großen Traum – eines Tages würde ich ein eigenes Geschäft haben. Das war mein Ansporn, den ich tatsächlich in die Tat umsetzte: Ich verkaufte Mode und Schmuck in meiner eigenen Boutique. Als farbiger Frau war mir das offiziell nicht gestattet, daher war Richard auf dem Papier der Geschäftsführer. Fortan konnte ich tagsüber im Laden stehen und mich nebenher selbst um meine Kinder kümmern.

Leider verglühte mein scheinbarer Triumph schnell, denn kurze Zeit später verlor Richard den Kampf gegen den Krebs. Als er starb, war ich allein verantwortlich für den Laden und zugleich alleinerziehende Mutter zweier Kinder. Richards Tod hinterließ eine große Leere in mir, doch ich musste weiterkämpfen und für meine Familie sorgen. Zu der Zeit gab es keinerlei staatliche Unterstützung für junge Familien. Ich stellte ein Kindermädchen ein, das sich um die Zwillinge kümmerte, und konzentrierte mich aufs Geldverdienen, stand tagsüber im Laden und arbeitete nachts immer noch in der Hotelbar. Dennoch konnte ich den Laden nicht mehr lange halten.

Das offizielle Ende der Apartheid kam Anfang der 1990er-Jahre, doch obwohl alle Südafrikaner inzwischen vor dem Gesetz gleich sind, hat sich ihr Alltag nicht großartig verändert. Wohnviertel und Schulen, die früher den Weißen vorbehalten waren, stehen nun auch Farbigen offen, doch sie bleiben für die Mehrheit unerreichbar. Denn wer arm war, ist es meist immer noch, und wer reich war, ist reich geblieben. Dem Ende der Apartheid waren große soziale Unruhen vorausgegangen, sie haben unser Land in eine ökonomische Krise gestürzt. Doch das »neue Südafrika« muss finanziert werden, wir brauchen eine ausreichende Gesundheitsversorgung und gute Schulen für alle Südafrikaner. Beides gab es früher nur für die weiße Minderheit. Seit Nelson Mandela der erste demokratisch gewählte Präsident unseres Landes wurde, haben wir Nichtweißen auf dem Papier dieselben Rechte. Als farbige Frau kann ich seither meine Meinung frei äußern, Eigentum erwerben und mir eine eigene Existenz aufbauen. Leider wissen viele die gebotenen Chancen nicht zu nutzen und verharren in ihrem Elend.

Ein Jahr nach Richards Tod traf ich meinen heutigen Mann Berthold. Seine Familie war aus Brasilien nach Südafrika eingewandert, sein Großvater war Deutscher. Auch er konvertierte aus Liebe zu mir zum Islam. Ich war sehr froh, wieder einen Vater für meine damals zehnjährigen Kinder zu haben. Berthold füllt diese Rolle bis heute wunderbar aus. Wir zogen von Johannesburg zurück nach Kapstadt. Hier wollten wir gemeinsam von vorn anfangen. Rund zehn Jahre lang arbeitete ich zunächst für eine Schreibwarenfirma als Verkaufsleiterin, bis ich 2006 genug Geld beisammen hatte, um meinen eigenen Schreibwarenhandel zu eröffnen. Auf dieses Ziel hatten wir beide hingearbeitet.

Um die Folgen der Apartheid zu mildern, rief die Regierung das Programm Black Economic Empowerment (BEE) ins

Leben. Es soll Betriebe fördern, die ehemals benachteiligten Menschen gehören. Nach dem Übergang vom Apartheidregime zur Demokratie beschloss der African National Congress (ANC), solche direkten Maßnahmen seien notwendig, um das wirtschaftliche Ungleichgewicht im Land zu korrigieren. Die BEE-Bewegung strebt danach, die Wirtschaft den demografischen Verhältnissen des Landes anzupassen. Denn obwohl rund 80 Prozent der Bevölkerung nicht weiß sind, befand sich die Wirtschaft beinahe ausschließlich in den Händen Weißer. Das BEE-Prinzip funktioniert wie eine Art Quotenregelung, so haben zum Beispiel farbige Frauen wie ich theoretisch gute Chancen auf Unterstützung, weil wir während der Apartheid vom Geschäftsleben praktisch ausgeschlossen waren.

Im Rahmen des Black Economic Empowerment soll auch die Jugendarbeitslosigkeit bekämpft werden. Die Regierung hat bereits Projekte gestartet, bei denen Jugendliche beispielsweise für geringen Lohn die Straßen reinigen. Doch ich befürchte, sobald das Programm ausläuft, werden die jungen Leute wieder ohne Arbeit auf der Straße stehen. Deshalb finde ich es so wichtig, sie etwas lernen zu lassen.

Durch die Arbeit blieb uns wenig Zeit für die Kinder, doch immerhin konnten wir ihnen eine gute Ausbildung ermöglichen. Die Zwillinge absolvierten erfolgreich die Highschool und das College und ich bin sehr stolz darauf, dass sie beide studieren konnten. Meine Tochter Shaheema entschied sich für Anthropologie und Psychologie, hat bislang aber noch keine Stelle als Psychologin finden können und jobbt daher in einem Callcenter. Ihr Bruder Shaheem kann gut zeichnen und studierte Animationsdesign, momentan bemüht er sich um eine feste Stelle in der Filmindustrie. Beide sind verheiratet und finanziell unabhängig. Ich bin sehr froh, dass sie sich nie mit Drogen eingelassen, sondern ihren eigenen Weg verfolgt haben. Denn in unserer Wohngegend konnte ich sie unmöglich von schlechten

Einflüssen abschirmen. Wir erlebten mehr als einmal, wie Schulfreunde meiner Kinder in den Sog von Rauschgifthandel und organisierter Kriminalität gerieten.

Vor einigen Tagen rief mich Shaheema an und sagte: »Mama, ich bekomme ein Baby!«

Sie ist erst im dritten Monat, hat aber fest vor, mit ihrem Mann die weite Reise von Johannesburg auf sich zu nehmen, um ihr Kind bei uns in Kapstadt zur Welt zu bringen. Wir sollen die Ersten sein, die es sehen dürfen. Mein Mann und ich freuen uns sehr darauf, Großeltern zu werden, und wollen sie unterstützen, so gut wir können. Hoffentlich wird sie ihr Kind unter besseren Bedingungen aufziehen als ich damals. Auf jeden Fall wird es in eine freie Welt hineingeboren.

Arbeitnehmerinnen haben bei uns nach der Geburt ihres Kindes ein Recht auf vier Monate Mutterschutz. Da meine Tochter noch nicht lange genug in die Arbeitslosenversicherung eingezahlt hat, wird sie leider unbezahlten Urlaub nehmen müssen. Kindergeld gibt es nur für bedürftige Familien, verdienen die Eltern zusammen weniger als 67.000 südafrikanische Rand (rund 6600 Euro) im Jahr, können sie pro Kind 280 Rand (knapp 28 Euro) im Monat erhalten.

Die Kinder, unsere Beziehung, Freunde und Freizeit – unser privates Leben wird seit jeher dem Geschäft untergeordnet. In den vergangenen eineinhalb Jahren lief unsere Firma sehr schlecht, wir konnten uns kaum über Wasser halten und mussten den Großteil unserer ehemals neun Angestellten entlassen. Auch unser Wohnhaus, in dem sich die Büroräume befanden, haben wir verloren. Doch wir haben im selben Stadtteil ein kleines Büro gemietet und einen Neuanfang gewagt. Momentan stabilisiert sich unsere wirtschaftliche Lage und auch wenn es im Geschäftsleben immer auf und ab gehen wird, haben wir uns hoffentlich bald etabliert.

Es gibt zudem einen weiteren Hoffnungsschimmer: Die Regierung erwägt, kleine und mittelständische Betriebe finanziell zu unterstützen, wenn diese Arbeitsplätze schaffen. Momentan streiten sich der ANC (die regierende Partei) und die Gewerkschaften noch, ob sie die Subventionen gewähren. Das politische Tauziehen ist zäh. Dabei müssen die Jugendlichen von der Straße, wir sitzen auf einer sozialpolitischen Zeitbombe. Um uns herum sind viele Menschen mutlos, das Ende der Apartheid hat ihnen bis jetzt kein besseres Leben beschert. Sie sagen: »Freiheit ist gut, aber wir können sie nicht essen.« Es fehlt an Durchhaltevermögen und Kampfgeist, sie geben schnell auf. Mein Mann und ich leisten deshalb oft mühselige Motivationsarbeit.

Das größte Problem hier sind die anhaltende Rezession und die damit einhergehende hohe Arbeitslosigkeit – offiziell liegt sie bei 25 Prozent, in Wirklichkeit schätze ich sie deutlich höher ein. Deshalb wollen wir Arbeitsplätze schaffen, denn dieses Land braucht dringend Jobs. Und es ist wichtig, dass Privatleute sich engagieren, denn die Regierung kommt nicht hinterher mit ihren vielen Baustellen. Sie sollte die nötigen Rahmenbedingungen schaffen, damit farbige Jugendliche eine vernünftige Ausbildung erhalten, und sie sollte Firmen wie uns unterstützen, damit wir Arbeitsplätze schaffen können.

Als Kind wuchs ich selbst in Armut auf, doch meine Eltern waren gute Vorbilder für ihre 13 Kinder. Einige meiner Geschwister haben es durch harte Arbeit und Charakterstärke zu etwas gebracht, dazu möchte ich mehr Menschen motivieren. Meine Kinder sind erwachsen, daher wollen mein Mann und ich unsere Kräfte nun für fremde Kinder einsetzen. Wir haben vor, benachteiligte Jugendliche nicht nur als Hilfskräfte einzustellen, wir wollen ihnen eine – möglichst staatlich anerkannte – kaufmännische Ausbildung bieten und wenn nötig auch einen Platz zum Leben. Angesichts der hohen Jugendarbeitslosigkeit sollen bei uns vor allem Jugendliche ohne Abitur und junge alleinerziehende Mütter eine Chance bekommen. Durch eine berufliche Qualifikation hätten sie eine Chance auf ein besseres

Leben, könnten Selbstvertrauen entwickeln – der beste Schutz vor Drogen- und Alkoholmissbrauch oder Depression. Eine kleine Insel des ökonomischen Anstandes wollen wir inmitten von Arbeits- und Mutlosigkeit errichten.

Berthold und ich planen außerdem ein großes Projekt, für das wir bei Regierungsstellen um Unterstützung werben werden. Uns schwebt vor, ein Weiterbildungszentrum einzurichten, in dem Menschen, die wie wir Haus, Arbeit oder Eigentum verloren haben, einen neuen Anlauf starten können. Sie sollen dort seelische Unterstützung und eine praktische Berufsausbildung erhalten. Für den Nachwuchs planen wir eine Kindertagesstätte, in der qualifizierte Arbeitskräfte für einen vollen Magen und eine gute Betreuung sorgen.

Für die Zukunft erhoffe ich mir vor allem geschäftlichen Erfolg und eine gute finanzielle Basis, damit wir möglichst vielen zu Arbeit verhelfen können. Ich möchte Menschen langfristig dabei unterstützen, ihr eigenes Geschäft zu gründen, um selbstständig und selbstbewusst ihr Leben zu gestalten, frei von finanziellen Sorgen.

Mein Glaube ist für mich eine Quelle der inneren Kraft. Seit meiner Kindheit bin ich überzeugt davon, dass Gott uns keine Hindernisse in den Weg legt, die wir nicht überwinden können. Zum Freitagsgebet besuche ich die Moschee und eines Tages will ich die Pilgerfahrt nach Mekka unternehmen.

Mein Tag beginnt morgens um 6 Uhr mit einem Gespräch mit Gott; ich bitte ihn, mir Kraft zu schenken für den Tag. Im Bad sage ich zu meinem Spiegelbild: »Ich heiße Shereen Budweg und was ich mir heute vornehme, werde ich vollbringen.« Andere mögen mich für sonderbar halten, doch so mache ich jeden Tag zu einem gelungenen Tag. Die Sätze »Das weiß ich nicht« und »Das kann ich nicht« haben keinen Platz im Vokabular meines Lebens.

Bereits um 7 Uhr bin ich im Büro, lange vor den Angestellten. Ich überprüfe die Bürotechnik und verteile die anstehenden

Aufgaben, damit jeder weiß, was er an diesem Tag zu erledigen hat. Während der offiziellen Arbeitszeit von 9 bis 17 Uhr bin ich überall, kümmere mich um den Geschäftsverkehr, überwache die Arbeit der Angestellten, halte Besprechungen mit Mitarbeitern, Kunden und Lieferanten. Zeit für eine Pause bleibt mir selten. Nach 17 Uhr, wenn die Angestellten nach Hause gegangen sind, arbeite ich meist noch bis 21 Uhr, erstelle Ausschreibungsunterlagen und erledige alles, wozu ich Ruhe brauche. Anschließend bereite ich das Abendessen zu und kümmere mich um den Haushalt. Zum Glück habe ich einen wunderbaren Mann, der mich immer unterstützt und mit dem ich alle Sorgen teilen kann. Dennoch liege ich oft noch lange wach, weil meine Gedanken um das Geschäft kreisen.

Für mich selbst bleibt kaum Zeit, schon gar nicht für Hobbys. Weil unser Betrieb momentan nicht genug abwirft, habe ich an den Wochenenden noch einen Nebenjob angenommen. Doch entmutigen lasse ich mich nicht; schon immer war ich ein Dickkopf mit einem ungemein starken Willen. Wenn ich falle, stehe ich wieder auf – und nichts und niemand wird mich davon abhalten, meine Träume wahr zu machen. Einmal habe ich bereits so ziemlich alles verloren, meinen ersten Mann, mein Haus, die Boutique und meine Ersparnisse. Doch daran bin ich gewachsen.

Die Sprengkraft der sozialen Unterschiede bedroht Südafrikas Zukunft; es ist höchste Zeit, dass mehr Menschen teilhaben am Wohlstand des Landes. Ob es um sie selbst oder andere geht, Shereen wartet nicht auf Hilfe, sie packt selbst an und arbeitet notfalls rund um die Uhr. Dabei gleicht sie einer Naturgewalt; sie ist einer der energiegeladensten Menschen, die ich je kennengelernt habe. Aufgrund der Krankheit und des frühen Todes ihres ersten Mannes musste sie als junge Mutter Tag und Nacht arbeiten, um die Familie über Wasser zu halten. Auf staatliche Unterstützung konnte sie nicht zählen. Damit blieb ihr kaum Zeit für ihre Kinder. Umso stolzer ist sie heute darauf, dass ihr Sohn und ihre Tochter studieren konnten und mit Mitte zwanzig auf eigenen Beinen stehen. Dafür hat sie große Opfer gebracht. Heute setzt sie sich mit aller Kraft ein, um benachteiligte Menschen zu unterstützen, indem sie ihnen eine Ausbildung bietet und eine fair bezahlte Tätigkeit. Ihre Geschichte ist ein schönes Beispiel dafür, was wir schaffen können, wenn wir unbeirrt kämpfen, anstatt angesichts der herrschenden Verhältnisse zu kapitulieren.

-12-

ZWISCHEN SPIELPLATZ UND CAD-PROGRAMM

KRISZTINA (31),
ARCHITEKTIN,
1 SOHN,
BUDAPEST

In der Hauptstadt Budapest arbeiten Krisztina (31) und ihr Mann Zoltán als selbstständige Architekten. Entsprechend dem vorherrschenden Rollenbild kümmert sich die blitzgescheite Ungarin derzeit allerdings fast rund um die Uhr um ihren kleinen Sohn Dániel (18 Monate). Sie würde nebenher gern mehr arbeiten, doch das ist gar nicht so einfach in einem Land, in dem der Staat zwar kostenlose Kindergartenplätze für Dreijährige anbietet, Kleinkindbetreuung aber als Aufgabe der Mutter gilt.

Kurz nach Dániels Geburt Ende 2010 erhielten wir einen riesigen Auftrag: die Planung einer Wohnanlage, die innerhalb von drei Monaten abgeschlossen sein sollte. Vor allem im Februar schufteten wir wirklich, um die Deadline einzuhalten. Unser Winzling schlief zum Glück noch sehr viel, zudem engagierten wir diverse Familienmitglieder als Babysitter, sodass Zoltán und ich arbeiten konnten. Es war ein anstrengender Monat, doch die Mühe zahlte sich aus: Wir verdienten mit diesem einen Auftrag genügend Geld, um den Rest des Jahres davon leben zu können. Anschließend brauchte ich nur noch wenige Stunden pro Woche zu arbeiten und konnte mich ansonsten um Dániel kümmern.

Ich bin Architektin und habe an der Technischen Universität in Budapest studiert. Nach dem Studium arbeitete ich im Planungsbüro eines Baukonzerns. Das war kein spannender Job, aber ich habe viel gelernt, was mir später zugutekam, als ich mich gemeinsam mit meinem Mann selbstständig machte. Wir entwerfen Häuser, vor allem Wohnhäuser. Unser bislang größter Auftrag war ein Komplex mit 209 Wohneinheiten. Zu uns kommen Privatleute genauso wie Investoren, die nach möglichst profitablen Anlageformen suchen. Ich liebe meinen Beruf, er erfordert Kreativität und logisches Denken. Außerdem habe ich mit unterschiedlichen Menschen zu tun: Bauherren, Handwerkern, Behörden. Gerade der Umgang mit Menschen macht den Job aber auch kompliziert, vor allem angesichts der furchtbaren Bürokratie in Ungarn.

Als Architekturbüro sind wir abhängig von der allgemeinen Wirtschaftslage im Land – haben die Leute Geld, bauen sie Häuser. Seit 2008 herrscht auch in Ungarn eine Finanzkrise und der Bausektor bekam diese frühzeitig zu spüren. Aber mehrere große Aufträge sicherten unser wirtschaftliches Überleben.

In unserem Beruf ist die Deadline entscheidend; für alles, was wir tun, gibt es eine Frist. Naht der vereinbarte Fertigstellungstermin, arbeiten wir oft wie verrückt. Zoltán und ich sagen manchmal: »Du kannst einen Auftrag nie komplett fertigstellen, du kannst ihn nur, so gut es geht, bis zur Deadline erledigen.« Denn da bleiben immer Details, die man hätte besser oder anders gestalten können.

Für gewöhnlich arbeiten wir von 8 bis 17 Uhr, Überstunden sind allerdings die Regel. Als Selbstständige kann ich mir meine Zeit zum Glück frei einteilen. Bevor ich Mutter wurde, arbeitete ich viel von zu Hause aus in meinem eigenen Rhythmus, die einzige Einschränkung waren die Bürozeiten anderer Firmen, mit denen ich mich absprechen musste.

Zoltán und ich lernten uns im Studium kennen. Er meint sich zu erinnern, dass wir zusammen im Aufnahmekurs für Architektur waren, ich habe ihn ab dem Ende des ersten Studienjahres richtig bemerkt: In der Mathematikprüfung war ich die Zweitbeste nach ihm, das ärgerte mich ganz schön. Außerdem fiel er mir auf, weil er genau so heißt wie mein Vater, derselbe Vor- und Nachname. Wir begannen, miteinander auszugehen, und ziemlich bald zog er zu mir. Da wir beide noch während des Studiums eine Anstellung vor Ort fanden, war klar, dass wir in Budapest bleiben und eine Wohnung kaufen würden. 2005 schlossen wir das Studium ab und am Silvesterabend desselben Jahres machte Zoltán mir einen Heiratsantrag. Die Hochzeit wurde im Sommer gefeiert, doch mit der Familienplanung warteten wir ganz bewusst noch ein paar Jahre. Wir fühlten uns zu jung für eine solche Verantwortung und wollten außerdem erst einmal beide Geld verdienen.

In den Jahren vor Dániels Geburt reisten wir viel – nach Irland, Spanien, durch Österreich, die Schweiz und Frankreich. Mit der dreiwöchigen Reise durch Frankreich verbinden wir besonders schöne Erinnerungen, denn wir hatten unseren Sohn bereits dabei – ich war in der zwölften Woche schwanger, als wir losfuhren. Heute erzählen wir ihm gern, was er durch meinen Bauchnabel alles »gesehen« hat und dass wir später wieder mit ihm dorthin reisen möchten, damit er die Schönheiten des Landes mit eigenen Augen erblickt.

Komischerweise kann ich mich an die ersten beiden Monate mit Baby kaum erinnern. Ich weiß nur noch, dass er viel weinte, ich schrecklich müde war und Schwierigkeiten mit dem Stillen hatte. Vor allem setzte mir zu, dass mein Baby mir keinerlei Rückmeldung geben konnte, ob ich meine Sache richtig machte. Als er später begann, mich anzulächeln oder zu brabbeln, wurde es leichter. Ein Babylächeln ist wie Streicheleinheiten für die Seele.

Mit dem Kind änderte sich mein Leben drastisch. Da unsere Eltern weit weg wohnen, können sie uns im Alltag nicht unterstützen. Zudem musste Zoltán ja nun für uns beide arbeiten. Es war blauäugig von mir zu denken, ich würde weiterhin alles im Griff haben und dazu noch ein Kind. Bereits nach kurzer Zeit ging mir die Energie aus und ich musste beruflich kürzertreten.

Inzwischen ist Dániel eineinhalb und ohne Kinderbetreuung wird es immer schwieriger für mich, nebenher zu arbeiten. Er schläft tagsüber nur noch einmal, mir bleibt also allein diese Pause für Erledigungen und Projekte. Sobald er wach ist, will er mir helfen und ich kann keine Sekunde lang in Ruhe am Computer sitzen. Es bleiben noch die Abende nach 21 Uhr, doch dann bin ich mitunter selbst so müde, dass ich einschlafe. Öffentliche Kinderbetreuung für unter Dreijährige hat in Ungarn Seltenheitswert, es gibt nur sehr wenige Einrichtungen und ich glaube, die Plätze werden reserviert für Mütter, die absolut auf ihren Verdienst angewiesen sind. Über eine externe Kinderbetreuung habe ich daher bislang nicht wirklich nachgedacht, doch nach unserem Umzug will ich das in Angriff nehmen. In unserem zukünftigen Wohnort soll es eine gute private Kindertagesstätte geben. Meinem Sohn würde mehr Zeit mit gleichaltrigen Freunden sehr guttun, er hungert förmlich nach Anreizen und neuen Erfahrungen. Ich kann mir vorstellen, ihn zunächst für drei halbe Tage die Woche anzumelden; in dieser Zeit könnte ich dann ungestört arbeiten. Hoffentlich klappt das.

Die meisten Mütter hier versuchen, bei ihrem Kind zu Hause zu bleiben, bis es mit drei Jahren in den kostenlosen staatlichen Kindergarten kommt. Das ist laut vorherrschender Meinung das Beste für das Kind. Ungarn war noch ein sozialistischer Ostblockstaat, als ich klein war, doch auch damals blieben die Mütter in der Regel mit jedem Kind drei Jahre lang zu Hause. Womöglich war es damals einfacher, denn im Sozialismus herrschte kein Konkurrenzkampf um Arbeitsplätze. Außerdem konnten Frauen früher in Rente gehen und sich um ihre Enkel kümmern, unsere Eltern arbeiten dagegen alle noch.

In der heutigen Zeit können es sich viele Familien finanziell nicht leisten, jahrelang auf ein zweites Einkommen zu verzichten. Doch wohin mit dem Kind, wenn die Mutter arbeiten geht? Staatliche Krippen sind selten und man sollte sich unbedingt schon vor der Geburt des Kindes um einen Platz bewerben. Ähnlich dünn gesät wie gute Kindertagesstätten sind Teilzeitstellen. Die meisten Arbeitgeber befürchten Fehlzeiten aufgrund kranker Kinder und halten Mütter für unzuverlässig. Wie schaffen junge Familien diesen Spagat? Manche können auf die Unterstützung der Großeltern zählen und viele Väter haben Zweitjobs, um genug Geld zu verdienen. Solange die Kinder noch keine drei Jahre alt sind, ist die finanzielle Situation oft angespannt.

War die Frau drei Jahre oder länger zu Hause, ist es zudem nicht einfach, im Job wieder anzuknüpfen. Nach einer so langen Pause werden ihre Qualifikationen im Unternehmen häufig nicht mehr anerkannt und sie hat den Anschluss verpasst. Darüber muss ich mir als Selbstständige zum Glück keine Gedanken machen. Ein Karrieretyp bin ich nicht, es fiele mir nie ein, mich mit anderen zu messen oder in einer Hierarchie durchzuboxen. Ich bin froh, auf kleiner Flamme weiterarbeiten zu können, ohne mich nach anderen richten zu müssen. Nur mein Mann und ich sollten uns natürlich einig sein, aber wir sind ein eingespieltes Team.

Ungarn ist 2004 der EU beigetreten und galt damals als wirtschaftlicher Hoffnungsträger. Die internationale Krise 2008/09 traf unser Land besonders hart, die Konjunktur brach ein und sogar die lange als stabil geltende Währung, der Forint, gab stark nach. Die Menschen haben weniger Geld in der Tasche, gleichzeitig ist vieles teurer geworden. Zwischenzeitlich hat die Regierung eine sogenannte Flat Tax eingeführt, der Einkommenssteuersatz beträgt nun 16 Prozent, unabhängig vom Verdienst. Während Besserverdiener davon profitieren, schrumpfen die kleinen Einkommen und die Kluft zwischen Arm und Reich wird größer. Der Durchschnittslohn lag 2010 umgerechnet bei rund 450 Euro netto im Monat.

Unsere Regierung brüstet sich gern damit, sie würde jungen Familien unter die Arme greifen. Sicher, die staatlichen Kindergärten sind kostenlos und wir erhalten Elterngeld, doch durch die prekäre Wirtschaftslage wurden in den vergangenen Jahren einige Maßnahmen gekürzt oder sogar gestrichen. Die Bevölkerung schrumpft, sowohl die Geburtenziffern als auch die Beschäftigungsquote von Frauen in Ungarn zählen zu den niedrigsten innerhalb der EU. Für mich ist der Zusammenhang klar – es gibt kaum Betreuungsangebote für Kleinkinder, weshalb es sich Familien wirklich überlegen müssen, ob sie Kinder bekommen. Auf Mütter ist der Arbeitsmarkt nicht eingestellt.

Die Krise beeinträchtigt das Leben der meisten Ungarn, viele sind arbeitslos oder haben trotz Job finanzielle Schwierigkeiten. Arbeitslose unterstützt die Regierung stärker als arbeitende Mütter – sie können von den staatlichen Zuwendungen einigermaßen ordentlich leben, während Mütter von Kleinkindern den Großteil ihres Gehalts für deren Betreuung ausgeben müssen, wenn sie überhaupt einen Betreuungsplatz und einen Arbeitsplatz bekommen.

Bevor man in Ungarn an Kinder denkt, sollte man auf jeden Fall heiraten – ein uneheliches Kind ist noch heute ein kleiner Skandal. Nach der Geburt erhalten die Eltern eine einmalige Mutterschaftsunterstützung von 42.000 Forint (rund 150 Euro). Außerdem bekommen wir staatliches Kindergeld, es wird monatlich bezahlt, bis das Kind 18 Jahre alt ist. Nach der Geburt eines Kindes kann die Mutter drei Jahre lang zu Hause bleiben. Väter erhalten per Gesetz fünf freie Tage, die dreijährige Elternzeit können sie sich theoretisch mit den Müttern teilen. Der Mutterschutz kann vier Wochen vor der Geburt beginnen, insgesamt 168 Tage lang erhält die Mutter 70 Prozent ihres Durchschnittsgehalts der vergangenen zwei Jahre, wenn sie nachweisen kann, dass sie so lange sozialversichert war. Es gibt keine Obergrenze für diese monatlichen Zahlungen. Nach dieser Zeit kehrt die Mutter entweder zurück zur Arbeit oder sie beantragt bis zum zweiten Geburtstag des Kindes erweitertes Elterngeld. Dieses kann auch vom Vater oder einem Großelternteil in Anspruch genommen werden, vorausgesetzt die Person hat nebenher keine Einkünfte. Es beträgt ebenfalls 70 Prozent des vorherigen Gehalts, darf allerdings 90.000 Forint (circa 320 Euro) im Monat nicht übersteigen. Im dritten Lebensjahr des Kindes kann man noch maximal 27.000 Forint (knapp 100 Euro) monatlich an Elterngeld erhalten. Mit drei Jahren haben Kinder dann einen Rechtsanspruch auf einen Kindergartenplatz, ab dem fünften Lebensjahr ist der Besuch sogar Pflicht.

Bislang wohne ich mit meiner kleinen Familie in der Hauptstadt Ungarns. Mit circa 1,7 Millionen Einwohnern ist Budapest die mit Abstand größte Stadt des Landes, rund 17 Prozent der Bevölkerung leben hier. Budapest ist eine faszinierende Stadt und zieht mit großartigen Museen, Kaffeehäusern und – für eine Hauptstadt eher ungewöhnlich – Thermen und Bädern viele Touristen an. Architektonisch hat die Stadt an der Donau ebenfalls viel zu bieten, beispielsweise das Parlaments- und zahlreiche Jugendstilgebäude. Einige davon müssen dringend saniert werden, doch derzeit fehlt das Geld.

Unsere Wohnung liegt in Ferencvaros, dem neunten Distrikt im Südosten der Stadt. Das ist heute ein beliebtes Wohnviertel, eine relativ zentrale Alternative zur überfüllten Innenstadt. Die Infrastruktur ist hervorragend, in drei Minuten erreichen wir Straßenbahn, Bus oder U-Bahn, es gibt jede Menge Einkaufsmöglichkeiten und – inzwischen besonders wichtig – einen großen Kinderspielplatz. Doch das Verkehrsaufkommen ist hoch und entsprechend verschmutzt sind Luft und Straßen. Auch aus diesem Grund planen wir einen Ortswechsel. Unsere Wohnung wird langsam zu klein und wir träumen schon lange von einem Garten. In Kürze werden wir in eine Kleinstadt etwas außerhalb von Budapest ziehen. Noch kennen wir keinen Menschen dort, doch wir haben uns auf Anhieb in den Ort verliebt. Worauf ich mich besonders freue: Im selben Haus wohnen drei weitere Familien und alle haben kleine Kinder. Dániel wird also Spielkameraden haben. Die Luft dort ist sauberer, es ist ruhig und man kann sogar die Vögel singen hören.

Wir wünschen uns noch zwei weitere Kinder im Abstand von jeweils drei Jahren – die neue Wohnung hat drei Kinderzimmer. Beim dritten Kind werde ich unserer Planung nach 35 Jahre alt sein und danach möchte ich nicht mehr schwanger werden, denn Mütter über 35 gelten als »Risikopatientinnen« und müssen sich in Ungarn diversen zusätzlichen Untersuchungen unterziehen. Das will ich lieber vermeiden, außerdem soll das Risiko genetischer Defekte beim Kind mit dem Alter der Mutter steigen.

Ich selbst stamme aus dem Westen Ungarns, aus der Nähe des Plattensees, und habe eine fünf Jahre jüngere Schwester. Mein Vater ist leitender Ingenieur in einer Sandmine, meine Mutter unterrichtet als Grundschullehrerin. Nach der Familienpause arbeitete sie nachmittags (die Schulen in Ungarn bieten Ganztagsbetreuung an), mein Vater übernahm die Frühschicht von 6 bis 14 Uhr, somit war immer ein Elternteil für uns da. Das genossen wir Kinder sehr. Zudem lebten die Eltern meiner Mutter in derselben Stadt und kümmerten sich viel um uns, vor allem nachdem sie in Rente gegangen waren. Mein Opa war Mathematiklehrer und half mir oft bei den Schulaufgaben, vielleicht habe ich das Fach deshalb immer so geliebt. Leider starb er kurz vor unserer Hochzeit. Er fehlt mir sehr und ich wünschte, er hätte Dániel kennengelernt. Meine Oma dagegen ist noch sehr fit; sie vergöttert ihren Urenkel und strickt ihm am laufenden Band Pullover, Mützchen oder Söckchen. Meine Mutter und ich haben ihre Liebe zu Handarbeiten geerbt.

Ein typischer Tag beginnt für mich um 7 Uhr morgens, wenn mein Sohn für gewöhnlich aufwacht. Wir stehen auf und frühstücken zu zweit oder gemeinsam mit Zoltán. Nachdem ich aufgeräumt habe, spiele ich mit Dániel. Ist das Wetter gut, gehen wir auf den Balkon oder unternehmen einen Spaziergang durch unser Viertel. Gegen 11 Uhr wird Dániel wieder müde. Solange er schläft, kümmere ich mich um die Wäsche oder arbeite ein wenig. Wenn wir eine sehr schlechte Nacht hatten, lege ich mich auch mal eine Weile hin. Sobald mein Sohn wach wird, essen wir zu Mittag und spielen dann zu Hause. Anschließend unternehmen wir einen langen Spaziergang mit meiner Freundin und ihrer Tochter, die so alt ist wie mein Sohn. Gegen 18 Uhr sind wir wieder zu Hause; an guten Tagen kommt auch Zoltán dann bereits aus dem Büro. Wir essen zu Abend und schauen die Nachrichten im Fernsehen. Anschließend baden wir den Kleinen und gegen 21 Uhr schläft er meist schnell ein. Bis wir gegen 23 Uhr auch zu Bett gehen, bleibt Zoltán und mir ein wenig Zeit füreinander.

Mit meiner derzeitigen Situation als Mutter und Hausfrau war ich bislang zufrieden. In letzter Zeit häufen sich allerdings Phasen, in denen ich die Nase voll habe von meinem Dasein. Es wird Zeit, dass ich wieder meinen Kopf anstrenge, anstatt immer nur dieselben Kinderlieder zu singen.

Mein Mann arbeitet viel, früher teilten wir uns ja das Arbeitspensum. Angestellte haben wir nicht, aber freie Mitarbeiter, die unter seiner Anleitung Entwürfe zeichnen. Außerdem übernehme ich kleinere Aufgaben. Wenn Zoltán nicht arbeitet, ist er immer bei uns, und das ist wirklich gut. Seit ich Mutter bin, hängt der Haushalt an mir; hat mein Mann Zeit, hilft er aber ausgesprochen gern. Er sagt, er genieße die »mentalen Pausen«, in denen er etwas tun kann, ohne nachzudenken, wie zum Beispiel Wäsche aufhängen. Nur die Toilette mag er nicht putzen. Dafür übernimmt er die Fenster, was mir wiederum zuwider ist. Leidenschaftlich gern spielt er mit unserem Sohn; wenn sie zusammen zum Spielplatz gehen, habe ich ein bisschen Pause oder kann an einem Bauprojekt arbeiten. Die beiden spielen wie typische Jungen: Ballspiele, Verstecken, Raufen. Ich schaue ihnen unheimlich gern dabei zu, sie sind ein großartiges Gespann.

Als Dániel gerade eine Woche alt war, sagte mein Mann zu mir: »Geh einfach spazieren, geh an die frische Luft.«

Er kümmerte sich so lange um das Baby und ich konnte in Ruhe durchatmen. Das bedeutete mir viel.

Ich würde mich nicht gerade als unkomplizierten Typ beschreiben. Als Ingenieurin denke ich im Allgemeinen logisch, kann aber auch sehr emotional sein und nur schwer objektiv bleiben. Manchmal bin ich wirklich stur und mache genau das Gegenteil von dem, was mir andere raten. Ich kann sehr enthusiastisch sein, langweile mich aber auch schnell und lasse Dinge bald wieder bleiben. So würde ich zum Beispiel gern abnehmen, schaffe es aber nicht, mich lange genug an Diätpläne zu halten. Ich bin leidenschaftlich und kann mit ganzem Herzen lieben, aber auch hassen. Auch bin ich längst nicht so gesellig, wie meine Freunde glauben. Natürlich genieße ich die gemeinsamen Stunden mit ihnen, doch ich brauche regelmäßig Zeit für mich, will allein sein und mit niemandem sprechen. Das war für mich die einschneidendste Veränderung als Mutter – von meinem Sohn kann ich keine Auszeit nehmen. Das Alleinsein vermisse ich am meisten. Will ich etwas ohne Dániel unternehmen, muss ich das gut organisieren. Seine Patin lebt nicht allzu weit entfernt und passt gern auf ihn auf, sofern sie Zeit hat. Wenn wir am Wochenende etwas vorhaben, bitten wir die Großeltern um Hilfe.

Obwohl ich nicht viel arbeite, bleibt mir kaum Zeit für Hobbys. Ich lese leidenschaftlich gern, das ist meine liebste Freizeitbeschäftigung. Musik mag ich ebenfalls. Einige Jahre lang spielte ich Gitarre und sang auch in einem Chor. Ich stricke gern und meine neueste Passion sind Kreuzsticharbeiten. Meine kleine Familie und ich verbringen zudem viel Zeit mit unserer Verwandtschaft. Zoltán hat zahlreiche Cousins und Cousinen, die in ganz Ungarn verstreut leben und die wir oft besuchen.

Ungarn ist für viele Europäer ein klassisches Urlaubsland, mit dem Balaton hat es den größten See Mitteleuropas. Bekannt sind die Ungarn auch für ihre kulinarischen Spezialitäten wie Gulaschsuppe, Tokajer Wein, Dobostorte, Lángos oder Palatschinken. Wenn es um Mütter geht, gibt sich die Tourismusdestination wenig aufgeschlossen, die Denkmuster scheinen althergebracht:

Kleine Kinder gehören zur Mutter. Das erschwert es jungen Müttern natürlich, wieder in den Beruf zurückzukehren. Zudem sollen ungarische Frauen möglichst früh Kinder bekommen, denn ab 35 Jahren steigt das Risiko von Gendefekten beim Kind und als »Risikopatientin« wird aus der Schwangeren eine »Kranke«. Das gilt natürlich nicht nur in Ungarn, doch dort scheint der gesellschaftliche Druck auf die Frauen besonders groß zu sein.

-13-

LEBEN IM LAND DER GEGENSÄTZE

GALIT (37),
LADENINHABERIN,
2 KINDER,
TEL AVIV

Tel Aviv ist das wirtschaftliche Zentrum Israels und nach Jerusalem die zweitgrößte Stadt des Landes, über das wir viel in den Nachrichten hören und doch wenig wissen. Aufgeklärt und ultraorthodox zugleich, hochtechnologisch und alttestamentlich, demokratisch und militärisch – Israel hat viele Gesichter. Ich war neugierig auf den Alltag in diesem Land und sprach darüber viele Male mit Galit (37). Die temperamentvolle und herzliche Israelin war mir mit ihrer direkten Art auf Anhieb sympathisch. Tel Aviv ist ihre Heimat, dort lebt sie mit Tochter Liora (11) und Sohn Noam (8) und ist in zweiter Ehe verheiratet. Seit rund einem Jahr betreibt die ehemalige Bankangestellte ein Fachgeschäft für Haarkosmetik.

»Eiserne Jungfrau« nannte mich meine Freundin als Teenager, denn obwohl viele Jungs Interesse zeigten, war ich ihnen gegenüber sehr reserviert und vorsichtig. Ich stamme aus einer religiösen Familie und mein Vater ist Rabbi, ein jüdischer Gelehrter. »Tu dies nicht, tu das nicht. Und keine Heimlichkeiten, wir bekommen alles raus«, hörte ich oft von ihm. Deshalb hatte ich immer Angst, etwas falsch zu machen.

Bereits mit 18 lernte ich meinen späteren Mann David kennen. Er spielte in der Mannschaft von Maccabi Tel Aviv und war ein relativ bekannter Fußballer. Mein Leben schien klar vorgezeichnet: Schule, Armee, Studium, Heirat, Kinder.

Wenn es nach meinem Vater gegangen wäre, hätte ich schon mit 21 geheiratet. Als ich es mit knapp 24 schließlich tat, musste ich mir anhören: »Warum hast du so lange gewartet? Jetzt bist du zu alt, du musst doch Kinder bekommen.«

Für religiöse Israelis ist es ganz normal, mit Anfang zwanzig zu heiraten. Viele meiner Freunde wurden jedoch säkular erzogen, sie genossen größere Freiheiten und heirateten erst mit Ende zwanzig oder sind nach wie vor Single. Obwohl mein Leben heute nicht mehr so stark religiös geprägt ist, sind mir die Feiertage im Kreis meiner Familie sehr wichtig.

Ich bin das dritte von vier Kindern und habe zwei Schwestern und einen Bruder. Meine Mutter ist Krankenschwester. Nach der Scheidung von meinem Vater übernahm sie regelmäßig Nachtschichten, um unsere Ausbildung finanzieren zu können.

Mit 18 wurde ich zur Armee eingezogen. Israel hat eine der stärksten Armeen im Nahen Osten. Männer leisten drei Jahre lang Wehrdienst, Frauen zwei. Vom Militärdienst befreit sind ultraorthodoxe Juden, israelische Araber und nichtjüdische, schwangere oder verheiratete Frauen. In unserer Gesellschaft ist es selbstverständlich, nach der Schule zunächst zur Armee zu gehen. Wir Israelis sind alles andere als ein homogenes Volk, nach der Staatsgründung 1948 kamen jüdische Immigranten aus allen Teilen der Welt hierher. Neben unserer Sprache, Hebräisch, sollte auch die allgemeine Wehrpflicht dabei helfen, eine neue israelische Identität zu fördern.

Ich hatte keine Ahnung, was bei der Armee auf mich zukommen würde.

Nach der Grundausbildung bekommt jeder eine Aufgabe zugewiesen. Da ist kein Platz für eine eigene Meinung, als guter Israeli hast du deinen Dienst abzuleisten, wo du gebraucht wirst. Mich setzte man als Lehrerin ein, was mir sehr gut gefiel. Ich unterrichtete die frisch eingezogenen Soldatinnen und Soldaten über die Geschichte und Moral der israelischen Armee. Alle zwei Wochen bekam ich neue Schüler und mit der Zeit wurde es ein wenig langweilig, immer wieder dasselbe zu erzählen. Dennoch wollte ich von da an Lehrerin werden; ich dachte wohl: Jetzt weiß ich ja, wie das geht.

Am Levinsky College in Tel Aviv absolvierte ich eine Ausbildung zur Lehrerin für die ersten beiden Grundschulklassen. Doch als ich das israelische Bildungssystem näher kennenlernte, verging mir die Lust auf diesen Beruf gründlich. Es wirkte auf mich wie ein starres, verstaubtes Gebilde und zu allem Überfluss werden Lehrer auch noch schlecht bezahlt, egal wie sehr sie sich engagieren. Ich jobbte, um Geld zu verdienen, und begann nebenher ein Fernstudium an der Open University, wo ich Kurse in Betriebswirtschaft, Soziologie, Psychologie und Personalwesen belegte.

David und ich hatten inzwischen geheiratet. Nach Lioras Geburt wurde es schwieriger für mich, Arbeit und Fernstudium miteinander zu vereinbaren, obwohl David und meine Mutter sich viel um die Kleine kümmerten.

Berufstätige Frauen haben bei uns Anspruch auf 14 Wochen bezahlten Mutterschutz nach der Geburt. Für die Berechnung wird der monatliche Bruttolohn mal drei genommen und auf 98 Tage (14 Wochen) verteilt; verdient eine Frau also 7000 Schekel im Monat (rund 1400 Euro), erhält sie für die gesamte Zeit des Mutterschutzes 21.000 Schekel. Im Anschluss können Mütter noch drei Monate lang unbezahlt zu Hause bleiben. Als ich mit Noam schwanger war, arbeitete ich bis zum Geburtstermin und ging am Abend ins Krankenhaus, um meinen Sohn zur Welt zu bringen (zufällig kam er genau an diesem Tag).

Es gilt als normal, ein Kind zu bekommen und bald wieder zu arbeiten. Vermutlich ist das ein Relikt aus den Anfangszeiten unseres Staates. Damals lebten viele Israelis in einem Kibbuz, wo bereits neugeborene Babys im Kinderhaus abgegeben werden konnten. Doch in der individualisierten Gesellschaft von heute brauchen Familien eine private Kleinkindbetreuung. Die verschlingt oft einen Großteil des Einkommens. Für viele Eltern ist sie wie eine zweite Hypothek, mit umgerechnet 400 bis 600 Euro monatlich pro Kind kostet sie beinahe so viel wie die Miete. Wer großes Glück hat, ergattert einen Platz in einer halböffentlichen Kita – dort zahlen die Eltern gestaffelt nach Einkommen.

Das Kindergeld kannst du vergessen, mit umgerechnet 60 Euro im Monat für zwei Kinder konnte ich höchstens die Windeln finanzieren. Geld vom Staat sprudelt erst, sobald du mehr als vier Kinder hast. Selbst als Studentin mit Kind bekam ich nicht mehr vom Staat als ein bisschen Kindergeld. Verärgert schrieb ich an den Bildungsminister und wollte wissen, warum nicht auch Kleinkinder in staatliche Kindergärten gehen können und wieso junge Familien kaum finanzielle Unterstützung erhalten. Ich bekam zur Antwort, wir seien kein sozialistisches Land. Ja, wir sind ein sehr kompliziertes Land mit großen Sicherheitsproblemen und der Großteil der Staatsgelder wird ausgegeben für die Armee und den Schutz des Landes.

Das Militär ist in unserem Alltag sehr präsent: An Straßenecken, in Einkaufszentren – überall sieht man Soldatinnen und Soldaten, die Taschen kontrollieren und für Sicherheit sorgen. Busfahren gilt als riskant, doch es gibt auch Anschläge auf Taxis. Bis vor Kurzem fuhr ich mit dem Bus zur Arbeit, schlicht und einfach, weil es schier unmöglich ist, in Tel Aviv einen bezahlbaren Parkplatz zu finden. Ich bin aufgewachsen mit der ständigen Bedrohung durch Bomben und Terror und kenne es nicht anders. Zur Zeit des Golfkriegs war ich ein Teenager und verließ das Haus nicht ohne Gasmaske, morgens packte ich sie zusammen mit Büchern und Stiften in meine Schultasche. Wenn die Sirene heulte, gingen wir für drei Minuten in den nächstgelegenen Schutzraum. Ich habe mir kaum Gedanken darüber gemacht. Viele Menschen halten Israel für ein gefährliches Pflaster, aber wirklich sicher ist man nirgends auf der Welt.

Unser Land ist ein Land der Gegensätze. Israel ist ein innovativer Hightech-Standort, moderne Israelis achten auf ein gepflegtes Äußeres und gehen mit der Zeit. Mobiltelefone zum Beispiel waren bei uns längst verbreitet, als europäische Geschäftsleute höchstens ein Autotelefon hatten. In anderen Bereichen scheint die Zeit stehen geblieben zu sein, zum Beispiel in den Wohnvierteln der ultraorthodoxen Juden. Sie haben häufig zehn und mehr Kinder und müssen selten Steuern zahlen, nicht einmal die Hälfte der ultraorthodoxen Männer geht einer bezahlten Arbeit nach.

Zum Militärdienst werden sie auch nicht eingezogen. Viele Israelis sehen nicht mehr ein, warum sie für die Sicherheit und den Lebensunterhalt immer mehr Frommer aufkommen sollen – vor allem angesichts der Tatsache, dass sie selbst oft kaum genug zum Leben haben. Deshalb gingen auch in diesem Sommer Menschen in Tel Aviv auf die Straße und protestierten gegen Wohnungsnot, hohe Steuern und Lebenshaltungskosten. Nicht nur die private Kinderbetreuung, das ganze Leben in Israel ist teuer: Mieten und Lebensmittelpreise sind in den vergangenen Jahren stark gestiegen, beim Autokauf beispielsweise fallen rund 100 Prozent Steuern an.

Nach der Geburt meines Sohnes und dem Abschluss meines Zweitstudiums war ich auf der Suche nach einem Job. Ich hätte gern in Teilzeit gearbeitet, andererseits brauchten wir dringend Geld. Eine große Bank in Tel Aviv bot mir eine Stelle als Assistentin eines leitenden Angestellten an – in Vollzeit. Täglich nahm ich den Bus in die Innenstadt, je eine Stunde hin und zurück. Nach einem mindestens zehnstündigen Tag warteten zu Hause meine Kinder, wollten mit mir spielen und verlangten meine ganze Aufmerksamkeit. Es machte mir sehr zu schaffen, nicht genug für sie da sein zu können. David arbeitete bei derselben Bank als Sicherheitsmann in Teilzeit, so konnte er sich um die Kinder kümmern.

Als mein Chef pensioniert wurde, riet er mir zu einer Fortbildung, wollte meine Karriere fördern. Ich wäre lieber in die Personalabteilung der Bank gewechselt, folgte aber seinem Rat und ging als Sachbearbeiterin in den lukrativeren Trading-Bereich, wo Aktien und Anleihen gehandelt werden. Hätte ich nur auf meinen Bauch gehört. Der Dauerstress setzte mir zu, außerdem meine Chefin, die sich ständig in meine privaten Angelegenheiten einmischte. Immer häufiger litt ich unter Kopfschmerzen und mit der Zeit graute mir davor, zur Arbeit zu gehen.

Auch zu Hause gab es Probleme. 16 Jahre lang waren David und ich bereits ein Paar, er hatte mir einmal die Welt bedeutet.

Doch als ich herausbekam, dass er mich betrog, war ich zutiefst verletzt. Nach unserer Trennung eskalierte die Situation in der Bank. David hatte die Kinder bis dahin zur Schule gebracht, als Alleinerziehende musste ich nun Vollzeitjob und Kinderbetreuung bewältigen. Die Schule begann um 8 Uhr, doch da hatte ich bereits im Büro zu sein.

»Kann ich eine halbe Stunde später anfangen und die Zeit am Abend dranhängen?«, fragte ich meine Chefin.

Sie lehnte kategorisch ab: »Ich war auch eine junge Mutter und habe gearbeitet. Glaub nicht, dass ich für dich eine Ausnahme mache.«

Der Vergleich hinkte, denn sie hatte einen Ehemann, mit dem sie sich die Kinderbetreuung hatte teilen können. Zunächst gab ich klein bei und setzte Liora und Noam schon um 7:15 Uhr an der Schule ab. Wie sie da ganz allein vor dem Schultor standen, das erst 35 Minuten später geöffnet werden würde, war zum Heulen. Ich konnte ihnen das auf Dauer nicht antun, sie hatten schon genug zu leiden unter der Trennung. Also nahm ich den Ärger in Kauf und erschien fortan zu spät zur Arbeit – wenn auch nicht mehr lange.

Es hört sich verrückt an, doch als ich den Mut aufgebracht hatte, mich scheiden zu lassen, fand ich auch den Mut, zu kündigen und mein Leben selbst in die Hand zu nehmen. Viele Freunde und Bekannte reagierten verwundert bis verständnislos: In deiner Situation gibst du einen sicheren Job auf und eröffnest einen Laden? Doch ich habe gelernt, dass Arbeit mehr sein kann, als Geld zu verdienen. Ich möchte meine Zeit mit etwas verbringen, was mir Freude macht.

Heute habe ich ein Fachgeschäft für Haarkosmetik. Auf die Idee brachte mich mein Bruder. Er arbeitete schon mit Pferden, handelte später mit Autolacken und besitzt heute eine Kette mit zehn Geschäften für Haarpflegeprodukte in ganz Israel – eines davon führe ich. Ich selbst habe langes blondes Haar und achte sehr auf mein Äußeres. Mir gefiel der Gedanke, Menschen zu beraten. Zunächst besuchte ich Kurse und Workshops bei Firmen wie Wella, Shiseido und Schwarzkopf und las viel über Haare und Haarkosmetik. Das mag komisch klingen, aber ich finde dieses Thema ungemein spannend und das Wissen flog mir nur so zu. Wir verkaufen Haarkosmetik aus China, Japan, Deutschland und den USA und finden für jeden Kunden das passende Produkt. Denn meine Landsleute stammen ursprünglich aus der ganzen Welt und haben je nach Herkunftsregion ganz unterschiedliche Haartypen.

Ich betreibe das Geschäft zusammen mit einer Partnerin und wir stehen abwechselnd im Laden. Er liegt in einem Einkaufszentrum, das die ganze Woche über geöffnet hat – ich habe also kein Wochenende mehr, nur alle 14 Tage einen freien Tag. Das ist nicht so schlimm, da die Kinder ebenfalls sechs Tage die Woche zur Schule gehen. Außerdem arbeite ich nur noch sechseinhalb Stunden am Tag und wohne ganz in der Nähe. Sonntag ist der erste Arbeitstag der Woche. Während des Sabbats – von Freitagnachmittag bis Samstagabend – arbeiten wir nicht, doch er endet um 20 Uhr und anschließend stehe ich dann jede zweite Woche bis 22 Uhr im Laden.

Allein für meine Kinder verantwortlich zu sein fällt mir schwer. Ich frage mich oft: Habe ich richtig entschieden? Wie kann ich nächstes Mal besser reagieren?

Wenn die Kinder von der Schule kommen, bin ich oft im Laden. Erst heute Morgen habe ich den beiden eingeschärft: »Bitte macht keine Sauerei! Ich habe Reis und Schnitzel vorgekocht, das wärmt ihr euch bitte auf, wenn ihr von der Schule kommt. Außerdem habe ich Salat vorbereitet.« Danach bleiben sie der Küche hoffentlich fern. Manchmal macht sich Noam nur einen Kakao und die Küche sieht anschließend aus, als wäre sie von einem Tornado verwüstet worden. In ihren Zimmern sollen sie auch nicht essen, aber gestern habe ich in Noams Papierkorb klebrige Essensreste entdeckt, die vor mir bereits einer Horde Ameisen aufgefallen waren.

Die Beziehung zu meinen Eltern ist nach wie vor eng. Sie sind selbst geschieden und haben – gerade während der Trennung von meinem ersten Mann – immer zu mir gehalten. Meine Mutter lebt in der Nachbarschaft, sie arbeitet nur noch fünf Stunden am Tag als Krankenschwester und kümmert sich oft um meine Kinder. Wenn ich nachmittags arbeite, sind sie nach der Schule häufig bei ihr. Zu meinem Vater sind es mit dem Auto 15 Minuten. Als ich plötzlich auf mich allein gestellt war, half er mir mit den Einkäufen und im Haushalt. Schon das Wechseln einer Glühbirne oder ein verstopfter Waschmaschinenfilter waren Herausforderungen für mich, denn ich bin immer Teil eines Familienverbandes gewesen, in dem die Aufgaben klar verteilt gewesen sind.

Ob strenggläubig oder säkular, wir Israelis sind absolute Familienmenschen. Schon als kleine Mädchen träumten meine Freundinnen und ich davon, zu heiraten und eine große Familie zu haben. Auch wenn der Staat jungen Familien kaum unter die Arme greift, werden in Israel mehr Kinder geboren als in anderen Industrienationen. Finanzielle Überlegungen spielen dabei kaum eine Rolle, darüber denkt man bei uns nicht nach, wenn es um Babys geht. Eine durchschnittliche Familie in Israel hat zwei bis drei Kinder, viele meiner Freunde haben sogar vier oder fünf. Die Kinderliebe hat aber auch Schattenseiten – Familien mit zehn Kindern, die bettelarm sind. Immer wieder lese ich in der Zeitung, dass die Kriminalität zunimmt und die Kinderarmut extrem hoch ist, mehr als ein Drittel aller Kinder in Israel lebt in Armut.

Mein eigener Traum von einer großen Familie ist mit der Scheidung geplatzt. Doch ich habe einen wunderbaren Mann getroffen und bin seit einem halben Jahr wieder sehr glücklich verheiratet. Amir hat einen kleinen Sohn. Meine Kinder sind ganz verrückt nach ihm und lieben ihn wie einen Bruder, für mich ist er ein drittes Kind – auch wenn er die meiste Zeit bei seiner leiblichen Mutter lebt. Meine Beziehung zu Amir begann mit einem verrückten Zufall. Ich hatte gerade beschlossen, mich scheiden zu lassen, und wollte mit meinem Freund Felix darüber sprechen.

»Ich habe schlechte Nachrichten«, sagte ich am Telefon zu ihm.

Er antwortete: »Heute nicht, ich habe schon genug unschöne Geschichten gehört für einen Tag.«

Ich war entrüstet und nannte ihn einen schlechten Freund, doch er beschwichtigte mich und schlug ein Treffen für den Abend vor, um in Ruhe zu sprechen. In einer Kneipe erzählte ich ihm von meiner großen Enttäuschung, weinte und schimpfte über meinen Noch-Ehemann.

Später entschuldigte er sich, weil er am Morgen so kurz angebunden gewesen war: »Als du anriefst, saß mein bester Freund vor mir, der seine Frau gerade mit einem anderen Kerl überrascht hatte. Dabei haben die beiden ein kleines Baby. Ich hatte Angst, er würde mir vor meinen Augen zusammenklappen.« Dann fiel ihm ein: »Aber du kennst ihn doch aus dem Fitnessclub, es ist Amir!«

Natürlich konnte ich mich an den Geschäftsführer meines ehemaligen Fitnessstudios erinnern und auch an seine Frau, mit der ich bei der Bank geschäftlich Kontakt hatte. Spontan sagte ich: »Das gibt es doch gar nicht. Los, wir rufen ihn an!« Felix hielt mich für verrückt, es war mittlerweile 2 Uhr morgens. Aber ich wischte seine Bedenken beiseite: »In der Situation kann sowieso kein Mensch schlafen.«

Wir erreichten Amir nicht, doch am nächsten Tag rief er mich zurück und wir verabredeten uns auf einen Kaffee. Es tat uns beiden gut, mit jemandem zu sprechen, dem das Gleiche widerfahren war. Ich gab ihm die Nummer meines Scheidungsanwalts. Danach telefonierten wir beinahe jeden Tag und nach einiger Zeit merkte ich, dass ich mehr für ihn empfand als Freundschaft. Doch er fühlte sich noch nicht bereit für eine neue Beziehung; vielleicht hatte ich ihn überrumpelt.

Einige Tage später rief er mich an: »Ich habe nachgedacht über uns, Galit, und ich empfinde genauso.«

Mein Herz hüpfte. Liora und Noam erzählte ich zunächst nichts davon. Irgendwann nahm ich meine Tochter beiseite und sagte ihr, ich würde ihr und ihrem Bruder gern einen Freund vorstellen.

Liora ist sehr feinfühlig und nach einiger Zeit meinte sie: »Mama, ich glaube, Amir ist verliebt in dich. Wenn du genauso fühlst, solltest du seine Freundin werden.«

Ich war sehr erleichtert über dieses Einverständnis, denn sie war seit der Scheidung sehr dünnhäutig und weinte bei jeder Gelegenheit.

Offiziell soll David seine Kinder zweimal die Woche sehen, doch er sagt oft kurzfristig ab. Das ist schwer zu verstehen für die beiden, er fehlt ihnen und ich hoffe für sie, dass er bald zur Vernunft kommt. Seit der Trennung hat er sich sehr verändert. Er bezahlt beispielsweise keinen Kindesunterhalt, weshalb wir uns bald vor Gericht treffen. Ich denke, er hat es nicht verwunden, dass ich mich von ihm getrennt habe. Er wollte sich eine Hintertür offen halten und zu uns zurückkehren, falls es mit der anderen nicht klappen würde. Aber nicht mit mir. Ich war viel zu verletzt und wollte ihn nicht zurück. Daher sah ich auch keinen Grund zu warten, denn meine Religion hätte es mir nicht erlaubt, als verheiratete Frau einen anderen Mann kennenzulernen. Und meine Familie unterstützt mich so sehr, dass ich sie auf keinen Fall enttäuschen wollte.

Zum Glück gehen meine Kinder inzwischen von 8 bis 15 Uhr zur Schule und ich bin die Geldsorgen wegen der Kinderbetreuung los. Erst mit fünf Jahren durften die beiden damals in den staatlichen Kindergarten. Inzwischen hat das israelische Parlament beschlossen, dass Kinder bereits mit drei ein Recht auf staatliche und damit kostenlose Betreuung haben. Die Realität sieht jedoch anders aus. Vor ein paar Wochen wollten Amir und ich seinen kleinen Sohn dafür anmelden und man sagte uns: »Für Kinder, die im Juli oder später geboren wurden, haben wir keine Plätze mehr. Sie müssen noch ein Jahr warten.«

Diese Unterscheidung ist doch unsinnig. Der Staat sollte die Betreuungskosten übernehmen oder zumindest dafür sorgen, dass sie für alle bezahlbar sind. Doch ein Staat, dessen Existenzrecht von seinen Nachbarn teilweise infrage gestellt wird, kann wohl nur darauf bauen, dass seine Bürger an ihre Zukunft glauben – und Kinder bedeuten Zukunft. Wir sind ein kompliziertes Land, aber ich kenne kein anderes Leben.

Galit ist eine ebenso schöne wie starke Frau; in unseren Gesprächen flackerte immer wieder ihr Temperament auf. Mir gefällt vor allem, wie sie ganz im Augenblick zu leben scheint. Vermutlich hängt diese Einstellung mit ihrer Heimat zusammen, die selbst von seriösen Nachrichtensprechern als »Pulverfass« bezeichnet wird. Doch ihre Geschichte zeigt auch: Unabhängig von den äußeren Umständen gibt es im Alltag berufstätiger Mütter viele Parallelen – zum Beispiel zuckersüße Kinder, die eine Küche in null Komma nix in ein Schlachtfeld verwandeln können. Einer der größten Unterschiede im Vergleich zu Deutschland ist für mich die Kinderfreundlichkeit der Israelis. Obwohl der Staat jungen Familien finanziell kaum unter die Arme greift, werden in Israel mehr Kinder geboren als in anderen Industrienationen. Israelis seien absolute Familienmenschen, so Galit. Sie denken nicht an Kosten, wenn es um Kinder geht. Weil Kinder zum Leben dazugehören.

KUNTERBUNT: DIE REISE DES LEBENS

ASTRID (36),
DERZEIT LEHRERIN
IN ELTERNZEIT,
2 KINDER,
STAVANGER

Schon als Kind sang Astrid (36) im Leipziger Opernchor. Seit 1998 lebt die musikalisch und sportlich begabte Deutsche vorwiegend im norwegischen Stavanger, unter anderem als Campingplatzbetreiberin, Kellnerin, Volleyballspielerin und -trainerin, Kindergärtnerin, Lehrerin, Dozentin, Sängerin und Musikerin. Mit ihrem Mann Kjetil hat sie zwei Kinder: Matteo (3 Jahre) und Isabella (6 Monate).

Aufgewachsen bin ich in Ostdeutschland; als die Mauer fiel, war ich 13 Jahre alt. Die Wende markierte einen tiefen Einschnitt in meinem Leben – was bis dahin wahr gewesen war, galt plötzlich nicht mehr. Meine Mutter war politisch sehr engagiert und hatte im kirchlichen Untergrund von Leipzig aus an dieser friedlichen Revolution mitgewirkt, ständig überwacht durch die Staatssicherheit. Den Umsturz hatten wir herbeigesehnt und doch kaum für möglich gehalten. Das Ende der DDR setzte auch einen Schlusspunkt unter meine Kindheit.

Ich war damals aktiv im Leipziger Opernchor für Kinder und Jugendliche. Zu DDR-Zeiten wurde dieses Engagement gefördert und ließ sich gut vereinbaren mit der Schule. Nach der Wende änderte sich das. Der Druck in der Schule stieg, die verunsicherten Lehrer verlangten uns sicherheitshalber mehr Leistung ab und meine bis dahin guten Noten rasselten erst einmal in den Keller. Mitschuld hatte eine gewisse Orientierungslosigkeit. Denn vorher war für mich klar gewesen, dass ich Musik studieren würde. Wäre ich in der DDR nicht als Solistin angestellt worden, dann zumindest als Chorsängerin. Im Westen gab es solche Sicherheiten nicht. Dafür gab es die Freiheit zu reisen, die Welt stand uns offen und ich wollte so viel wie möglich erleben, mitnehmen und ausprobieren.

Nach dem Abitur war es mir wichtig, ordentlich Englisch zu lernen. In der DDR hatten wir in der siebten Klasse einmal pro

Woche Englischunterricht gehabt, doch da meine Lehrerin nach drei Monaten ins Babyjahr gegangen war, war der Unterricht ausgefallen und hatte erst wieder in der neunten Klasse begonnen. Ich träumte davon, ein Jahr in England oder den USA zu verbringen. Da ich immer schon gut mit Kindern umgehen konnte, ging ich als Au-pair in die USA, wo mich eine mit meiner Mutter befreundete Familie aufnahm. Der Familienvater war Pastor und eröffnete mir bei meiner Ankunft in Seattle, dass er eine neue Stelle in Norwegen habe und die Familie einen Monat später nach Stavanger umsiedeln werde. Ob ich nicht Lust hätte, mitzukommen? Etwas überrumpelt sagte ich Ja und schaute sicherheitshalber auf der Landkarte nach, ob dieses Land auch da lag, wo ich es vermutete. Zunächst aber wollte ich Englisch lernen. Ich verbrachte den Monat bei meiner Gastfamilie und reiste anschließend zwei Monate lang mit Bus und Zug an der Westküste entlang und durch Kanada. Das restliche Jahr lebte ich als Au-pair in Stavanger mit der amerikanischen Familie, lernte weiter Englisch sowie etwas Norwegisch und stellte mit der Zeit fest, dass mir das Land besser gefiel als die USA. Dabei hatte Norwegen auf mich anfangs alles andere als einladend gewirkt: Hier in der Gegend wird nicht offen gegrüßt, meist nicken sich die Leute nur zu. Fremden gegenüber sind Norweger oft verschlossen. Da ich kurz zuvor allein durch Nordamerika gereist war, wo Small Talk selbstverständlich ist, wirkte der Unterschied besonders frappierend.

Mit der Zeit gewann ich Freunde, denn ich sang im Chor, war aktiv im Sportverein und traf dadurch immer wieder dieselben Menschen. Diese Freundschaften, die ich vor 18 Jahren geschlossen habe, bestehen bis heute. Das ist bezeichnend für die Norweger: Wenn man es geschafft hat, hier Freunde zu finden, bleiben sie es ein Leben lang.

Neben meinen musikalischen und sportlichen Aktivitäten war auch meine Reiselust ungebrochen. Meine vielen Interessen ließen sich nicht so recht mit einem Musikstudium vereinbaren, zu der

Zeit hatte ich außerdem stimmliche Probleme. Nach dem Jahr als Au-pair ging ich in Leipzig zur Studienberatung. Man riet mir zu einem Magisterstudium – damit hätte ich später viele Möglichkeiten. Ich entschied mich für Erziehungswissenschaften und wählte als Nebenfächer Amerikanistik und Psychologie.

Mein Studium in Leipzig wurde überschattet von persönlichen und familiären Problemen. Mein damals mangelndes Selbstbewusstsein machte mir schwer zu schaffen. Schon in Norwegen hatte ich eine Essstörung entwickelt, aus der im Laufe der Zeit eine heftige Bulimie wurde. Jahrelang täuschte ich meine Umgebung durch meine Fassade und mein sportliches Engagement darüber hinweg. Irgendwann konnte ich nicht mehr und entschloss ich mich zu einer Therapie. Rückhalt fand ich in dieser Zeit beim Singen, das hielt mich lebendig.

Der Kontakt zu meiner Au-pair-Familie war eng geblieben, jedes Jahr verbrachte ich einige Wochen bei ihnen, um Urlaub zu machen oder auf die Kinder aufzupassen. Bei einem dieser Besuche kam ich 1998 mit meinem ersten norwegischen Freund Morten zusammen. Ich kannte ihn noch aus meiner Zeit als Au-pair-Mädchen, er war mein Volleyballtrainer gewesen. Er ahnte nichts von meiner Erkrankung, doch verliebt, wie ich war, vertraute ich mich ihm bald an. Er nahm mein Problem sehr ernst und unterstützte mich; gemeinsam fanden wir eine sehr gute Ärztin in Berlin und einen Therapeuten an der psychosomatischen Klinik. Nach einem Jahr, in dem ich mit Behandlung, Studium und Fernbeziehung ziemlich beschäftigt gewesen war, entschloss ich mich, vier Semester Auszeit vom Hörsaal zu nehmen.

Morten hatte kurz zuvor das Angebot erhalten, den Campingplatz in Stavanger zu pachten. Zu zweit übernahmen wir das Management und schufteten wie wild, um uns eine geplante Reise finanzieren zu können: sieben Monate durch Mittel- und Südamerika. Danach arbeiteten wir wieder auf dem Campingplatz, zudem waren wir beide sportlich sehr aktiv. Daneben widmete ich mich, soweit es ging, der Musik. Mein Studium übertrug ich irgendwann, als ich längst in Norwegen sesshaft geworden war, von der Uni Leipzig auf die Fernuniversität Hagen. Auch die Therapie meiner Essstörung setzte ich über Jahre hinweg fort. Seit 2004 sind die Symptome übrigens komplett verschwunden. Heute genieße ich gutes Essen und koche gern. Aber die Erkrankung hat mich sehr geprägt, ich habe dadurch gelernt, wer ich bin, was ich will und kann. Es war wie eine Reise zu mir selbst.

Kurz vor meinem dreißigsten Geburtstag nahm mein Leben eine entscheidende Wendung. Auf der Kostümparty einer Freundin lernte ich Kjetil kennen – und erzählte ihm, dass ich drei Monate später heiraten würde. Morten und ich hatten tatsächlich beschlossen, diesen Schritt zu gehen. Die Einladungen waren verschickt und die grobe Planung stand. Kjetil und ich unterhielten uns intensiv und seine direkten Fragen brachten die sowieso schon in mir brodelnden Gedanken zum Kochen: Was würdest du denn gern tun, anstatt auf dem Campingplatz zu arbeiten? Was wäre, wenn du die Chance hättest, mehr Musik zu machen?

Nach diesem Abend dachte ich viel über mein Leben nach und erkannte, dass ich nicht alles haben konnte. Unter anderem wurde mir klar, dass ich unbedingt einen Studienabschluss schaffen wollte. Zu der Zeit wurde die Studienordnung umgestellt von Magister auf Bachelor und Master, damit stand ich plötzlich unter Zeitdruck. Doch solange ich auf dem Campingplatz arbeitete, im Volleyball aktiv war und Musik machte, würde ich den Magister nie rechtzeitig schaffen. Volleyball liebte ich, doch hätte ich wählen müssen zwischen Sport und Musik, hätte ich mich für die Musik entschieden. Immer mehr stellte ich mein damaliges Leben infrage. Mir wurde bewusst, dass meine Gefühle für Morten nur noch freundschaftlicher Natur waren. Beim Sport und bei der Arbeit waren wir ein eingespieltes Team, doch in unserer Paarbeziehung war die Leidenschaft nach und nach verloren gegangen. Gleichzeitig war ich heftig verliebt in Kjetil. In ihm habe ich wirklich einen Seelenverwandten gefunden.

Ich sagte die Hochzeit ab. Mein Entschluss traf Morten sehr hart und auch viele unserer Freunde und Verwandten waren enttäuscht. Im Sommer 2006 absolvierte ich meine letzte Campingsaison, dann begann mein neues Leben mit Kjetil. Zwei Jahre später schloss ich mein Fernstudium in Pädagogik ab. Nebenbei hatte ich Gesang an der Universität Stavanger studiert. Zum Gesangsstudium gehörten auch Deutsch und Italienisch, weil das die Originalsprachen vieler Opern und Lieder sind. Da gerade eine Deutschlehrerin gesucht wurde, übernahm ich schon als Studentin diese Aufgabe und hielt einmal pro Woche ein Seminar für Deutsch und Liedinterpretation. Selbst als ich mit Matteo im Babyjahr war, blieb ich dabei. Erst als meine Tochter zur Welt kam, beschloss ich, für ein Jahr auszusetzen. Jedenfalls gefiel es mir damals schon sehr, vor einer Klasse zu stehen und zu unterrichten.

Als ich nach dem Studium einen Job suchte, entdeckte ich eine zeitlich befristete Lehrerstelle, auf die ich mich bewarb. In Norwegen studiert man Lehramt entweder an der Volksschule, wo Pädagogik und ein breiter Fächerkanon vermittelt werden, oder man studiert an der Uni und absolviert anschließend ein praktisches Jahr, um pädagogische Kenntnisse zu erlernen. Nun hatte ich ja sechs Jahre lang Pädagogik beziehungsweise Erziehungswissenschaften im Hauptfach studiert und dazu Englisch und Musik. Deshalb beantragte ich beim norwegischen Bildungsministerium die Anerkennung als Lehrerin. Zwischenzeitlich jobbte ich als Kellnerin in einem Hotel.

Anfang 2009 trat ich meine erste Stelle als Klassenlehrerin einer neunten Klasse an und unterrichtete Englisch, Deutsch, Gesellschaftskunde und Musik in Vertretung. Dank meiner Mentorin klappte die Einarbeitung gut. Allerdings war ich schon beim Eintritt in den Schuldienst schwanger und unterrichtete nur bis zu den Sommerferien. Im August kam Matteo zur Welt.

Norwegen ist ein Land, in dem es Freude macht, Kinder zu bekommen. Zugleich gibt es hier die europaweit höchste Beschäftigungsquote von Frauen beziehungsweise Müttern. Das ist politisch gewünscht, der Staat fördert die Vereinbarkeit von Familie und Job. Nach der Geburt eines Kindes bleiben die meisten Mütter in Norwegen ungefähr ein Jahr lang zu Hause. Mutter oder Vater haben die Wahl zwischen 46 Wochen Elterngeld bei vollem Lohnausgleich und 56 Wochen mit einer finanziellen Unterstützung in Höhe von 80 Prozent des früheren Einkommens. Zusätzlich stehen Vätern zwölf Wochen bezahlter Erziehungsurlaub sowie zwei Wochen unbezahlter Urlaub zum Zeitpunkt der Geburt zu.

Häufig nimmt die Mutter neun Monate Elternzeit und kehrt dann zurück in den Beruf, während der Vater drei Monate Elternzeit nimmt; anschließend kommt das Kind in den Kindergarten. Natürlich kann ein Vater auch mehr als drei Monate Elternzeit nehmen. Bei einem befreundeten Paar hat sie eine Führungsposition inne und er übernahm den Großteil der Elternzeit. Das ist hier ganz normal: Wer mehr verdient oder den besseren Posten hat, kehrt eben früher wieder in den Job zurück.

Ich selbst nahm nach Matteos Geburt zehn Monate Elternzeit bei vollem Gehaltsausgleich in Anspruch. Kjetil standen damals zehn Wochen Vaterschaftsurlaub zu, die er parallel zu meiner Elternzeit nahm. Wir bereiteten in Leipzig unsere kirchliche Hochzeit vor, feierten und fuhren anschließend in die Flitterwochen. Das war eine ganz besondere und sehr intensive Zeit als Paar und mit unserem kleinen Sohn.

Manche strecken die Elternzeit, indem sie zum Beispiel über mehrere Jahre hinweg nur zwei Tage die Woche zu Hause bleiben. Das kenne ich hauptsächlich von Vätern oder Selbstständigen, deren Beruf es nicht erlaubt, mehrere Monate am Stück auszusetzen. Andere nehmen gleichzeitig Elternzeit, beispielsweise, um zu verreisen.

In Deutschland ist das Betreuungsgeld ja sehr umstritten. In Norwegen gibt es diese Zuwendung für Eltern, die ihr Kind zu Hause betreuen, schon lange. Sie wurde aufgrund von Missbrauch bereits mehrfach eingeschränkt. Aktuell können Eltern im ersten Lebensjahr des Kindes Elterngeld beziehen und anschließend bis zum zweiten Geburtstag des Kindes Betreuungsgeld. Der Kindergartenbesuch kostet Eltern maximal 280 Euro im Monat, bei mehreren Kindern oder geringem Einkommen reduziert sich die Gebühr.

Soweit ich weiß, führte Norwegen bereits 2003 als erstes Land der Welt eine »Geschlechterquote« von 40 Prozent für Aufsichtsräte ein. Seit diese Quote verbindlich ist, wird sie erfüllt und positiv bewertet. Keineswegs werden weibliche Spitzenkräfte als »Quotenfrauen« beäugt. Um Frauen in Führungspositionen zu bekommen, müssen vor allem die Rahmenbedingungen stimmen, dazu gehört eine gut ausgebaute, ganztägige Kinderbetreuung.

Ähnlich wie in der DDR gibt es in Norwegen einen Hort, also eine Kinderbetreuung vor und nach der Schule. Der Unterricht endet gegen 13 Uhr; je nach familiärer Situation können die Kinder anschließend zu Hause oder von den Großeltern betreut werden. Die meisten Kinder besuchen jedoch am Nachmittag den Hort. Kindergärten schließen in der Regel um 16:30 Uhr, was aber für Eltern mit einem normalen Vollzeitjob meist kein Problem ist. Die Firmen hier akzeptieren in der Regel, dass Mutter oder Vater bereits um 16 Uhr den Arbeitsplatz verlassen, um die Kinder abzuholen. Bei kommunalen Arbeitgebern kann man schon um 15 Uhr Feierabend machen. Wenn nötig, wird von zu Hause aus weitergearbeitet, sobald die Kinder im Bett sind. Sind die Kinder krank, bleiben Papa und Mama abwechselnd zu Hause: einen Tag die Mutter, einen Tag der Vater und so weiter.

Das norwegische System ist sehr kulant und macht es wesentlich einfacher, ein funktionierendes Familienleben zu führen, als ich das von deutschen Freunden kenne. Das Ganze erinnert mich auch ein wenig an meine Kindheit im Sozialismus, wo Mütter ganz selbstverständlich berufstätig waren.

So hat es sich die norwegische Regierung zum Ziel gesetzt, für jedes Kind ab einem Jahr einen Betreuungsplatz zur Verfügung zu stellen. Das klingt gut, bedeutet in der Praxis jedoch, dass nur die Kinder, die vor September – dem Beginn des Kindergartenjahrs – geboren werden, in diesem Jahr auch einen Platz erhalten. Später geborene Kinder müssen häufig länger warten. Zudem kann es sein, dass man zwar einen Platz zugewiesen bekommt, dieser aber am anderen Ende der Stadt liegt.

So ging es uns mit Matteo. Ihn mit einem Jahr in einen entfernten Kindergarten zu bringen, empfand ich als zu früh. Eine Nachbarin hatte mir von sogenannten Familienkindergärten erzählt und ich beschloss, einen solchen einzurichten. Ich bewarb mich um die Anerkennung als gelernte Erzieherin und wurde – nach einigem bürokratischen Hin und Her – zugelassen. Darüber bin ich sehr froh und weiß, dass das in Deutschland nicht möglich gewesen wäre. Dort ist man als Erziehungswissenschaftlerin eben genau das, man würde nie als vollwertige Lehrerin oder Erzieherin anerkannt.

Als Kindergärtnerin stellte ich unsere Räume für die Betreuung von drei Kindern zur Verfügung. Dabei war ich angestellt bei einem kommunalen Kindergarten und betrieb eine Außenstelle, übernahm aber die pädagogischen Pläne der Einrichtung. Für mich war es eine wunderbare Möglichkeit, ein weiteres Jahr mit Matteo zu Hause zu sein und gleichzeitig ein Einkommen zu haben und einem Beruf nachzugehen, der mir Spaß machte. Meine kleine Kindergartengruppe bestand aus Matteo, Jacob und Aliana. Letztere war gerade erst sieben Monate alt, ihre Eltern waren aus Indonesien nach Norwegen gekommen. Sie hatte große Entwicklungsprobleme und konnte sich selbst in eine so kleine Gruppe nur schwer einfügen. Plötzlich musste ich alle pädagogischen Register ziehen und zusätzlich Hilfe von Physiotherapeuten und anderen Spezialisten einholen. Das machte das Jahr spannend und anstrengend zugleich. Es erfordert viel Energie, drei Kleinkinder von 7:45 bis 16:15 Uhr zu betreuen und eines davon – meinen Sohn – natürlich rund um die Uhr. Doch ich hatte einen Weg gefunden, Beruf und Kindererziehung miteinander zu vereinbaren.

Ein Jahr später beschloss die Kommune Stavanger, die Anzahl der Familienkindergärten aufgrund finanzieller Engpässe zu reduzieren. Gleichzeitig erhielt Matteo einen Platz in einer Einrichtung ganz in unserer Nähe, die wir mit dem Fahrrad oder zu Fuß erreichen. So endete meine Zeit als Kindergärtnerin und ich bekam erneut eine befristete Lehrerstelle angeboten, eine Mutterschaftsvertretung. Beim Vorstellungsgespräch wusste ich noch nicht, dass ich bereits mit Isabella schwanger war. Als ich dann Gewissheit hatte, dachte ich: Oh je, jetzt muss ich denen als Erstes sagen, dass sie sich bald einen Ersatz für den Ersatz suchen müssen.

Ich rief meine neue Chefin gleich an und sie reagierte ganz positiv: »Herzlichen Glückwunsch! Das ist doch das Schönste, was es gibt: Kinder zu bekommen!«

In den folgenden Monaten war ich zuständig für die individuelle Betreuung deutscher Kinder an verschiedenen Schulen. Ich unterstützte sie beim Norwegischlernen, beim Verstehen von Sachtexten und in Fächern, die ihnen Probleme bereiteten. Parallel dazu unterrichtete ich norwegische Kinder von der ersten bis zur vierten Klasse in Deutsch und durfte mich als Grundschulpädagogin bewähren.

An einer der Schulen waren besonders viele Lehrerinnen im »gebärfähigen Alter«. Die Rektorin erklärte mir, falls sich Eltern beschwerten, weil ihre Kinder jedes Jahr eine andere Lehrerin hätten, würde sie denen durchaus sagen, sie sollten sich eben eine andere Schule suchen. Natürlich ist es auch hier abhängig von der Firma und den Vorgesetzten, wie eine Schwangerschaft aufgenommen wird, aber der Grundtenor der Gesellschaft ist wirklich kinderfreundlich.

Drei Wochen vor Isabellas Geburt schied ich aus dem Schuldienst aus, so ist der gesetzliche Mutterschutz in Norwegen geregelt. Als Schwangere sollte man übrigens auch hier ein DIN-A4-Blatt mit den wichtigsten Daten, der Wachstumskurve und den Blutwerten bei sich tragen. In Deutschland ist dieser Mutterpass viel ausführlicher, wie überhaupt die gesamte Schwangerschaft dort intensiver überwacht wird. In Norwegen gilt Kinderkriegen noch als ein natürlicher Vorgang, über den man sich sehr freut, den man aber nicht akribisch analysiert, solange keine Beschwerden auftreten. Wer will, kann während der Schwangerschaft neben dem Hausarzt auch regelmäßig und kostenfrei eine Hebamme aufsuchen. Zum Ultraschall geht man für gewöhnlich nur einmal in den neun Monaten. Zwei Wochen nach der Geburt kommt eine Kinderkrankenschwester vorbei, untersucht das Baby und erkundigt sich nach der Mutter, fragt beispielsweise, wie es mit dem Stillen geht. Hat man mehr Betreuungsbedarf, muss man zu einer lokalen Gesundheitsstation gehen. Dort werden auch die Nachsorge, Regeluntersuchungen und Impfungen durchgeführt.

Für Kinder und Schwangere ist der Arztbesuch kostenlos, ansonsten fällt eine Selbstbeteiligung von rund 150 Euro im Quartal an. Die Krankenversicherung ist staatlich organisiert, der Beitrag wird automatisch mit der Steuer vom Gehalt abgezogen. Darüber hinaus existieren auch private Anbieter; Zahnarztbesuche sind generell selbst zu zahlen. Durch die Verstaatlichung kommt es gerade bei Spezialisten häufig zu Wartezeiten, weshalb sich gut verdienende Norweger immer öfter für private Ärzte und Kliniken entscheiden. So entsteht eine Art Zweiklassengesellschaft.

Derzeit bin ich mit Isabella zu Hause im Babyjahr, nebenher absolviere ich Gesangsauftritte. Dabei habe ich bald festgestellt, dass es mit zwei Kindern schwieriger ist, alles unter einen Hut zu bekommen. Es verlangt viel Kraft, gerade wenn die Nächte sehr unruhig waren. Doch meine Gesangslehrer haben mir eingeschärft, keine Pause zu machen und das Singen lieber von Anfang an in den Alltag mit zwei Kleinkindern zu integrieren. Andererseits will ich mich nicht zu sehr unter Druck setzen, die Kleine ist ja erst gut sechs Monate alt. Ich versuche, pro Tag wenigstens eine Stunde lang zu üben, was der Familienalltag aber nicht immer zulässt. Steht ein Konzert an, singe ich davor zwei bis drei Stunden täglich. Normalerweise übe ich vormittags oder ich fahre am Abend in die Musikhochschule und übe dort. Isabella ist fast immer mit dabei, sie ist das schon gewohnt und schläft dann meistens.

Als Sängerin bin ich in Stavanger neben einer Geigerin und einem Pianisten Teil eines Trios. Gemeinsam machen wir vor allem Musik für Firmenveranstaltungen, Eröffnungen, Hochzeiten und andere Feiern oder Beerdigungen. Bestimmt könnten wir mehr Engagements bekommen, würden wir uns aktiv um Auftritte bemühen. Falls ich die Zeit finde, möchte ich mich gern um Werbung und eine eigene Website kümmern.

Stavanger ist zwar mit knapp 130.000 Einwohnern die viertgrößte Stadt Norwegens, aber eigentlich eher klein. Die Norweger haben dafür einen Ausdruck: »koselig« – das heißt so viel wie »kuschelig«, »gemütlich«, »heimelig«. Bei Touristen ist das hübsche Städtchen am Wasser beliebt, vor allem wegen der Altstadt mit den weiß getünchten Häusern aus dem 18. und 19. Jahrhundert. Als ich 1995 als Au-pair hierherkam, war der internationale Einfluss kaum spürbar. Heute gibt es eine Vielzahl von Menschen aus aller Welt, internationale Produkte, Cafés und Restaurants. Die kleine Stadt hat einfach alles: In zwanzig Minuten ist man am weißen Strand der Nordsee, in einer Stunde in den Bergen, wo man Ski fahren kann oder wandern, ohne Menschen zu begegnen. Es gibt viele kulturelle Einrichtungen, ein neues Konzerthaus mit mehreren Bühnen für Musical, Oper und Konzert wird gerade gebaut.

Unser Haus in Stavanger steht in einer Sackgasse und Kjetils ältere Schwester wohnt inzwischen mit ihrer Familie im Haus neben uns. Sie hat auch zwei Kinder, der Große ist drei und der Kleine gerade einen Monat alt. Das ist sehr schön, die Kinder wachsen beinahe wie Geschwister auf und auch wir treffen uns oft und verstehen uns wirklich gut. Wir helfen uns gegenseitig als Babysitter aus, indem wir einfach das Babyfon im Nachbarhaus abgeben. Kjetil hat außerdem noch ein Geschwisterpaar – Zwillinge. Für meine Schwiegerfamilie bin ich sehr dankbar. Sie können uns zwar im Alltag mit der Kinderbetreuung nur wenig unterstützen, da sie einschließlich Kjetils Mutter berufstätig sind, aber im Notfall und wann immer sie Zeit haben, sind sie für uns da.

Um uns herum wohnen viele Familien mit Kindern und alle helfen sich gegenseitig. Sowohl mein Mann als auch ich sind in Nachbarschaften groß geworden, in denen sich alle kannten und die Kinder zusammen spielten. Genau das haben wir uns auch für unsere eigene Familie gewünscht und beschlossen, eine solche Umgebung zu schaffen. Wir haben ein jährliches Straßenfest ins Leben gerufen; alle Nachbarn treffen sich zum Grillen und für die Kinder gibt es eine Schnitzeljagd. Später holen die Erwachsenen die Gitarre raus und singen gemeinsam Schlager. In der Weihnachtszeit haben wir eine weitere Tradition: Wir räumen unser recht großes Wohnzimmer aus und laden Nachbarn, Freunde und Familie ein zum Weihnachtshauskonzert. Ich engagiere dafür regelmäßig befreundete Musiker und singe natürlich selbst. Bei Wein, Kuchen und Plätzchen kommen die Menschen miteinander ins Gespräch. Mit den Nachbarskindern treffen wir uns außerdem zum Weihnachtsbasteln.

Wir möchten hier also nicht wieder weg, sind aber gleichzeitig offen für Neues. Was ich wirklich genieße und brauche, sind außerdem die Besuche in Deutschland, besonders in meiner Heimatstadt Leipzig.

In meinem abwechslungsreichen Leben gab es immer Konstanten, die mich begleitet haben, vor allem Musik und Sport. Ein spezifisches Karriereziel hatte ich nie. Im Leben werden viele Weichen gestellt, die man nur zum Teil bestimmen kann. Das gilt auch für die Zukunft. Wer weiß, welche Konzertengagements ich bekommen werde? Wer weiß, ob wir noch mehr Kinder haben werden? Bevor wir Eltern wurden, haben Kjetil und ich viel erlebt und gesehen von der Welt. Dadurch sind wir heute ruhiger und genießen die Kinder bewusst. Sind sie größer, wird das Berufliche wieder mehr in den Vordergrund rücken.

Sobald Kinder zum Leben gehören, muss man sich anders organisieren und neue Prioritäten setzen. Es gibt Abende, an denen ich um 21 Uhr ins Bett falle, um überhaupt mal wieder genug Schlaf zu bekommen, Wochenenden, für die wir keine Pläne schmieden, um durchzuatmen, und Vorhaben, die »ins Wasser fallen«, weil ein Kind krank ist. Für mich ist es wichtig, außerhalb der Familie Energie zu tanken, beim Musizieren zum Beispiel. Obwohl mir zu Hause eigentlich nie die Decke auf den Kopf fällt, würde mir das berufliche Engagement bald fehlen.

Noch weiß ich nicht, ob ich nach einem Jahr Elternzeit mit Isabella in den Schuldienst zurückgehen kann. Da unsere Tochter Ende Dezember geboren wurde, wird sie zu Beginn des Kindergartenjahres im September vermutlich noch keinen Platz bekommen. Zudem würde es mir auch nicht einfallen, sie vor ihrem ersten Geburtstag in eine solche Einrichtung zu bringen. Das widerspricht meiner persönlichen Überzeugung. Eventuell werde ich mich übergangsweise als Sängerin selbstständig machen, um tagsüber bei Isabella zu sein und abends Auftritte zu absolvieren. Für Musiker häufen sich die Engagements in der Vorweihnachtszeit; Konzerte, Firmenfeiern und sonstige Veranstaltungen finden bevorzugt im November und Dezember statt. Falls wir ein weiteres Jahr auf einen Kindergartenplatz warten müssen, könnte ich mir vorstellen, zunächst als Tagesmutter zu arbeiten und neben Isabella ein oder zwei weitere Kinder zu betreuen. Mein Herzenswunsch ist auf jeden Fall, weiterhin intensiv zu musizieren. Wenn Isabella dann in den Kindergarten geht, werde ich mir eine Stelle als Lehrerin suchen. Allerdings möchte ich jetzt mit zwei Kindern nicht mehr Vollzeit arbeiten. 60 Prozent kann ich mir gut vorstellen, dazu Konzerte und sonstige Engagements. Und wer weiß – vielleicht ergibt sich auch noch einmal ein ganz anderer Beruf für mich. In meinem Leben wäre das nichts Neues.

Wird vielleicht bald ein Häuschen frei in dieser Sackgasse in Stavanger? Dass es sich in Norwegen gut leben lässt, belegt nicht nur Astrids Geschichte. Auch im Wohlstandsindikator der Vereinten Nationen (Human Development Index) belegt das Land den ersten Platz. Er steht für die im Durchschnitt längste Lebenserwartung in Verbindung mit dem höchsten Pro-Kopf-Einkommen. Astrid ist als Au-pair-Mädchen zwar zufällig in Norwegen gelandet, hat sich später jedoch bewusst für das Land entschieden. Generell ist Norwegen bei deutschen Auswanderern äußerst beliebt. Unter anderem, weil sich in kaum einem Land der Welt Familie und Beruf besser vereinbaren lassen. Dafür sorgen die landestypische Mentalität sowie die sozialpolitischen Rahmenbedingungen. Dank gut ausgebauter, bezahlbarer Kinderbetreuung und familienfreundlichen Arbeitszeiten können Mütter und Väter Karriere machen und dennoch werktags um 16 Uhr mit ihren Kindern auf den Spielplatz gehen. »Norwegen ist ein Land, in dem es Freude macht, Kinder zu bekommen«, bringt es Astrid auf den Punkt. Ich bin dann mal weg …

AM BESTEN UNABHÄNGIG

SNEZKA (41),
INDUSTRIEDESIGNERIN,
1 TOCHTER,
LJUBLIJANA

Slowenien ist ein kleines Land mit unglaublich großer landschaftlicher Vielfalt: Auf einer Fläche von der Größe Hessens gibt es unter anderem die Julischen Alpen, Meeresstrände, Nationalparks und riesige Karsthöhlen. Wie der Großteil ihrer rund zwei Millionen Landsleute sind Snezka (41) und ihre Familie ziemlich sportlich. Ihr Mann Blaž ist auch beruflich häufig auf Skiern unterwegs. Das Paar lebt mit Tochter Pegi Pika (8) in der Hauptstadt Ljubljana, wo Snezka freiberuflich als Designerin arbeitet. Beruflich unabhängig zu sein ist ihr wichtig, sie schätzt die damit verbundene finanzielle und kreative Freiheit und hat dadurch vor allem genug Zeit für ihre Tochter.

Ich war gerade im zweiten Studienjahr an der Akademie der schönen Künste in Ljubljana, als Slowenien unabhängig wurde. Plötzlich waren wir nicht mehr Teil eines großen Landes. Außerhalb des ehemaligen Jugoslawiens schien kaum jemand zu wissen, was oder wo Slowenien ist – das erlebe ich auf Auslandsreisen auch heute noch.

Auf dem Weg vom Sozialismus zur Marktwirtschaft hat sich mein Land verändert, angefangen bei der Währung: Der slowenische Tolar ersetzte den jugoslawischen Dinar, nach dem EU-Beitritt folgte 2007 der Euro. Für Reisen ins europäische Ausland ist der praktisch, doch hat er unser Leben enorm verteuert. Bis heute können die durchschnittlichen Einkommen nicht mit den stark gestiegenen Preisen Schritt halten. Slowenien startete als Demokratie dynamisch, doch seit der internationalen Finanzkrise 2009 haben wir große wirtschaftliche Probleme. Die Arbeitslosigkeit ist hoch und die Verschuldung ebenso. Anstatt Lösungen zu finden, ist unsere Regierung mit internen Kleinkriegen beschäftigt.

Ich stamme aus einer kleinen Stadt in der Region Primorska nahe der Küste. Meine Mutter ist Therapeutin an einer Schule für behinderte Kinder. Für uns ist es immer selbstverständlich gewesen, dass unsere Mütter arbeiten – bis heute sind Hausfrauen hierzulande selten. Wie meine Tochter tanzte ich als Kind gern. Schon damals träumte ich davon, Designerin zu werden. Nach der Grundschule wollte ich auf eine künstlerische Oberschule in Ljubljana gehen, doch weil meine Noten sehr gut waren, rieten meine Lehrer mir, lieber das Gymnasium zu besuchen. Dort lag der Schwerpunkt stärker auf Mathematik, Naturwissenschaften und Fremdsprachen.

Nach dem Abitur verfolgte ich meinen Plan weiter und bewarb mich an der Kunstakademie in Ljubljana für das Fach Industriedesign. Die Aufnahmeprüfung zog sich eine ganze Woche lang hin und von 250 Bewerbern wurden nur zwanzig genommen – glücklicherweise war ich eine davon. Während des Studiums lernte ich meinen heutigen Mann Blaž kennen. Meine Freundin war seine Nachbarin im Studentenwohnheim, dort begegnete er mir flüchtig. Kurz darauf lud sie mich zu einer Silvesterparty ein, wo ich Blaž wiedersah und wir uns verliebten. Inzwischen sind wir schon seit über zwanzig Jahren zusammen.

Direkt von der Uni weg wurde ich für meinen ersten Job engagiert, ein echter Glücksfall. Ich feilte gerade an meiner Diplomarbeit und der betreuende Professor fragte, ob ich einen Auftrag für ihn übernehmen könnte. Er war neben der Uni an einem Designbüro beteiligt, in dem gerade ein Entwurf für das slowenische Haus zur Olympiade in Lillehammer entstand. Die zuständige Designerin hatte sich bei einem Sturz das Bein gebrochen. Ich übernahm kurzfristig das Projekt und arbeitete anschließend zehn Jahre lang für dieses Büro.

Im Bereich Grafikdesign gab es deutlich mehr Aufträge als für Industriedesigner, daher verschob sich mein Schwerpunkt gleich zu Beginn meiner Berufstätigkeit in diese Richtung. Glücklicherweise hatte ich die Wahlfächer Grafikdesign und Fotografie im Studium belegt. Unser Büro entwarf außerdem Ausstellungen für

Museen und Einrichtungen für Unternehmen, unter anderem für eine der größten Banken des Landes.

Nach beinahe zehn Jahren in meinem ersten Job war es 2003 an der Zeit, mir einen lang gehegten Wunsch zu erfüllen: Ich machte mich selbstständig. Inzwischen hatte ich genügend Erfahrung gesammelt, zudem ist Unabhängigkeit in meinem Leben eindeutig sehr wichtig. In unserer Dachwohnung richtete ich mir einen Arbeitsplatz ein. Als Selbstständige muss man zwar alles allein machen und braucht viel Disziplin, denn da ist niemand, der einem sagt: »Erledige das bis morgen!« Doch Disziplin und Ehrlichkeit sind die wichtigsten Werte auf meiner persönlichen Skala, nicht nur in beruflicher Hinsicht. Daher überwiegen für mich die positiven Aspekte: meine Unabhängigkeit und die Freiheit, Dinge so zu gestalten, wie ich sie mir vorstelle.

Ausgerechnet als ich daranging, meinen Entschluss in die Tat umzusetzen, wurde ich schwanger. Ein Kind hatten wir uns schon länger gewünscht und so sagte ich mir: Du planst einen Neustart, jetzt wird es eben ein kompletter Neubeginn – mit Job und Kind. Dennoch blieb eine gewisse Unsicherheit: Würde ich mit Kind noch genügend Geld verdienen können, um davon zu leben? Natürlich war da noch mein Mann mit seinem Einkommen, aber ich hatte so lange mein eigenes Geld verdient und wollte nicht plötzlich abhängig werden. Als Mama nur zu Hause sein – das konnte ich mir nicht so recht vorstellen. Zum Glück erhielt ich gleich zu Beginn größere Aufträge, zum Beispiel die Gestaltung eines Bildbandes, die ich einen Tag vor Pegis Geburt abschloss. Kunden und Aufträge habe ich von Anfang an über persönliche Empfehlungen bekommen. Komisch, wir leben in einer Welt mit so vielen technischen Kommunikationsmitteln, dennoch ergeben sich wichtige Dinge immer noch im Gespräch von Mensch zu Mensch.

Jedes berufliche Projekt ist eine Herausforderung für mich, egal ob klein oder groß. Ich empfinde es als wunderbares

Geschenk, immer wieder neue und interessante Aufgaben gestellt zu bekommen. So habe ich schon Möbel entworfen, Inneneinrichtungen, Ausstellungen für Museen, Messeauftritte, Logos, Broschüren, Poster und Bücher. Etwas Besonderes waren sicherlich meine Arbeiten für die Olympischen Spiele – ein Abenteuer, das wie gesagt bereits in meinem letzten Studienjahr begann. Sechs Jahre später sollte ich das slowenische Haus und die Präsentationen für die Olympischen Spiele in Sydney entwerfen. Blaž und ich hatten 1999 geheiratet. Als ich im Jahr 2000 wegen dieses Projekts nach Sydney flog, begleitete er mich und wir reisten anschließend durch Australien – das war quasi unsere nachträgliche Hochzeitsreise.

Die bislang größte berufliche Herausforderung für mich war, als ich eingeladen wurde, für die Olympischen Winterspiele 2010 in Vancouver beziehungsweise Whistler die Innenausstattung des slowenischen Hauses zu entwerfen – von der Einrichtung bis zur Menükarte, die dort ausgelegt wurde. Von der ersten Entwurfszeichnung bis zur Fertigstellung der grafischen Unterlagen und Möbel blieben nur drei Monate Zeit, anschließend wurde alles in Container verladen und nach Kanada verschifft.

Mit anderen Freiberuflern arbeite ich selten zusammen. Ab und zu helfe ich einem Designstudio oder einer Agentur aus, aber die haben natürlich ihre eigenen Leute. Besonders freue ich mich über Projekte im Bereich Industriedesign, denn die sind wie gesagt selten. Zudem habe ich für das Zimmer meiner Tochter, das klein ist und unter dem Dach liegt, Möbel entworfen, die den vorhandenen Platz optimal ausfüllen und Raum bieten zum Schlafen, Spielen und Aufbewahren.

Die Zeiten sind wirtschaftlich schwierig, weshalb ich auch weiterhin lieber allein arbeiten will, also ohne Angestellte. Ich habe sehr gute Monate und dann wieder Phasen, in denen ich nur wenige Aufträge bekomme. Leider ist die Zahlungsmoral der Kunden oft schlecht; wenn ich Angestellte hätte, müsste ich nicht nur für meinen Lebensunterhalt, sondern auch für ihr Gehalt genügend Geld auf der Seite haben.

In Slowenien beginnt der gesetzliche, bezahlte Mutterschaftsurlaub 28 Tage vor dem errechneten Entbindungstermin und dauert insgesamt 105 Tage. Anschließend kann man Elterngeld in Anspruch nehmen, und zwar ebenfalls in Höhe des durchschnittlichen Gehalts der vorherigen zwölf Monate. Die meisten Mütter kombinieren beides und bleiben insgesamt ein Jahr lang zu Hause. Manche teilen sich die Zeit mit den Vätern. Diese haben Anspruch auf 90 Tage Vaterschaftsurlaub, davon erhalten sie 15 Tage lang Vaterschaftsgeld.

Es ist selbstverständlich für slowenische Mütter, nach einem Jahr Auszeit in ihren Vollzeitjob zurückzukehren; nur wenige arbeiten in Teilzeit. Per Gesetz haben Mutter oder Vater das Recht, ihre Arbeitszeit auf vier Stunden pro Tag zu reduzieren, bis das Kind drei Jahre alt ist. Hat ein Paar mehrere Kinder, verlängert sich der Zeitraum, bis das jüngste Kind sechs Jahre alt ist. Während dieser Zeit garantiert der Arbeitgeber das Gehalt für die tatsächlich geleistete Arbeitszeit, die slowenische Elternschaftsversicherung übernimmt die Sozialversicherungsbeiträge für die volle Stelle. Kindergeld wird je nach Einkommen bezahlt, zudem steigt mit jedem Kind der prozentuale Steuernachlass auf das Einkommen der Eltern.

Auch ich pausierte mehr oder weniger ein Jahr lang, nur für meine Stammkunden erledigte ich ein paar Projekte. Man kann sich als Selbstständige eben nicht ein Jahr lang komplett verabschieden und dann einfach weitermachen wie vorher.

Mit elf Monaten kommen die Kinder hier üblicherweise in den Kindergarten. Doch unsere Tochter Pegi war damals sehr krank, weshalb wir zunächst ein Kindermädchen anstellten, das morgens für vier Stunden zu uns nach Hause kam, damit ich arbeiten konnte. Erst als es Pegi besser ging, kam sie mit achtzehn Monaten in den Kindergarten. Diese Einrichtungen sind meistens von 7 bis

17 Uhr geöffnet. Die Gebühren sind einkommensabhängig und fallen inzwischen nur noch für das erste Kind an, weitere Kinder einer Familie besuchen den Kindergarten kostenlos. Die Regierung führte diese Regelung ein, als die Geburtenrate vor rund zehn Jahren extrem gesunken war und die Frauen auch immer später Kinder bekamen. Inzwischen hat sich das wieder geändert, viele junge Familien haben heute zwei oder drei Kinder.

Da viele Mütter in Slowenien in Vollzeit arbeiten, haben wir Ganztagsschulen, an denen die Kinder bis 17 Uhr betreut werden können. Vor einigen Jahren wurde die Grundschule von acht auf neun Jahre verlängert, die Kinder werden nun bereits mit sechs Jahren eingeschult statt wie vorher mit sieben. Nach der Grundschule folgt die vierjährige Sekundarstufe, das sogenannte Gymnasium.

Mein typischer Arbeitstag dauert von 8 bis 15:30 Uhr, danach hole ich meine Tochter von der Schule ab. Sie besucht inzwischen die dritte Klasse. An zwei Nachmittagen pro Woche geht sie zum Ballett, außerdem hat sie dreimal die Woche Geigenunterricht. Meistens fungiere ich als Mama-Taxi, aber an einem Nachmittag übernimmt Blaž den Fahrdienst. Es ist mir wichtig, dass Pegi beim Ballett vor allem Spaß hat, deshalb geht sie nicht in die strenge staatliche, sondern in eine private Ballettschule. Wenn wir nach Hause kommen, spielen wir, lesen, zeichnen und basteln gemeinsam oder Pegi trifft Freundinnen aus der Schule. Später bereite ich das Abendessen, lese Märchen vor und bringe Pegi um 19:30 Uhr zu Bett. Danach gehe ich häufig zurück an den Schreibtisch.

Mein Mann ist Professor an der Sportfakultät in Ljubljana, zudem Präsident und Direktor des slowenischen Skilehrer- und Trainerverbands. Daher ist er vor allem im Winter viel unterwegs. Nach Feierabend schreibt er oft an Fachbüchern über das Skifahren und über moderne Trainingsmethoden für Skifahrer. Unsere Rollenverteilung ist ziemlich klassisch und in Slowenien nach wie vor sehr verbreitet: Für den Großteil des Haushalts und der Erziehung bin ich zuständig. Bei uns hat sich das mehr oder weniger automatisch ergeben, weil ich von zu Hause aus arbeite. Dadurch bin ich zeitlich unabhängiger, ich kann auch nachts entwerfen, während Blaž seine Vorlesungen und Termine eben nicht spontan verlegen kann.

Durch Pegi ist die Beziehung zwischen meinem Mann und mir noch enger geworden. Wir halten uns nicht mit unnötigen Dingen auf. Mit Kind hat man keine Zeit, das Leben zu verkomplizieren – heute treffe ich Entscheidungen schneller und lebe einfach, anstatt zu viel nachzudenken. Als Mutter bin ich geduldiger geworden, ich genieße das Leben und höre meiner Tochter sehr genau zu, wenn sie ihre kindliche Sicht der Welt mit mir teilt. Seit es Pegi gibt, richtet sich mein Alltag nach ihr. Ich arbeite, wenn sie in der Schule ist, oder auch abends, wenn sie im Bett liegt. Manchmal vermisse ich die Zeit für mich, die ich früher hatte: Zeit mit Freunden, um in Buchläden zu stöbern und in Ruhe zu lesen. Aber das Wichtigste in meinem Leben ist auf jeden Fall meine Tochter.

Zu meinen Eltern habe ich heute noch ein sehr enges Verhältnis. Wenn ich sie brauche, kommen sie nach Ljubljana und kümmern sich um Pegi; genauso sind sie für die beiden Kinder meiner Schwester da. Pegi liebt es, mit ihrem Cousin und ihrer Cousine Ferientage bei den Großeltern zu verbringen – ohne Eltern. Meine Mutter bäckt Kuchen und Kekse mit den Kindern, sie bepflanzen den Garten, gehen schwimmen oder basteln zusammen. Am Wochenende und in den Ferien fahren wir oft zu meinen Eltern oder besuchen Blaž' Mutter.

Die meisten unserer Freunde haben inzwischen auch Kinder und wir unternehmen oft gemeinsame Ausflüge. Mit anderen Kindern macht es den Kleinen viel mehr Spaß, zu wandern oder Fahrradtouren zu unternehmen. Auch wir Eltern genießen den Austausch. Das Besondere am Leben in einem so kleinen Land wie Slowenien ist, dass alles recht einfach zu erreichen ist. Man gelangt zum Beispiel schnell vom Meer in die Berge. Zudem lernt man relativ leicht Leute kennen, denn Slowenen sind sehr freundlich und aufgeschlossen.

....

Im Familienurlaub stellten wir vergangenen Sommer fest, wie kinderfreundlich die Slowenen sind. Während wir mit Snežka und Blaž am See von Bled köstliche Cremeschnitten genossen, schlossen unsere Kinder auf der gut besuchten Caféterrasse Freundschaft mit den Kellnern und Kellnerinnen. Die störten sich offensichtlich nicht an den durch die Gänge flitzenden Kindern, sondern wichen ihnen geschickt aus, strichen ihnen ab und zu liebevoll über den Kopf, steckten ihnen Bonbons zu und machten Scherze.

Familienfreundlich ist auch die Sozialpolitik des kleinen Landes ausgerichtet. Mütter können nach der Geburt eines Kindes ein Jahr lang bei vollem Lohnausgleich zu Hause bleiben. Mit elf Monaten dürfen die Kleinen in die Kinderbetreuung, so bleibt ein Monat Zeit für die Eingewöhnung. Im Gegensatz zu anderen ehemals sozialistischen Ländern scheint es Slowenien gelungen zu sein, Maßnahmen zur Unterstützung von Familien in die neue Staatsform hinüberzuretten und auszubauen. Das Land ist aus meiner Sicht ein echter Geheimtipp – nicht nur für den Familienurlaub.

-16-

EINE NORDEUROPÄERIN IN SÜDAMERIKA

KAREEN (39),
STIL- UND IMAGE-
BERATERIN
UND AUTORIN,
1 TOCHTER,
SANTIAGO DE CHILE

Wir sind auf Skype verabredet. Kareen testet die Webcam ihres neuen iPad, damit wir uns nicht nur hören, sondern auch sehen können. Die Übertragung verzerrt das Bild; ich erkenne eine dunkelhaarige Frau mit heller Haut, modischem Kurzhaarschnitt und großer Brille. Doch vor allem sind da ihre feste Stimme und ihr herzliches Lachen, die mir von Anfang an das Gefühl geben, sie gut zu kennen. Die 39-jährige Finnin lebt mit ihrem Mann in Santiago de Chile, hat eine Tochter (11) und arbeitet als selbstständige Stil- und Imageberaterin.

Mein bisheriges Leben hier gleicht einer Achterbahnfahrt. Seit 13 Jahren wohne ich inzwischen in Chile und ich hätte nie gedacht, dass es so schwer werden würde, Mutter zu sein und gleichzeitig beruflichen Erfolg zu haben. Dabei ist es in unserer globalisierten Welt nicht mehr so außergewöhnlich, in einem anderen Land zu leben. Dieser Status mag sich vielleicht exklusiv anhören, aber oftmals ist der Alltag in der Fremde viel komplizierter, als man sich vorstellt.

Direkt nach dem Studium ging ich für ein Praktikum nach Santiago de Chile. Ich hatte in Finnland begonnen, Spanisch zu lernen, und wollte meine Kenntnisse anwenden. Außerdem verspürte ich den Drang, in die Welt hinauszuziehen. Ich arbeitete zunächst für sechs Monate im finnischen Handelsbüro. Gegen Ende meines Praktikums eröffnete mir die Abteilungsleiterin, dass sie nach Buenos Aires ziehen werde.

Sie fragte: »Willst du meinen Job hier übernehmen?«

Nachdem ich drei Sekunden lang nachgedacht hatte, sagte ich: »Ja, natürlich will ich.«

Ich war hoch motiviert, hatte aber anfangs mit Sprachschwierigkeiten zu kämpfen. Mein Spanisch reichte für eine alltägliche Unterhaltung, nicht aber, um Geschäftsverhandlungen zu führen. Daher rate ich allen, die hierherziehen: Lernt die Sprache, so schnell ihr könnt. Es heißt zwar, dass die Chilenen englisch sprechen, aber das tun viele nur ungern oder unzureichend. Geschäfte werden auf Spanisch gemacht; man sollte die Sprache also gut beherrschen, um sich selbst ausdrücken und die Menschen verstehen zu können.

Aus einem ganz banalen Grund lebe ich heute noch in Chile: die Liebe. Eine Freundin überredete mich eines Abends dazu, sie in eine Bar zu begleiten. Dort traf ich meinen heutigen Mann. Ich sah ihn und dachte: Oh nein, meine Freunde haben ein Blind Date für mich arrangiert. Hatten sie aber nicht, dieser sympathische Typ war zufällig da und ich mochte ihn auf Anhieb. Dennoch war ich zuerst zurückhaltend, denn ich verdaute gerade das Ende einer langjährigen Beziehung. Zunächst hatte es nämlich so ausgesehen, als ob mein finnischer Freund auch nach Chile kommen würde. Ich war sehr enttäuscht und verletzt, als mir klar wurde, dass er eher mich verlässt als seine Heimat.

Dagegen bin ich schon immer gern unterwegs gewesen. Ich wuchs in einer ländlichen Gegend auf und war als Kind selten zu Hause. Meine Mutter sagt, sie habe oft den halben Ort abtelefoniert, um zu fragen, wo ich sei. Nach dem Abitur ging ich für ein halbes Jahr als Au-pair nach New York. Dieser Auslandsaufenthalt veränderte mich, ich hatte danach das Gefühl, nicht mehr ganz nach Finnland zu gehören.

Aber zurück zu der Bar in Santiago. Cristián und ich verliebten uns ineinander und kurze Zeit später war ich – ungeplant – schwanger. Alles ging sehr, sehr schnell. Ich hatte mir bis dahin nie überlegt, was es bedeuten würde, Mutter zu sein. Für mich hatte vielmehr gegolten: Ich heirate nicht und kriege keine Kinder. Beide Grundsätze warf ich nun über Bord. Inés kam in Chile zur Welt und fünf Monate später heirateten Cristián und ich in Finnland. Doch die Kette überraschender Ereignisse riss nicht ab. Als ich kurz vor der Geburt zu Hause blieb, wurde das Handelsbüro geschlossen. So hatte ich plötzlich ein Kind, aber keinen Job mehr.

Nach der Geburt wollte ich zunächst ein Jahr lang zu Hause bleiben und freute mich darauf, für mein Kind da sein zu können. Ich selbst hatte das nie erlebt; meine Mutter war alleinstehend gewesen und hatte sehr viel gearbeitet, als ich klein war. Also nahm ich mir vor, es anders zu machen, viel mit meiner Tochter zu spielen und zu unternehmen. Aber natürlich war da im Hinterkopf das ungute Gefühl: Du kannst nicht zurück zu deiner Arbeit, wie soll es weitergehen?

Es fiel mir nicht leicht, nur zu Hause zu sein. Seit ich zwölf war, hatte ich in den Ferien gearbeitet, später dann sogar jedes Wochenende. Die unterschiedlichsten Branchen hatte ich auf diese Weise kennengelernt. Auch an der Uni hatte ich zunächst verschiedene Studiengänge ausprobiert: Psychologie, Soziologie und Literatur. Im Nachhinein wäre ich gern Psychologin geworden, doch zu der Zeit entschied ich mich letztendlich für Marketing und Produktentwicklung. Als ich dann meinen Studienabschluss in der Tasche hatte, dachte ich: Jetzt beginnt das wahre Leben, ich bekomme meinen ersten wichtigen Job. Und da sollte ich zwei Jahre später plötzlich Hausfrau und Mutter sein? Das passte gar nicht in mein Weltbild.

Viel zu oft saß ich allein mit meinem Baby zu Hause. Meine Schwägerinnen hatten bereits mehrere Kinder, da wollte ich mich nicht lächerlich machen und jammern, dass mein Baby nachts nicht schläft. Bis Inés drei war, wachte sie drei bis sechs Mal pro Nacht auf, und das jede Nacht. Über Jahre hinweg setzte ich mich unter Druck, weil ich scheinbar nicht in der Lage war, beruflich erfolgreich zu sein, mich um mein Kind zu kümmern, das Haus sauber zu halten und so weiter. Wahrscheinlich war ich sogar depressiv. Erst als meine Schlaf- und Magenprobleme zunahmen, begann ich, über meine Schwierigkeiten zu reden. Das hätte ich viel früher tun sollen. Stattdessen hatte ich diverse körperliche Krankheitssymptome entwickelt und das zunächst auf meine Ernährung oder andere externe Auslöser geschoben. Schließlich musste ich mir eingestehen, dass die Gründe psychosomatisch waren. Vor zwei Jahren hatte ich auch noch eine lebensgefährliche Thrombose, aus heiterem Himmel. Dabei rauche ich nicht, trinke kaum, bin sportlich und nicht übergewichtig. Und doch lag ich plötzlich im Krankenhaus auf der Intensivstation. Mir ist inzwischen klar geworden, dass man sich gerade als Mutter nicht vernachlässigen darf. Dazu gibt es ein Sprichwort: »Wenn die Mutter nicht glücklich ist, leidet die ganze Familie.«

Es war ein langer Prozess für mich, wieder Fuß zu fassen im Arbeitsleben. Ich versuchte mich in verschiedenen Jobs und stieß immer wieder an interkulturelle Grenzen. Nach und nach musste ich einige Ideen und Pläne revidieren, vor allem, weil die Arbeitswelt in Lateinamerika so ganz anders ist als in Nordeuropa. Hierarchien zum Beispiel sind hier wichtiger. Ich war es gewohnt, mit einem Anliegen zu meinem Vorgesetzten zu gehen. Hier wurde ich schräg angeschaut, weil ich es wagte, an die Tür des Chefbüros zu klopfen und einfach einzutreten. Autoritäten werden ganz anders respektiert, es gibt eine große Kluft zwischen »oben« und »unten«. Gewöhnen musste ich mich auch an den Konkurrenzkampf am Arbeitsplatz. Wir Nordeuropäer sind eher Teamplayer, gewohnt, aufeinander zu vertrauen und gemeinsam etwas zu erreichen.

Einer meiner Versuche, mir nach Inés' Geburt eine eigene Karriere aufzubauen, war ein Handelsgeschäft gemeinsam mit einem Chilenen. Er war ein gläubiger Familienvater und schien mir vertrauenswürdig. In seinen Läden verkaufte er dekorative Artikel, Accessoires und Sommerbekleidung. Ich sollte als Geschäftspartnerin bei ihm einsteigen und mit ihm gemeinsam Waren importieren. Das Projekt klang vielversprechend, war es aber ganz und gar nicht. Wie sich herausstellte, hatte er seine Zahlen nicht im Griff. Ich zog die Notbremse, verlor dabei aber einen Teil des Geldes, das ich investiert hatte. Vor allem verlor ich für einige Jahre teilweise das Vertrauen in andere Menschen.

Ich brauchte Zeit, um mich neu zu orientieren, zu überlegen, was ich machen wollte und mit wem. Gelegentlich übernahm ich Projekte wie Marktanalysen und entwarf Inneneinrichtungen für die Lobbys öffentlicher Gebäude und Wohnanlagen. Irgendwann beschloss ich, mich selbst neu zu erfinden und eine Laufbahn einzuschlagen, bei der ich mich parallel um meine Tochter kümmern konnte. Ich dachte viel und lange darüber nach: Was könnte hier in Santiago funktionieren, wo sehe ich Bedarf und Chancen? Ästhetik und Design haben immer eine wichtige Rolle in meinem Leben gespielt, dazu Kleidung, Make-up und Frisuren. Image- und Stilberatung war in Chile damals noch so gut wie unbekannt. Vielleicht war das eine Marktlücke?

Ich ging also nach Buenos Aires und ließ mich zur Imageberaterin und zum Make-up-Artist ausbilden. Ich lernte, die Körperform und den Typ eines Menschen zu analysieren und herauszufinden, welche Farben und Schnitte gut dazu passen. Es geht darum, dass unser Äußeres unseren individuellen Charakter möglichst gut widerspiegeln soll. Für mich ist diese Art von Dienstleistung genau das Richtige: Ich profitiere von meiner Erfahrung im Bereich Inneneinrichtung und Dekoration und arbeite gleichzeitig enger mit Menschen zusammen – da kommt die Psychologin durch, die ich gern geworden wäre.

In Buenos Aires war Image- und Stilberatung längst weit verbreitet. Doch Argentinien und Chile sind zwei grundverschiedene Länder. In Chile betrat ich also Neuland, hier war das Thema komplett unbekannt. Meine Dienstleistung in Santiago zu etablieren war entsprechend zäh. Bis heute verstehen viele nicht, was ich tue.

»Nein, ich schneide keine Haare. Nein, ich entwerfe keine Kleider«, erkläre ich immer wieder.

Manchmal bekomme ich zu hören: »Wer bitte braucht jemanden, der ihm sagt, was er anziehen soll?«

Ab und zu fragte ich mich schon: Was mache ich hier eigentlich? Das wird doch nie funktionieren! Doch ich habe an mich geglaubt und liebe meine neue Arbeit. Seit etwa zwei Jahren läuft mein Geschäft gut und ich habe das Gefühl, endlich angekommen zu sein. Vergangenes Jahr veröffentlichte ich sogar ein praktisches Handbuch zu Stil und Persönlichkeit, es heißt *Estilo – Manual de Imagen Personal*. Ein Buch auf Spanisch zu schreiben war eine große Herausforderung für mich. Beinahe ein ganzes Jahr habe ich diesem Projekt gewidmet. Doch es hat sich gelohnt, ich bin dadurch bekannter geworden, werde ernst genommen auf meinem Gebiet.

Als Imageberaterin arbeite ich viel von zu Hause aus. Ich berate die Kunden zwar bei sich daheim oder in ihrem Büro, erstelle aber für jeden eine eigene Analyse und Dokumentation – dafür sitze ich mehr am Computer, als mir lieb ist. Derzeit habe ich einen großen Auftrag in Aussicht, auf den ich mich sehr freue: Ein Kaufhaus will seinen Kunden persönliche Stilberatungen anbieten und ich soll das Konzept ausarbeiten, eine Kolumne auf ihrer neuen Website zum Thema Image-Styling übernehmen und die Kunden vor Ort beraten. Liebend gern würde ich verstärkt direkt mit Menschen arbeiten, daher hoffe ich auf positive Resonanz. Meine Augen sind nicht besonders gut, weshalb ich froh wäre, nicht mehr als vier oder fünf Stunden pro Tag am Bildschirm verbringen zu müssen. Ganz ohne wird es natürlich nicht gehen, denn in einer digitalen Welt erwarten die Menschen eine gewisse Onlinepräsenz, sie kontaktieren mich per E-Mail, Facebook oder Twitter. Ich kann mich dem als Dienstleisterin nicht verschließen, versuche aber, mich auf das Nötigste zu beschränken.

Mein Mann ist Architekt, seine Firma baut hauptsächlich Hochhäuser, hier in Chile, aber auch in Argentinien, Dubai oder Abu Dhabi. Eigentlich ergänzen wir uns gut – er als Architekt und ich mit meiner Nebentätigkeit als Innenraumplanerin. Meistens scheitern gemeinsame Projekte am Zeitmangel seinerseits, aber immerhin haben wir schon einige Lobbys zusammen entworfen.

Wir leben in einem exklusiven Uptown-Stadtteil von Santiago, hier gibt es viele moderne Gebäude, Parks und große Bürohäuser. Dadurch ist es von Montag bis Freitag sehr lebhaft um uns herum, am Wochenende dagegen ruhig. Wer als Tourist nur diesen Teil Santiagos besucht, bekommt einen falschen Eindruck. Die Stadt ist riesig, ungefähr sechs Millionen Menschen leben hier. Einerseits haben wir eine großstädtische Skyline, andererseits erschreckend arme Siedlungen. Zum Glück ist Santiago dennoch ein vergleichsweise sicherer Ort, aus diesem Grund ziehen auch Menschen aus São Paulo oder Rio de Janeiro hierher. Noch brauchen wir keine Autos mit kugelsicheren Fenstern, wie es sie in Bogotá oder São Paulo gibt. Ich fahre auch abends allein mit der Metro oder dem Bus, denn wir haben nur ein Auto, mit dem meistens mein Mann unterwegs ist.

Der Alltag beginnt für mich jeden Morgen damit, Frühstück für meine kleine Familie zu bereiten. Cristián bringt unsere Tochter anschließend zur Schule und fährt weiter ins Büro. Ich räume auf, mache die Wäsche, lese und beantworte meine E-Mails. Oft erarbeite ich anschließend Unterlagen für meine Kunden oder gehe zu Beratungsgesprächen. Spätestens wenn meine Tochter zwischen 17 und 18 Uhr von der Schule kommt, bin ich wieder zu Hause und erwarte sie.

Ihre Schule liegt eine gute halbe bis eine Stunde von uns entfernt – je nachdem, wie der Verkehr ist. Es ist eine private britische Schule, der gesamte Unterricht wird auf Englisch erteilt. Zwar ist sie recht teuer, doch dafür wächst mein Kind dreisprachig auf. Ich bin sehr stolz darauf, dass es mir gelungen ist, ihr Finnisch beizubringen. Unsere Familiensprache ist aber Spanisch.

Im Vergleich zu der chilenischen Schule, die Inés' gleichaltriger Cousin besucht, hat sie drei Stunden mehr Unterricht pro Woche. Das liegt wohl am britischen Lehrplan, der dreimal die Woche Sportunterricht vorsieht. Das ist super, aber ehrlich gesagt wäre ich froh, wenn sie wenigstens einmal pro Woche früher nach Hause käme. Ihr Tag ist so lang wie ein Arbeitstag, dabei ist sie erst elf Jahre alt.

Wenn sie nach Hause kommt, setzen wir uns gemeinsam an die Hausaufgaben, ich koche, wir reden und essen gemeinsam. Das Kochen an sich macht mir allerdings keinen so großen Spaß, weshalb ich hier in Chile Fertiggerichte vermisse. In Finnland gibt es eine große Auswahl an ausgewogener Tiefkühlkost, hier muss ich das Essen komplett selbst zubereiten. Für jemanden, der wenig Zeit hat oder nicht gern kocht, ist das nicht gerade ideal.

Auch an viele andere kulturelle Unterschiede zwischen meiner alten und meiner neuen Heimat musste ich mich nach und nach gewöhnen. Womit ich inzwischen gelernt habe zu leben, ist die Unpünktlichkeit der Leute. Termine und Zeitpläne werden eigentlich nie eingehalten. Es klingt wie ein Vorurteil gegenüber Lateinamerikanern, ist aber wahr: Sie kommen grundsätzlich mindestens 15 Minuten zu spät. Die Verspätungen sind so alltäglich, dass sich die meisten nicht einmal dafür entschuldigen oder sich eine Ausrede einfallen lassen. Ich habe kürzlich einen holländischen Geschäftsmann getroffen, den das so genervt hat, dass er beschloss, nicht mehr länger als fünf Minuten zu warten und danach wieder zu gehen. Ich weiß nicht, was aus ihm geworden ist, bestimmt fand kein einziges seiner Meetings statt!

Über das Thema Effizienz kann ich mich dagegen heute noch aufregen. Einmal unterstützte ich meinen Schwager dabei, Fördergelder für seinen zweiten Spielfilm zu beantragen. Er stellte mir eine junge Mitarbeiterin zur Seite, die mir zur Hand gehen sollte. Jede Woche fragte ich nach, ob sie ihre Aufgaben erledigt habe, aber kurz vor dem Abgabetermin stellte sich heraus, dass sie absolut nichts davon geschafft hatte.

Das war vielleicht ein Extremfall, doch die Menschen hier haben wirklich einen anderen Rhythmus, kommen häufig später zur Arbeit und dehnen die Mittagspause aus. Keine Seltenheit sind private Telefonate, Facebook-Besuche oder Skypen am Arbeitsplatz. Irgendwie kann ich sie verstehen, denn die Arbeitstage hier sind sehr lang und so bleibt wenig Zeit für soziale Kontakte. Andererseits verlängert die mangelnde Effizienz wiederum die Arbeitstage – ein Teufelskreis. Eine tägliche Arbeitszeit von 9 bis 19 Uhr mit einer Stunde Mittagspause ist in Chile die Regel. Dazu kommt vielleicht jeweils eine Stunde Fahrzeit am Morgen und am Abend, denn das Verkehrsaufkommen hier in Santiago ist enorm. Das macht unterm Strich zwölf Stunden pro Tag.

In Lateinamerika gehört Chile zu den Ländern mit der geringsten Beschäftigungsquote von Müttern. Die Menschen hier sind katholisch, der Platz der Frau ist zu Hause. Das ändert sich langsam, denn in der Mittel- und Oberschicht ist ein Universitätsstudium inzwischen für Männer und Frauen üblich, folglich wollen immer mehr Frauen ihren Beruf auch noch ausüben, wenn sie Kinder haben.

Der bezahlte Mutterschutz wurde 2011 erweitert. Mütter in Chile können seither wählen zwischen zwölf Wochen Mutterschutz bei vollem Lohnausgleich oder 18 Wochen, in denen sie rund 50 Prozent bezahlt bekommen. Die chilenische Regierung zeigt übrigens großes Interesse am finnischen Bildungs- und Gesundheitssystem. Vor ein paar Jahren begann sie, eine finnische Besonderheit zu kopieren: Chile gibt nun ebenfalls Mutterschaftspakete aus – nicht für alle, aber immerhin für Bedürftige. Sie enthalten eine kleine Erstausstattung für Babys mit Bekleidung und Bettwäsche. Wie in Finnland lässt sich auch hier die Verpackung als Babybettchen verwenden.

Das ist schon mal ein Anfang, allerdings sollte sich nun auch eine gute Kinderbetreuung entwickeln. Damit habe ich oft gehadert, denn ich kannte aus Finnland einen anderen Standard. Hier gibt es zwar ebenfalls Kindergärten, aber die Kinder werden dort mehr versorgt als erzogen und unterrichtet. Einrichtung und Hygiene sind oft mangelhaft, die Kinder fangen sich alle möglichen Krankheitserreger ein. Auch das Mittagessen ist sehr einfach, meist gibt es kein warmes Essen. Daneben existieren private Kindergärten, die mehr bieten und deutlich mehr kosten. Sie verlangen im Monat umgerechnet schätzungsweise zwischen 300 und 400 Euro, je nachdem ob das Kind nur vormittags oder ganztags betreut wird. Inzwischen wird immerhin das öffentliche Schulsystem ausgebaut.

Trotz meiner Vorbehalte gegenüber den Betreuungseinrichtungen wollte ich Inés nicht zu Hause lassen, denn für ein Einzelkind sind Spielkameraden wichtig. Mit drei Jahren ging sie in den Kindergarten, mit sechs in die Schule. Als meine Tochter fünf war, verbrachte ich ein halbes Jahr mit ihr in Finnland. Ich war lange krank gewesen und die Ärzte hatten mir den Aufenthalt empfohlen; außerdem nutzte ich die Zeit dazu, einige Kurse in Innenraumgestaltung zu belegen. Als ich meine Tochter in Finnland in den Kindergarten brachte, fing ich an zu weinen – vor Glück über diesen einladenden, kindgerechten Ort. Die Erzieherinnen erklärten mir im Detail, was sie den ganzen Tag über mit den Kindern unternehmen würden, aber ich hörte nur mit halbem Ohr hin, so begeistert war ich von der Einrichtung.

Da die Kindergärten in Chile bereits um 16 Uhr, spätestens aber um 17 Uhr schließen, brauchen berufstätige Eltern dennoch eine Hilfe, welche die Kinder abholt und anschließend betreut, denn um diese Zeit endet ein chilenischer Arbeitstag noch lange nicht. Viele Familien beschäftigen daher lieber eine Nanny, anstatt die Kinder in den Kindergarten zu schicken, oder die Mutter bleibt zu Hause und kümmert sich um die Kleinen. Eine Kinderfrau verdient in Chile extrem wenig, dieses Betreuungssystem funktioniert also nur aufgrund der großen sozialen Unterschiede.

Hausangestellte zu haben ist in einem chilenischen Mittelklassehaushalt völlig normal. Die Vorstellung war mir fremd, meine Wohnung ist für mich ein intimer Bereich. Da

Santiago aber eine der am stärksten verschmutzten Städte der Welt ist, reicht es nicht, einmal die Woche zu putzen. Vor allem in den Wintermonaten ist die Luft stark belastet. Um Staub und Smog in Schach zu halten, sollte die Wohnung daher dreimal die Woche geputzt werden. Weil wir in einem relativ großen Haus wohnen und mein Mann beruflich sehr eingespannt ist, könnte ich das allein nur schaffen, wenn ich das Putzen zu meiner Hauptbeschäftigung machen würde. Also haben wir eine Haushaltshilfe, die zweimal die Woche für rund fünf Stunden kommt. Ich bezahle sie gut und wir mögen sie sehr.

Die Gleichberechtigung verändert auch ein traditionelles Land wie Chile; immer mehr Väter wechseln heute Windeln und helfen im Haushalt. Mein Schwiegervater war nie zu Hause, obwohl er sechs Kinder hat; das war noch eine ganz andere Generation. Ich weiß nicht wieso, aber mein Mann ist in vielerlei Hinsicht absolut untypisch für Chile. Wir waren immer gleichberechtigt für unsere Tochter zuständig, darüber gab es auch nie Streit. Wenn er nachts aufwachte, gab er ihr die Flasche oder wechselte die Windeln. Als Nordeuropäerin hätte ich mich schwergetan mit einem Lateinamerikaner, der Hausarbeit und Kindererziehung als Frauensache abtut. Ich habe wirklich den Richtigen gefunden.

Als ich nach Chile kam, hatte ich zunächst die typischen Vorurteile und erwartete, dass Lateinamerikaner generell herzlich wären. Aber Chilenen sind keine Brasilianer. Die Menschen hier sind eher ernst und verschlossen. Es ist nicht leicht, als Ausländer hierherzukommen und Freunde zu finden. Zumindest mir ging es so. Die Leute sind neugierig, aber nach einigen Jahren wollte ich nicht mehr immer dieselben Fragen beantworten, ich wollte dazugehören und nicht ewig Ausländerin bleiben. Doch das ist nicht möglich, denn ich werde immer dieses ganz andere Gesicht haben und mit Akzent sprechen. Diese Erkenntnis hat mich hart getroffen.

Glücklicherweise fand ich immer Rückhalt in der wunderbaren Großfamilie meines Mannes. Sie haben mich von Anfang an akzeptiert. Chilenen sind Familienmenschen durch und durch, das soziale und familiäre Leben hat einen viel höheren Stellenwert als in Europa. Das war für mich die wohl größte Offenbarung: aus meiner kleinen finnischen Familie, die nur aus meiner Mutter und mir bestand, in die herzliche Großfamilie meines Mannes aufgenommen zu werden.

Kinder dürfen hierzulande länger Kinder sein. Sie sind keine Abziehbilder der Erwachsenen und haben noch keinen ähnlich vollen Terminkalender, wie ich es in Europa oft erlebt habe. Chilenen gehen häufig mit Freunden zum Mittagessen oder treffen sich nach der Arbeit in Restaurants und Bars. Kinder bringen sie einfach mit, da gibt es keine Reibereien oder bösen Blicke.

Mit der Zeit fand ich auch eine Handvoll chilenischer Freunde. Meine besten Freundinnen sind jedoch Ausländerinnen wie ich, eine Irin und eine Holländerin. Wahrscheinlich kommt man anderen Einwanderern schneller näher, weil wir ähnliche Erfahrungen teilen.

Nach Finnland fliegen wir inzwischen nur noch alle anderthalb bis zwei Jahre, es ist sehr teuer und ich habe kaum Verwandte dort. Dennoch vermisse ich oft meine Freunde und das Land an sich. Selbst nach dieser langen Zeit habe ich ab und zu Heimweh. Doch ich gehöre hierher, zu meinem Kind und meinem Mann. Wir haben nie ernsthaft darüber gesprochen, aus Chile wegzugehen. Aber wer weiß, wenn Cristián eines Tages in Rente geht, könnten wir umziehen.

Eines der größten Probleme Chiles sind die enormen Unterschiede zwischen den sozialen Schichten. Für eine Europäerin ist das kaum begreiflich. Natürlich gibt es auch in Finnland Menschen, die mehr verdienen als andere, doch die Unterschiede sind nicht so ausgeprägt. Die chilenische Regierung unterstützt arme Familien finanziell, aber staatliche Hilfen wie Kindergeld oder Elterngeld für die Mittelklasse gibt es nicht. Auch das Gesundheitssystem ist ein gutes Beispiel. Da es zum Großteil privatisiert ist, musst du dich als Angehöriger der Mittel- oder Oberklasse in Chile privat krankenversichern. Das ist teuer, dafür ist der Service gut. Für ärmere Menschen, die nach wie vor den Großteil der Bevölkerung ausmachen, gibt es die staatlichen Gesundheitszentren. Dort warten die Leute oft Monate oder gar Jahre auf einen Operationstermin. Die Kluft ist verheerend, eine Situation, die mir wirklich nahegeht. Wie kann ein Land so verschiedene Gesichter haben – Menschen, die in großer Armut leben und daneben Menschen, die leben wie Könige? Es gibt Bemühungen, diese Ungerechtigkeit abzubauen, doch das wird noch lange dauern.

Obwohl ich in einem vermeintlich reichen Land aufgewachsen bin, war meine Kindheit nicht leicht. Das hat mich sicherlich geprägt und war wohl der Grund dafür, dass ich ursprünglich keine eigene Familie wollte. Inzwischen habe ich aber das Gefühl, eine gute Mutter zu sein, trotz meiner anfänglichen Bedenken. Meine Tochter und ich haben eine sehr enge Beziehung. Ich bin froh über die Offenheit zwischen uns, wir können über alles reden. Manchmal sagt sie zu mir: »Du bist die beste Mama der Welt« – das ist doch Glück.

Kaum hatte Kareen beruflich Fuß gefasst in Chile, verlor sie ihre Anstellung und bekam zur gleichen Zeit ein Baby. Damit begann für sie eine jahrelange Odyssee: der Versuch, ihr Leben als Mutter mit der eigenen Karriere in der Fremde zu vereinbaren. Die Zahl berufstätiger Frauen in dem katholisch geprägten Land steigt nur langsam an, daher war es für Kareen nicht leicht, Gleichgesinnte oder gar Vorbilder zu finden. Dennoch ist es ihr schließlich gelungen, sich beruflich zu verwirklichen und gleichzeitig genug Zeit für ihre Tochter zu haben. Sie brachte das bis dahin unbekannte Angebot

»Image- und Stilberatung« nach Chile. Eine Frau aus der Fremde, die mit einer fremden Dienstleistung Erfolg hat? Respekt! In ihrem »Handbuch des persönlichen Images« gefallen mir vor allem ihre praktischen Tipps. Zum Beispiel, dass es besser ist, weniger im Schrank zu haben (daran arbeite ich noch), sich sein Outfit schon am Vortag zurechtzulegen (das fand mein Mann anfangs amüsant) und nicht immer auf die Verkäuferinnen zu hören. Damit will ich natürlich keine talentierte Verkäuferin beleidigen. Auch Kareen wollte ihre chilenischen Landsleute mit ihren Äußerungen nicht verletzen. Ihre Geschichte zeigt, wie schwierig es ist, die eigene nationale Brille abzulegen und sich an eine fremde Kultur anzupassen. Rückblickend würde sie heute früher über ihre Probleme sprechen, sich anderen anvertrauen. Auch unsere Gespräche, in denen sie die vergangenen Jahre Revue passieren ließ, waren aus Kareens Sicht »eine gute Therapie«.

-17-

ZARTBITTER: MUTTERLEBEN IM SCHOKI-LAND

REKA (34),
SPRACHLEHRERIN,
1 SOHN,
ZÜRICH

Mehr als drei Viertel aller Mütter in der Schweiz sind erwerbstätig. Nebenbei sind sie hauptverantwortlich für Familie und Haushalt. Das vorherrschende Familienbild ist traditionell, öffentliche Kindergärten nehmen Kinder meist erst mit fünf Jahren halbtags auf, private Kinderbetreuung ist teuer. Wie passt das zusammen und wie lebt es sich damit? Die gebürtige Ungarin Reka (34), promovierte Germanistin und Literaturwissenschaftlerin, lebte einige Jahre lang in Österreich und Deutschland, bevor sie vor zwei Jahren mit ihrem Mann in die Schweiz zog. Direkt vor und ein halbes Jahr nach der Geburt ihres Sohnes sprachen wir über ihr neues Leben als Mutter im Alpenland.

Die Schweiz ist nicht gerade der beste Ort für werdende Mütter, das stellte ich während der Schwangerschaft fest. Hier im Schoki-Land gibt es vor der Geburt keinen Mutterschutz. Will man nicht bis zur Niederkunft arbeiten, muss man sich krankschreiben lassen.

Mein erstes Aha-Erlebnis als Schwangere: In der Schweiz existiert kein Mutterpass. Von Freundinnen aus Deutschland kannte ich das DIN-A5-große Heft, das Schwangere stets bei sich führen sollen, damit sie im Notfall richtig betreut werden können. Da die Eidgenossen nicht zentral organisiert sind, sondern das Land in viele Kantone aufgeteilt ist, lässt sich so etwas wohl nicht verpflichtend einführen. Meine Recherchen förderten drei Alternativen zutage. Variante eins: Der Frauenarzt lehnt diese unschweizerische Idee generell ab und damit basta. Sollte die Schwangere im ersten Trimester, in dem die äußeren Anzeichen einer Schwangerschaft fehlen, einen Unfall haben, hat sie unter Umständen eben Pech gehabt. Zweite Möglichkeit: Der Frauenarzt kooperiert mit einer Pharmafirma, die eine hübsche Hülle mit Werbeaufdruck sponsert, in der Ultraschallfotos und Blutgruppenausweis aufbewahrt werden, außerdem die

Telefonnummer des behandelnden Arztes. Schließlich hörte ich noch von Alternative Nummer drei: Es soll deutsche Frauenärzte in der Schweiz geben, die auf Wunsch irgendwie einen Mutterpass organisieren. Schätzungsweise 90 Prozent der Ärzte hier gehören zur ersten Kategorie, ganz wenige zur zweiten und nur wer viel Glück hat, landet bei einem Arzt der Kategorie drei. Ich hatte kein Glück, was ich bis heute schade finde.

Ursprünglich komme ich aus Ungarn; später zog meine Mutter mit mir nach Salzburg, wo ich auch studierte. Promoviert habe ich in Deutschland. Mein Mann stammt aus einer italienischen Familie, die in der Nähe von Frankfurt ein Restaurant betreibt. Bevor wir in die Schweiz kamen, arbeitete ich einige Jahre lang in Süddeutschland, zuletzt als Marketingleiterin einer Sprachschule. Während mein Mann Fabio forschte und promovierte, verdiente ich unseren Lebensunterhalt. Als er dann ein lukratives Jobangebot aus Zürich bekam, beschlossen wir, in die Schweiz zu ziehen. Ich fand hier eine Honorarstelle als Trainerin an einer Sprachschule.

Wir wünschten uns sehnlichst ein Kind und damals schien der richtige Zeitpunkt gekommen zu sein. Als ich tatsächlich schwanger wurde, schwebten wir vor Glück. Die Schwangerschaft genoss ich sehr, ging nach wie vor möglichst jeden Tag zum Schwimmen und fühlte mich sehr wohl.

In der Schweiz überwiegen traditionelle Familienmodelle: Der Vater ist berufstätig und die Mutter zu Hause. Oder die etwas modernere Variante: Der Vater ist voll berufstätig und die Mutter arbeitet in Teilzeit. Echte Arbeitsteilung ist eine Rarität. Die gängige Frage an eine schwangere Kollegin lautet nicht etwa: »Wann möchtest du wieder in deinen Beruf zurückkehren?«, sondern vielmehr: »Möchtest du denn wieder arbeiten gehen?« Obwohl der Großteil der Frauen berufstätig ist, scheint sich das vorherrschende Mutterbild seit den 1950er-Jahren nur marginal gewandelt zu haben: Kinder, Küche, Spielplatz. In meinen Augen ist das Land nicht wirklich darauf eingerichtet, dass hier eine Mutter ihr Geld verdient. Eine Frau schon, aber nicht eine Mutter. Kinderbetreuung ist Privatsache, die Öffnungszeiten der Betreuungseinrichtungen lassen sich nicht immer mit einer Vollzeittätigkeit vereinbaren. Es ist außerdem üblich, dass Schulkinder bereits zum Mittagessen nach Hause kommen – wie übrigens auch in weiten Teilen Deutschlands. Seit 2008 steigt die Erwerbsquote von Müttern mit Kindern unter 15 Jahren allerdings kontinuierlich an. Dafür gibt es zwei mögliche Gründe: Entweder die Vereinbarkeit von Familie und Beruf hat sich verbessert oder aber die Mütter müssen im Hochpreisland Schweiz ihren Teil zum Lebensunterhalt beitragen.

Angesichts der hohen Kinderbetreuungskosten stellt sich für viele Frauen nach der Geburt die Frage: Soll ich mein Kind in die Kinderkrippe geben und mein Gehalt gleich mit – oder bleibe ich einfach zu Hause? Mit dem Kindergeld allein lässt sich die Betreuung jedenfalls nicht bezahlen. In der Schweiz heißt es übrigens »Familienzulage«, sie beträgt je nach Kanton zwischen 200 und 375 Schweizer Franken (circa 165 bis 310 Euro) pro Kind, bei Kindern zwischen 16 und 25 Jahren liegt sie etwas höher.

Als sogenannte Mutterschaftsentschädigung erhalten Mütter nach der Geburt eine 14-wöchige Lohnfortzahlung in Höhe von 80 Prozent ihres bisherigen Gehalts. Das entsprechende Gesetz trat erst 2005 in Kraft. Der Arbeitsplatz bleibt nach der Geburt 16 Wochen lang garantiert. Schweizer Arbeitgeber haben zum Teil die betrieblichen Rahmenbedingungen verbessert und einen Vaterschaftsurlaub eingeführt, denn für Väter gibt es keine gesetzliche Regelung. Je nach Arbeitgeber werden bis zu vier Wochen Vaterschaftsurlaub bezahlt – oder eben gar keiner. Einer Frau bleibt nach der Geburt ihres Kindes also eine Schonfrist von vier Monaten. Anschließend kehrt sie zurück in den Job oder nimmt eine Kündigung in Kauf.

Bevor mein Baby zur Welt kam, erschreckten mich diese Aussichten. Ich fand das System unzeitgemäß und fragte mich, wie es normale Schweizerinnen schaffen, ihren Lebensunterhalt zu verdienen und für ihr Kind eine gute Betreuung zu finden. Gleichzeitig konnte ich mir nicht vorstellen, mein Kind bereits nach vier Monaten in fremde Hände zu geben. In Ungarn dauert der Mutterschutz drei Jahre und es wird dort als ganz normal angesehen, dass eine Frau so lange aussetzt, um bei ihrem Kind zu bleiben.

Inzwischen habe ich viele Beobachtungen gemacht und dadurch sozusagen eine andere Sichtweise bekommen. Ich sehe das Schweizer Modell nun als Chance, auch wenn es sicherlich verbesserungswürdig ist. Mittlerweile denke ich, eine Mutter, die auch außerhalb der Familie Bestätigung erfährt, ist das Beste, was einem Kind passieren kann.

Obwohl ich noch nicht lange in der Schweiz wohne, habe ich bereits zahlreiche Freunde gefunden und mit ihnen über das Thema »Kind und Job« viel debattiert. Rund die Hälfte der Mütter, die ich kennengelernt habe, kehrte vier Monate nach der Geburt an ihren Arbeitsplatz zurück, meist in Teilzeit. Es gibt zwar kein gesetzliches Recht auf eine Teilzeitstelle, doch anscheinend sind manche Schweizer Arbeitgeber flexibel genug, um auf solche Wünsche einzugehen. Diese Mütter erlebe ich mehrheitlich als sehr zufrieden mit ihrer Situation. Sie haben ihr Kind an die Krippe gewöhnt und arbeiten stundenweise, wodurch es ihnen leichter fällt, sich nicht mehr nur als Mutter zu sehen. Sie kosten es ganz bewusst aus, das Etuikleid oder den Hosenanzug wieder aus dem Schrank zu holen und Leute zu treffen, mit denen sie über etwas anderes sprechen als über Brei und erste Zähne. An den restlichen Tagen oder den Nachmittagen genießen sie das Leben als Mutter, gehen spazieren und treffen andere Mamas mit Kindern.

Das erscheint mir als ein sehr ausgeglichenes Dasein und es ermutigt mich, meine eigene Rückkehr ins Berufsleben anzugehen.

Natürlich ist mein Sohn Dario mein Lebensinhalt, Tag für Tag wächst er und überrascht uns mit immer neuen Kunststücken. Er macht uns überglücklich und es fällt mir schwer, mich auch nur stundenweise von ihm zu trennen. Meinen Schweizer Freundinnen ging das ähnlich. Doch sie haben festgestellt, dass ihren Kleinen die Zeit mit anderen Kindern, ohne Mami, guttut. Mutter und Kind freuen sich danach wieder besonders aufeinander.

Die andere Hälfte der Mütter, die ich kenne, ist zu Hause bei ihren Kindern geblieben. Diese Frauen sind häufig bereits um die vierzig. Neulich sagte eine von ihnen zu mir: »Ich habe doch kein Kind auf die Welt gebracht, um vier Monate später wieder arbeiten zu gehen.« Diese Mütter haben ausnahmslos die Kündigung erhalten, was mich ganz schön schockiert hat.

Außerdem kenne ich eine deutsche Bauingenieurin, die in der Schweiz lebt und fünf oder sechs Jahre lang mit ihren beiden Söhnen zu Hause blieb, während ihr Mann das Geld verdiente. Sie wurde immer unzufriedener und schaute sich schließlich nach einem Job um. Jetzt arbeitet sie zwei Tage die Woche in ihrem alten Beruf und verdient richtig gutes Geld. Rückblickend würde sie diesen Schritt heute früher gehen.

Ich gehöre zu den »Hybriden«, habe meinen Honorarvertrag mit der Sprachschule auf Eis gelegt und erhalte weder Mutterschaftsgeld noch eine Kündigung. Das ist ein Glück, denn so bin ich nicht arbeitslos und muss nicht jeden Monat zehn Bewerbungen schreiben und drei Beratungsgespräche absolvieren. Mein Chef ist sehr interessiert daran, mich so schnell wie möglich zurückzubekommen, er fragt mich alle drei Wochen: »Und, wann kommen Sie wieder?«

Als Dario drei Monate alt war, kam die erste Anfrage von meinem früheren Arbeitgeber in Deutschland. Ich war froh darüber, mal wieder ein Interview zu machen und einen Artikel zu schreiben. Seitdem erledige ich nebenher kleine Aufträge, schreibe vielleicht vier Artikel in einem Monat – ein Pensum, das ich früher an einem Tag schaffte. Momentan finde ich das ausreichend, schließlich haben wir keine Eltern vor Ort, die sich um Dario kümmern könnten, während ich arbeite. Meine Mutter lebt in Ungarn, 1000 Kilometer von uns entfernt; zu den Schwiegereltern sind es ungefähr 400 Kilometer.

Damit sind wir in guter Gesellschaft: Im Jahr 2011 zog die Schweiz rund 75.000 Zuwanderer an. Der Großteil der Neubürger sind Akademiker, die meisten kommen aus dem benachbarten Deutschland. Darüber sind nicht alle Schweizer glücklich, geplant ist sogar eine Volksabstimmung, um die Zuwanderung zu begrenzen. Die Justizministerin Simonetta Sommaruga regte an, Frauen durch familienverträgliche Arbeitsmodelle stärker in den Arbeitsmarkt einzubinden und dadurch den Zustrom aus dem Ausland zu bremsen – »Frauen statt Ausländer« lautete die Schlagzeile. Etwas perfide fand ich das Gegenargument eines Wirtschaftsprofessors: Ein gut ausgebautes Betreuungsangebot für Kinder würde die Schweiz noch attraktiver für Zuwanderer machen.

Private Krippen hier nehmen Babys bereits ab einem Alter von drei Monaten auf, eine zweiwöchige Eingewöhnungsphase ist üblich. Im Sommer wird Dario neun Monate alt sein und soll dann zwei Tage die Woche in einer solchen Kinderkrippe betreut werden. Wir haben eine Einrichtung in unserer Nähe gefunden, von der ich inzwischen hellauf begeistert bin. Vielleicht kenne ich aus Ungarn auch bloß einen einfachen Standard, aber von dieser Krippe kann ich wirklich nur in Superlativen erzählen. Sechs bis acht Kleinkinder werden von vier Erzieherinnen betreut. Jedes Grüppchen hat ein großzügig gestaltetes Spielzimmer, ein Esszimmer, ein Bad und einen eigenen Schlafraum. In die Spielräume sind zudem verschiedene Rückzugsorte geschickt integriert, da gibt es ein Piratenschiff, in das die Kinder durch eine Luke hineinkriechen können, und auf dem Schiff eine gemütliche Hängematte.

Unser erster Eindruck war: toll, aber teuer. Die Einrichtung wird jedoch staatlich subventioniert und die Gebühr pro Kind richtet sich nach dem Einkommen der Eltern. Für besonders gut Verdienende beträgt der maximale Tagessatz rund 110 Franken (etwa 90 Euro) pro Kind. Für eine so gute Betreuung, die man bei Bedarf von 7 bis 18 Uhr in Anspruch nehmen kann, inklusive sämtlicher Mahlzeiten, empfinde ich das für Schweizer Verhältnisse als angemessen. Gerade wenn man bedenkt, dass ein Babysitter oder ein Au-pair auch bis zu 30 Franken die Stunde nimmt. Zudem erleichtert eine liebevolle und professionelle Betreuung es mir als Mutter, mein Kind dort zu lassen und mit wirklich gutem Gefühl einige Stunden lang zu arbeiten. Beinahe noch wichtiger finde ich es für Dario, Kontakt mit anderen Kindern zu haben. Es ist doch eine tolle und wichtige Erfahrung für Kinder, quasi im »Rudel« aufzuwachsen. Daher bin ich sicher keine »Rabenmutter«, wenn Dario dort zwei Tage die Woche verbringen darf.

Ab Juli werde ich dann einen Tag die Woche als Trainerin in der Sprachschule arbeiten. Es wird eine Übergangslösung sein, denn mit meiner Qualifikation und Erfahrung im Bildungswesen möchte ich nicht auf Dauer Deutschkurse geben. Mein Herz zieht mich in die Kulturbranche. Eventmanagement könnte ich mir vorstellen, es gibt unzählige Museen, Theater, Festivals und vieles mehr in Zürich und gerade in diesem Bereich wohl auch Teilzeitstellen. Dann sind da große Weinhäuser, die beispielsweise Literaturveranstaltungen anbieten oder »Fondueschiffe« mit Weinproben organisieren. Neben der Literatur bin ich ja dem Wein sehr zugetan; in Ungarn habe ich ein paar Semester Önologie studiert und später in Deutschland die Ausbildung zur Weinfachberaterin absolviert. Ab und zu habe ich schon Weinproben durchgeführt und Seminare über ungarischen Wein gehalten. Der Plan lautet folglich, mich in der Kulturwirtschaft initiativ zu bewerben und – sobald Dario ein Jahr alt ist – wieder maximal 40 Prozent zu arbeiten.

Ich habe immer schon sehr viel gelesen und verfasse selbst gern Texte. Seit Jahren schreibe ich einen deutsch-ungarischen Blog, in dem ich aus meinem Leben erzähle, Bücher rezensiere oder kulinarische Entdeckungen teile. Lange bevor ich Mama wurde, schrieb ich mein erstes Kinderbuch.

Momentan führe ich vor allem ein Babytagebuch für Dario. Er entwickelt sich so schnell und ich habe Angst, vieles zu vergessen, deshalb halte ich es schriftlich fest. Sein erstes Wort war »Anyu«, das heißt »Mama« auf Ungarisch. Das war schön und erfüllte mich natürlich mit Stolz.

Seit Dario mit rund sechs Monaten begann, durch die Wohnung zu robben, gehen wir einmal die Woche in eine Krabbelgruppe. Dort habe ich viele nette Mütter getroffen. Es ist ein blöder Vergleich, aber wenn du mit einem Hund unterwegs bist, lernst du bald andere Hundebesitzer kennen – und seit meiner Schwangerschaft habe ich jede Menge andere Muttis kennengelernt. Ich nenne sie die »Co-Mamis«. Täglich gehe ich mit Dario spazieren und werde immer wieder angesprochen und gefragt: Wie alt ist denn der Kleine? Hat er schon Zähne? Isst er Brei? Meinem Mann geht es genauso. Nach einer halben Stunde Plausch tauscht man schon die Telefonnummern oder den Facebook-Kontakt aus und verabredet sich für den nächsten Tag zum Spaziergang. Die meisten duzen sich gleich, dadurch wirkt der Umgang lockerer als in Deutschland. Ich empfinde die Menschen hier als sehr kontaktfreudig und offen, dazu herzlich und unkompliziert. Vielleicht war es nur Glück, aber wir haben im Privatleben wirklich nur nette Nachbarn und liebe Menschen getroffen. Dementsprechend wohl fühlen wir uns hier in unserem Wohnort außerhalb von Zürich.

Allerdings mache ich inzwischen mindestens einmal die Woche mit Dario einen Ausflug in die Innenstadt, denn sonst werde ich noch zum »Landei«. Ich brauche einfach meine Dosis Kultur. Und diesbezüglich muss ich der »kleinen Großstadt«

Zürich ein großes Lob aussprechen. Es gibt zum Beispiel Krabbelkonzerte und Nuggi-Konzerte (»Nuggi« heißt »Schnuller«). An ausgewählten Nachmittagen spielt das Züricher Kammerorchester zwei Nuggi-Konzerte, so kann man sich je nach Schlaf- oder Fütterungszeit die passende Vorstellung auswählen. Im Konzertsaal trifft sich die »Nuggi-Gang« auf Yogamatten, einer weint, eine trinkt, der andere lauscht andächtig. Und Mama oder Papa genießt die Musik. Junge Eltern sind ansonsten ja eher ausgeschlossen vom kulturellen Leben, schon weil die Veranstaltungen in der Regel abends stattfinden. Zudem ist man im Kammerkonzert nicht gerade willkommen mit Baby, denn es könnte ja schreien. Ich hatte mich darauf eingestellt, während des ersten Jahres mit Kind auf Kultur zu verzichten – nun bin ich positiv überrascht. In Kunstausstellungen waren wir auch schon – mit Dario im Tragetuch.

Bislang genieße ich jeden Tag mit meinem Sohn, es macht so viel Spaß, mit ihm zusammen zu sein. Er ist ein tolles Kind und meistens gut aufgelegt. Natürlich ist er auch mal nicht so gut drauf, weint aber fast nie ohne Grund. Wir sind wirklich ein großartiges Team – ich ertappe mich immer wieder dabei, wie ich ihn mehr als Partner betrachte und weniger als mein Kind, das auf mich angewiesen ist. Abends, wenn er schläft, kann ich sogar lesen wie gewohnt – und so vermisse ich zurzeit eigentlich gar nichts. Im Gegenteil, ich glaube, so gut wie jetzt werde ich es nie wieder haben. Nicht nur weil ich umgeben bin von meiner kleinen Familie und vielen lieben Menschen, sondern auch weil wir in einem der schönsten Länder überhaupt leben: Postkartenpanorama, erhabene Berge, klare Seen und lebendige Städtchen, das Ganze garniert mit rahmigen Käsespezialitäten und zart schmelzender Schokolade. Mit vier offiziellen Amtssprachen – Deutsch, Französisch, Italienisch und Rätoromanisch – ist die Schweiz dazu ganz schön »multikulti«.

Die Lektion, die ich gerade lerne, ist: Kinder gehören zum Leben dazu. Man muss wegen ihnen nicht sein bisheriges Dasein aufgeben oder seine Arbeit drei Jahre lang auf Eis legen. Stattdessen nimmt das Leben nach einer kurzen Rückzugsphase mit dem Neugeborenen wieder an Fahrt auf und vieles geht seinen gewohnten Gang. Das Kind wird ein bereichernder Teil davon. Inzwischen weiß ich: Ich kann Mutter sein, weiter arbeiten und gleichzeitig intensiv leben.

Meine Mutter war Lehrerin und hatte damals in den ungarischen Sommerferien viel Zeit für mich, denn die dauerten drei Monate, von Juni bis August. Allerdings blieb sie nicht – wie in Ungarn üblich – drei Jahre lang bei mir zu Hause. Eine ältere Dame passte ab dem ersten Jahr auf mich auf. Ich bin nicht sicher, ob meine Mutter wieder arbeiten wollte oder musste. Jedenfalls erzählte sie mir einmal, dass sie nicht dabei war, als ich meine ersten Schritte tat. Das muss ziemlich schlimm für sie gewesen sein, sie hatte das Gefühl, etwas Wichtiges verpasst zu haben. Vielleicht ist das mit ein Grund, warum ich im Moment auf keinen Fall Vollzeit arbeiten will. Ein bis zwei Tage die Woche zu arbeiten scheint mir ideal zu sein, um nichts von der Entwicklung meines Kindes zu verpassen. Vollzeit hieße ja, mein Kind nur noch morgens und abends für kurze Zeit zu sehen – das kann ich mir nicht vorstellen.

Für Fabio ist es unterdessen in Ordnung, in den nächsten Jahren der Hauptverdiener zu sein. Er hat eben diesen tollen Job bekommen hier in Zürich und wir hatten uns schon länger ein Kind gewünscht – so hat sich unser neues Leben ergeben. Fabio ist außerdem ein ganz toller Vater. Ab und zu lachen wir über die männlich dominierte Schweiz. Zum Beispiel hat mein Mann mich und später unser Kind bei der Krankenkasse angemeldet – und obwohl wir eigene Verträge haben, sind sämtliche Schreiben und Rechnungen für uns drei ausschließlich an Fabio adressiert. Die Briefe beginnen stets mit: »Sehr geehrter Familienvorstand«.

Als ich noch in Deutschland arbeitete und Fabio schon in die Nähe von Zürich gezogen war, bestellte er einmal einen

Handwerker, denn der Boiler war defekt. Der Mann wollte »so zwischen 9 und 12 Uhr« vorbeikommen, woraufhin Fabio meinte, ob er das nicht genauer sagen könnte, damit er nicht den ganzen Vormittag Urlaub nehmen müsste. Darauf erwiderte der Handwerker ganz selbstverständlich: »Ja, aber Ihre Frau wird doch zu Hause sein!«

Neben dem klassischen Modell habe ich hier mit der Zeit auch andere Familienformen kennengelernt, Regenbogenfamilien und natürlich Alleinerziehende. In vielen Gesprächen stellte ich fest: Das Leben als berufstätige Mutter in der Schweiz ist wirklich nicht einfach, aber machbar. Denn gerade weil gesetzliche Rahmenbedingungen zum Schutz von Müttern weitgehend fehlen, finden Frauen leichter eine Stelle. Im Gegensatz zu Deutschland wird eine Frau hier eher eingestellt, selbst wenn sie Mutter ist und noch dazu alleinerziehend. Schließlich kann man sie auch wieder entlassen.

Nur noch mal zur Erinnerung: In kaum einem europäischen Land sind so viele Frauen berufstätig wie in der Schweiz – vor allem in Teilzeit, eine Arbeitsform, die gerade konservative Strömungen nicht unbedingt für voll zu nehmen scheinen. Das Arbeitsleben ist für Mütter hierzulande oftmals eher herb als zart schmelzend. Kein Wunder, dass die Schweizerinnen und Schweizer sich das Leben gern versüßen – in keinem anderen Land der Welt ist der Schokoladenkonsum so hoch wie hier. Bekanntlich ist dieser Genuss ja auch gut für die Nerven.

Die Geburt eines Kindes ist ein kleines Wunder – und sie bewirkt oft erstaunliche Veränderungen im Denken und Handeln einer Frau. Wenn eine junge Mutter wie Reka über alle Maßen in ihr Kind verliebt ist und die gemeinsame Zeit bewusst genießen kann, finde ich das sehr sympathisch. Mit ihrer positiven Einstellung hat sie erkannt: Kinder bereichern mein Leben, deshalb will ich ihnen

Zeit darin einräumen. Spannend finde ich, wie ausgerechnet die Schweiz – objektiv betrachtet so gar kein Paradies für arbeitende Mütter – die Vereinbarung von Familie und Beruf ermöglicht. Tatsächlich liegt die Beschäftigungsquote von Frauen beziehungsweise Müttern dort deutlich höher als in Deutschland. Das tradierte Rollenverständnis wird sich nur langsam ändern. Umdenken braucht Zeit und vor allem starke Vorbilder. Töchter und Söhne, die mit einer zufriedenen berufstätigen Mutter aufwachsen, erleben diesen Umstand als selbstverständlich – und werden ihn später nicht infrage stellen.

-18-

MEHR ALS EINE GUT GEÖLTE MASCHINE

CATERINA (31),
DOZENTIN,
1 TOCHTER,
WASHINGTON, D.C.

Caterina ist 31, Dozentin für Marketing in Washington, D.C., verheiratet mit einem US-Soldaten und Mutter einer 18 Monate alten Tochter. Sie ist eine schmale Frau mit langem braunen Haar und ernsten Augen. Ihr Mann hat dunkle Haut und ihre Tochter ist eine entzückende Mischung. Caterina und ich lernten uns vor zehn Jahren in einer PR-Agentur in München kennen und nach losem E-Mail-Kontakt brachte uns dieses Buch wieder zusammen. Während unseres ersten Telefonats legte sie ihre Kleine noch eben zum Mittagsschlaf hin, ganz selbstverständlich und mit der ihr eigenen Gelassenheit.

Eigentlich war ich immer eine große Planerin, aber seit ich mit Jay zusammen bin, habe ich mich umstellen müssen. Denn die U.S. Army legt fest, wo er stationiert ist. Inzwischen komme ich mit dem Planen innerhalb dieses Spielraums klar. Daher sage ich mir: Wenn wir in zwei Jahren am Ende der Welt landen, wird das schon nicht so schlimm werden. Ende 2002 lernten wir uns in einer Bar in Schweinfurt kennen. Jay war dort stationiert, ich absolvierte gerade ein Praxissemester in München. Nach meinem Studiensemester in England zogen wir Anfang 2004 zusammen. Im Dezember desselben Jahres haben wir geheiratet. Ich schrieb zu der Zeit noch an meiner Diplomarbeit über das Zusammenleben von Weißen und Nichtweißen, sie erschien später als Buch im Tectum-Verlag. Wir heirateten so schnell, weil es damals hieß, Jay würde 2005 versetzt werden, und ich wollte mit ihm gehen. Dann allerdings wurde die Versetzung verschoben.

Anfang 2007 kam schließlich ein überraschender Anruf aus der US-Hauptstadt Washington, in einer Einheit wurden dringend Leute gesucht und mein Mann musste dorthin. Anfangs war ich alles andere als begeistert über diesen plötzlichen Ortswechsel, aber eigentlich hatten wir großes Glück. Wir sind in einer sehr schönen Gegend gelandet und mittlerweile schon über vier Jahre hier. Diesmal hat mein Mann ein wenig nachgeholfen. Ihm stand eine Kiefer-Operation bevor und jedes Mal, wenn er versetzt werden sollte, entgegnete er: »Ich kann doch jetzt nicht hier weg, meine Kiefer-OP steht an, da kann ich nicht den Arzt wechseln!«

Vor Kurzem wurde er in Washington zum Sicherheitsbeauftragten eines hochrangigen Militärs berufen. Das beschert uns weitere zwei Jahre Aufschub, denn so lange ist dessen Amtszeit. Anschließend droht definitiv der nächste Ortswechsel. Darauf bin ich nicht scharf, versuche aber wie immer, mich auf das Wesentliche zu konzentrieren – auf das, was ich beeinflussen kann. Meiner Erfahrung nach kann man aus jeder Situation das Beste machen.

Als wir in die USA kamen, suchte ich nach einem Job. Ich wollte gern im Bereich Marktforschung oder PR arbeiten. So richtig sicher war ich mir aber nicht, denn ein Umzug – zudem einer in ein anderes Land – birgt die Chance auf einen Neustart. Alles ist wieder möglich.

Also bewarb ich mich auf ganz unterschiedliche Stellen, zunächst ohne jede Resonanz. Eines Tages besuchte ich die Jobmesse der Zeitung *Washington Post*. Zu den Ausstellern zählte auch das Art Institute, an dem ich heute unterrichte. Ich kam mit den Mitarbeitern ins Gespräch und sie empfahlen mir, meinen Lebenslauf einzureichen. Tatsächlich rief mich bald darauf jemand aus der zuständigen Abteilung an, weil sie kurzfristig einen Kurs besetzen mussten. Es kam dann noch einer dazu, sodass ich gleich mit zwei Kursen als Adjunct Professor, also Lehrbeauftragte, einstieg. Später konnte ich vier Kurse unterrichten, im Prinzip eine Vollzeitstelle, allerdings ohne die Verwaltungsaufgaben, die eine ordentliche Dozentin zusätzlich zu erledigen hat – und ohne das dazugehörige Gehalt. Witzigerweise boten sie mir später, als ich schon sichtbar schwanger war, eine echte Vollzeitstelle an. Ich hatte mich zu dem Zeitpunkt schon mit dem Gedanken getragen, aufzuhören oder nur einen Kurs zu unterrichten, denn der Platz in einer Kindertagesstätte hätte mein bisheriges Gehalt komplett aufgezehrt, weshalb ich lieber für ein bis zwei Jahre zu Hause geblieben wäre. Aber diese Chance wollte ich mir dann doch nicht entgehen lassen.

Nun bin ich seit zwei Jahren ordentliche Lehrkraft – für mich schlichtweg der perfekte Job. Er ist total abwechslungsreich; ich habe inzwischen über ein Dutzend verschiedener Kurse unterrichtet, darunter Public Relations, Marketing, Konsumentenverhalten, Marktforschung, Werbetext, Medien- und Anzeigengestaltung sowie Markenbildung. Teilweise musste ich mich intensiv in die Materie einarbeiten – etwa wie man eine Modenschau produziert oder wie Cause Marketing funktioniert. Da ich gar nicht so viel praktische Berufserfahrung mitbringe, greife ich gern auf Fallstudien aus meinen Praktika zurück und lese mich ein. So lerne ich immer wieder dazu und mein Job wird nie langweilig.

Mittlerweile unterrichte ich meist die gleichen Kurse – vier bis sechs Kernkurse, die in unserer Abteilung als »meine« gelten. Es gibt keine Semester, sondern vier Terms pro Jahr, das sind sehr überschaubare Zeiträume. Nach zehn Wochen geht es wieder von vorn los. Bei den meisten Jobs macht man eine Aufgabe einmal und wenn es nicht geklappt hat, ist es eben dumm gelaufen. Ich dagegen kann einen Kurs immer wieder umgestalten und verbessern. Da ich perfektionistisch veranlagt bin, passt das gut zu mir. Mein Unterricht ist innerhalb der vergangenen drei Jahre bestimmt interessanter und interaktiver geworden.

Was mir außerdem gut gefällt: Ich sitze nicht den ganzen Tag über am Computer. Das tue ich abends noch genug. Aber an meinen Arbeitstagen bin ich nur auf den Beinen. Ich kommuniziere pausenlos und bekomme direktes Feedback. Wenn den Studenten die Augen zufallen, ist klar: Ich muss mehr Power geben. Wenn sie sich beteiligen und diskutieren, mache ich meine Arbeit gut.

Indem ich unterrichte, will ich die Welt ein Stück weit positiv verändern. Als Dozentin habe ich die Chance, viele junge

Menschen zu beeinflussen. Der ein oder andere nimmt etwas davon mit für sein Leben. Zumindest wünsche ich mir das. In meinem eben abgelaufenen Global-Business-Kurs hatten wir am Ende eine Feedbackrunde und ich bekam zu hören: »Das war einer der Kurse, an die ich mich nach dem Studium wirklich erinnern werde«, oder: »Der Kurs hat mir die Augen geöffnet.« Solch positive Rückmeldungen sind alles andere als alltäglich, gerade deshalb motivieren sie mich total.

Ein weiterer großer Vorteil meiner Arbeit ist, dass ich frei und unabhängig bin. Im Rahmen der Lernziele kann ich meine Kurse selbst gestalten. Ich wähle das Lehrmaterial aus, bin nicht auf die Zuarbeit anderer angewiesen und muss mich nach niemandem richten.

Als Kind war ich mir übrigens ganz sicher: Ich werde auf gar keinen Fall Lehrerin. Witzig, dass ich genau das jetzt bin und es super finde. Meine Eltern waren beide Lehrer und meine Schwester ist Gymnasiallehrerin. Als ich ganz klein war, wollte ich Gärtnerin werden. Ich hatte ein kleines Stück Garten bei uns zu Hause, das ich »Naturschutzgebiet« nannte und wo ich alles Mögliche »anbaute«. Der Widerspruch fiel mir übrigens gar nicht auf.

Im Herbst 2010 kam unsere Tochter Morgan, genannt Momo, zur Welt. Drei Monate nach ihrer Geburt kehrte ich zurück in den Job. Seit ich ordentliche Lehrkraft bin, sind administrative Aufgaben dazugekommen, aber viel mehr Arbeit ist es dadurch nicht. Es ist einfach der ideale Job, wenn man Kinder hat. Momentan arbeite ich drei Tage die Woche, Montag, Mittwoch und Freitag, davon an zwei Tagen nur von 10 bis 14 Uhr. Wohlgemerkt, es ist eine Vollzeitstelle. Das darf man fast keinem sagen. Zeitweise gab ich nebenher auch noch an der University of Maryland Kurse, doch nach Momos Geburt war mir das zu viel.

Wenn wir beide arbeiten, passt eine Nanny auf Momo auf, die zu uns ins Haus kommt. Das ergab sich zufällig. Wir wollten unsere Tochter eigentlich in den Kindergarten geben und bekamen dort auch einen Platz, als sie drei Monate alt war. Wir meldeten sie also an und bezahlten auch schon für die ersten drei Wochen. Dann verbrachte mein Mann – ein totales Energiebündel – einen »Schnuppertag« mit ihr im Kindergarten. Er kam zurück und meinte: »Das können wir nicht machen. Die Erzieherinnen bewegen sich nicht schnell genug, die wischen keine Rotznase ab, singen nicht mit den Kindern, lesen nichts vor. Wir brauchen eine andere Lösung.«

Ich musste aber die Woche darauf anfangen zu arbeiten. Kurzerhand fragten wir eine Bekannte, die für die Armee ehrenamtlich eine sogenannte Familienorganisation anbietet, ob sie jemanden kennt, der auf unser Kind aufpassen könnte. Sie entschloss sich dann spontan, selbst einzuspringen, was uns sehr recht war, denn wir kannten und mochten sie. Zudem akzeptierte sie unser relativ niedriges Gehaltsangebot. Inzwischen ist ihre Mutter hergezogen, eine gelernte Erzieherin, die jetzt als Nanny für uns arbeitet.

Erziehung und Haushalt teilen wir uns. Das Kochen ist zum Beispiel meine Aufgabe, dafür badet Jay die Kleine. Wir ziehen sie zweisprachig auf, mein Mann spricht Englisch, ich Deutsch mit ihr. Was es uns erleichtert, mehr oder weniger gleichberechtigt für sie da zu sein, sind unsere flexiblen Arbeitszeiten.

Nach der Geburt bekam Jay zehn Tage Vaterschaftsurlaub, das hängt aber vom Arbeitgeber ab. Derzeit arbeitet er meist jeden zweiten Tag und verbringt dadurch viel Zeit mit unserer Tochter, geht mit ihr schwimmen oder spielt mit ihr. Ganz so locker, wie sich das anhört, ist sein Job aber nicht. Seine Arbeitstage beginnen meist schon morgens um 5 Uhr und dauern auch mal bis Mitternacht, oft ist er einige Tage am Stück im Ausland unterwegs. Da das Arbeitspensum für eine Person nicht zu schaffen wäre, teilt er sich den Job mit einem anderen Soldaten. Insgesamt kommt er auf rund vierzig Stunden die Woche, auch wenn er nur an zwei bis drei Tagen arbeitet. Als ich mit Wehen ins Krankenhaus fuhr, war er gerade in Korea. Ich rief ihn von unterwegs aus kurz an, um wenigstens Bescheid zu sagen. Er kam, so schnell er konnte, da war Momo allerdings schon auf der Welt.

Obwohl ich so viel zu Hause bin, finde ich es manchmal schwierig, alles unter einen Hut zu bekommen. Wie gesagt, ich bin ein bisschen perfektionistisch veranlagt. Ich will viel mit Momo unternehmen und spielen, guten Unterricht und viel Feedback geben, in meinem Doktorstudium Einsen bekommen, Bio-Mahlzeiten frisch zubereiten und dazu das Haus blitzblank halten. Und da stoße ich ab und zu an meine Grenzen.

Einmal – Momo war gerade acht Monate alt und Jay mal wieder eine Woche am Stück unterwegs – hatte ich freitags noch eine Besprechung an der Uni, aber keine Nanny. Meine Kollegen sind sehr kinderlieb und haben kein Problem damit, wenn ich Momo mitbringe. Also schnappte ich mir meine Arbeitstasche, einen riesigen Ordner, Wickeltasche und Baby und stakste die Treppe hinunter Richtung Auto – wir wohnen auf drei Stockwerken verteilt. Leider übersah ich die letzte Treppenstufe und holterdiepolter sausten wir zu Boden. Momo schrie wie am Spieß, hatte sich aber nur erschreckt. Inmitten eines heillosen Durcheinanders saß ich auf dem Fußboden und sang »Heile, heile Segen«, um gleich darauf festzustellen, dass ich nicht aufstehen konnte. An meinem Fuß prangte eine Beule so groß wie ein Hühnerei. Also hopste ich die Treppe wieder hoch, was mit einem Baby auf dem Arm gar nicht einfach ist, legte den Fuß hoch und nahm per Telekonferenz an der Besprechung teil. Den Rest des Tages kroch ich wie eine Affenmutter mit Momo im Haus herum, was sie total lustig fand. Sie konnte ja nur krabbeln und dachte wohl, das sei ein neues Spiel. Am nächsten Tag war ich dann doch beim Arzt und der stellte fest: »Ihr rechter Fuß ist gebrochen.« Also spielte ich noch ein paar Tage lang die Affenmutter, bis ich einen Gehgips bekam und Momo endlich wieder aufrecht tragen konnte. Unsere Nanny fuhr mich in der Zeit netterweise zur Arbeit, denn Jay kam erst Ende der Woche nach Hause. Im Nachhinein ist es eine lustige Geschichte, aber meine Knie waren vom Kriechen ganz schön wund.

In den USA arbeiten die meisten Mütter, wobei es auf jeden Fall regionale und soziale Unterschiede gibt. Wir wohnen hier in einem wohlhabenden Bezirk in einem Vorort von Washington, in dem viele Mütter zu Hause bei ihren Kindern bleiben, weil der Mann gut verdient. Vorhin war ich mit meiner Tochter und einer Freundin im Einkaufszentrum, da wuselten lauter Kinder herum, die mit ihren Müttern beim Einkaufen waren. Wenn ich frei habe, nehme ich meine Tochter auch gern zum Mutter-Kind-Yoga oder zur Musikstunde mit, da sind überall viele Mütter mit Kindern. Entweder sie haben auch flexible Arbeitszeiten oder sie sind eben Hausfrau.

Staatliche Fördermittel für Familien wie zum Beispiel Kindergeld gibt es in den USA nicht. Was es gibt, sind staatliche Kinderkrippen oder Kindergärten, diese unterscheiden sich preislich aber nicht wirklich von privaten Einrichtungen. Je nach Wohngegend ist es schwer, einen Platz zu ergattern. Die Einrichtung in der Nähe meiner Hochschule hat eine Warteliste von 18 Monaten für Babys, du musst das Kind also eigentlich anmelden, bevor du schwanger wirst. Aufgenommen werden Kinder ab einem Alter von sechs Wochen. Üblicherweise arbeiten Frauen hier bis zur Geburt, außer die Schwangerschaft verläuft problematisch. Einen bezahlten Mutterschutz per Gesetz gibt es in den USA nicht, nur wenige Staaten wie Kalifornien haben einen sechswöchigen Mutterschutz mit Lohnausgleich eingeführt. In manchen Staaten haben Frauen die Möglichkeit, einen »short-term disability leave« zu nehmen, übersetzt also einen »kurzfristigen Urlaub wegen Behinderung«, der auch im Fall einer schweren Krankheit greifen kann.

Mein Arbeitgeber beziehungsweise seine Versicherung bezahlte mir nach der Geburt sechs Wochen lang mein Gehalt weiter.

Anschließend konnte ich noch sechs Wochen unbezahlten Urlaub nehmen; der Job bleibt per Gesetz zwölf Wochen lang garantiert. Danach fängt man entweder wieder an zu arbeiten oder kündigt. Ein Recht auf Teilzeit gibt es meines Wissens nicht, aber jede Mutter kann natürlich versuchen, ihren Arbeitsvertrag ändern zu lassen. Ich kenne viele Frauen, die ihr Kind bekommen und nach sechs Wochen weiterarbeiten wie zuvor.

Meine Kolleginnen haben alle eine Nanny, die ihre Kinder betreut, während sie arbeiten. Als Lehrkräfte sind wir ja keine vierzig Stunden die Woche außer Haus, also ist das finanzierbar. Eine Nanny in unserer Wohngegend nimmt immerhin mindestens 15 Dollar (rund 12 Euro) die Stunde. Hätte ich dagegen einen Vierzigstundenjob und wäre inklusive Fahrzeit sechzig Stunden unterwegs, kämen pro Woche schnell 900 Dollar zusammen. Zuschüsse vom Staat gibt es nicht, dafür als Arbeitgeberleistung bis zu 5000 Dollar im Jahr steuerfrei für Kinderbetreuungskosten. Die werden direkt vom Bruttogehalt auf ein Extrakonto überwiesen und wenn ich entsprechende Belege einreiche, bekomme ich den Gegenwert gutgeschrieben. Ansonsten ist mir keine staatliche Unterstützung bekannt.

Kinder sind hier jedoch ein ganz normaler Teil der Gesellschaft. Bei Restaurantbesuchen fällt mir das oft auf: Es gibt überall Kindersitze, Speisekarten für Kinder, Buntstifte und vor allem keine bösen Blicke, wenn ein Kind mal laut wird. Es ist eher akzeptiert, dass Kinder zum Leben dazugehören und folglich meist mit dabei sind.

Ich unterrichte an einer privaten sogenannten For-Profit-Hochschule. Im Gegensatz zu staatlichen Universitäten zielen diese darauf ab, Profit zu erwirtschaften. In den USA gibt es viele solcher Hochschulen. Für die Studenten bedeutet das eine vergleichsweise teure Ausbildung: Wer hier seinen Bachelor-Abschluss macht, hat bis dahin rund 80.000 Dollar bezahlt. Die durchschnittlichen Kosten für einen Bachelor-Abschluss in den USA liegen dagegen bei circa 25.000 Dollar. Dafür ist es an unserer Uni relativ »einfach«, einen Studienplatz zu bekommen, man braucht quasi nur einen Highschool-Abschluss und das nötige Geld. Stipendien gibt es zum Beispiel für sozial benachteiligte Menschen oder Armeeangehörige. Die meisten Studenten aber nehmen Kredite auf, um ihr Studium zu finanzieren. Ich habe mich schon oft gefragt, ob sie die jemals wieder zurückzahlen können. Vergangenes Jahr wurde unter Präsident Obama ein Gesetz verabschiedet, wonach die Schulden, die man für seinen Abschluss macht, im Verhältnis stehen müssen zum späteren relativen Einkommen. Gerade bei Designern oder Köchen, wie wir sie ausbilden, ist das fraglich. Als Reaktion darauf gibt es derzeit Budgetkürzungen an unserer Schule.

Für mich bedeutet die Arbeit an so einer Art von Hochschule eine reine Lehrtätigkeit ohne wissenschaftliche Studien oder Forschung, wie sie an einer Universität üblich ist. Ich nutze die freie Zeit und arbeite seit 2009 nebenher an meinem Doktortitel. Dabei profitiere ich von einem in-work benefit, also einer Arbeitgeberleistung: Wir Lehrkräfte können an einer Partnerhochschule kostenlos Kurse belegen. Deshalb bin ich im Fach Marketing eingeschrieben, es war der einzig mögliche Kurs, der mir zugesagt hat. Wenn ich bedenke, was eine Promotion in den USA normalerweise kostet, kann ich damit gut leben. Die vorgeschriebenen Präsenzzeiten und Wochenendkurse hatte ich gleich zu Beginn abgearbeitet, bevor ich Mama wurde; jetzt läuft das Aufbaustudium komplett über Onlinekurse. Jede Woche schreibe ich ein paar Aufsätze, das schaffe ich gut an den Abenden. Momentan belege ich den vorletzten Kurs. Anschließend habe ich eine größere Prüfung und muss noch die Doktorarbeit schreiben, wobei diese vom Umfang her eher mit einer deutschen Diplomarbeit vergleichbar ist. In spätestens eineinhalb Jahren sollte ich fertig sein. Dann darf ich mich Doctor of Business Administration nennen. Der Doktortitel wird es mir erleichtern, an einem anderen Ort zu unterrichten. Denn weiter unterrichten möchte ich auf jeden Fall.

Geplant habe ich meine Laufbahn nicht. Es hat sich alles zufällig ergeben in meinem Leben, im Nachhinein betrachtet besteht es aus Puzzleteilen, die erstaunlich gut zueinanderpassen. Ich war nie erpicht darauf, bis spät in die Nacht zu arbeiten, riesige Verantwortung zu tragen und ständig gestresst zu sein. Was ich wollte, war ein Job, der mir Spaß macht und in dem ich gut verdiene. Wer will das nicht? Mir bedeutet es viel mehr, eigenverantwortlich und unabhängig zu sein im Beruf, als Karriereambitionen zu verfolgen. Deshalb bin ich mit meinem jetzigen Job sehr zufrieden; er füllt mich aus, ohne mich unter Druck zu setzen. Es gibt keine großartigen Aufstiegsmöglichkeiten, dafür bin ich relativ frei in meinem Tun. Für mich ist die Dozentenstelle durchaus ein Erfolg und eine angesehene Position, aber eben ohne den Anspruch, dass ich eigentlich länger bleiben oder mehr machen müsste.

Selbst dass ich Medienwissenschaft studierte, war ein Zufall: Ich war mal bei einem Tag der offenen Tür an der TU Ilmenau gewesen und mir hatte die Präsentation des Studiengangs gefallen. Als sehr gute Studentin spürte ich oft die gesellschaftliche Erwartung, ich sollte »Karriere machen« und »richtig Gas geben«. Diesem Druck wollte ich mich nicht beugen und begann direkt nach dem Studium in Deutschland, eine Dissertation zu schreiben. Mir gefiel der Gedanke, in die Wissenschaft zu gehen anstatt in die Wirtschaft. Sehr schnell lernte ich dann, dass es an der Universität schlimmer sein kann als in einem Unternehmen. In eine Schlangengrube war ich da hineingeraten, in der um Fördertöpfe und Forschungsgelder gerungen wurde und keiner dem andern etwas gönnte. Gleichzeitig fühlte ich mich isoliert, da ich zwar in Erfurt promovierte, aber in Schweinfurt lebte. Um mehr unter Menschen zu kommen, nahm ich eine Teilzeitstelle in einem Unternehmen an, das Strom aus erneuerbaren Energien vertrieb. Damals war es eine kleine Firma und ich verantwortlich für alles, was mit Kommunikation zu tun hat. Ich rief ein Kundenmagazin ins Leben und gestaltete Anzeigen,

PR-Berichte und vieles mehr. Es gefiel mir so gut dort, dass ich die ungeliebte Doktorarbeit aufgab und in Vollzeit arbeitete. Noch heute schreibe ich eine Kolumne für »mein« damaliges Kundenmagazin.

Geboren und aufgewachsen bin ich in Thüringen in der ehemaligen DDR, wo es selbstverständlich war, dass Mütter sehr bald nach der Geburt wieder arbeiten gingen und die Kinder in die Kinderkrippe oder den Kindergarten kamen. Bei mir war das ein bisschen anders: Meine Oma kümmerte sich um mich, bis ich drei Jahre alt war. Meine Mutter war als Grundschullehrerin nachmittags zu Hause bei mir und meiner Schwester, wir nahmen sie daher nicht wirklich als berufstätig wahr.

Wenn ich je ein Vorbild hatte, dann ist das meine Mutter, die leider viel zu früh – im Jahr 2000 – starb. Sicher haben Kinder ein selektives Erinnerungsvermögen, aber alles, was bei mir hängen geblieben ist von ihr, ist positiv. Obwohl wir in Ostdeutschland nicht viele materielle Dinge besaßen oder kaufen konnten, hatte ich als Kind nie das Gefühl, dass mir etwas fehlte. Ich weiß noch, wie ich in der Vorweihnachtszeit mit meiner Schwester in der Badewanne saß und meine Mutter uns total spannende Geschichten erzählte. Sie handelten häufig von Missgeschicken in der Weihnachtswerkstatt. Die Protagonisten waren der Weihnachtsmann, seine Frau, Frau Holle, ein Wichtel namens Augustus und ein Engel namens Aloysius. Einmal hatte Wichtel Augustus zum Beispiel die Ohren für die Schaukelpferde verbummelt. Meine Schwester und ich liebten diese Geschichten. Später verriet uns meine Mutter, dass sie damit Enttäuschungen unter dem Weihnachtsbaum vorgebeugt hat. Wenn wir uns etwas wünschten, was sie nirgends auftreiben konnte, musste eben dem Augustus irgendein Missgeschick passieren. Fand sie es doch, half Frau Holle in letzter Minute. Meine Mutter war immer für mich da. Ich glaube, von all den Rollen, die sie hatte, war sie zuerst Mutter – jedenfalls habe ich das so empfunden.

Wenn ich Momo eine Mutter sein kann, wie meine Mutter es für mich war, habe ich alles richtig gemacht. Ich befürchte aber, dass ich viel zu hohe Erwartungen haben werde, zum Beispiel dass mein Kind nichts als Einsen heimbringt. Daran muss ich arbeiten. Meinem Mann war es übrigens wichtig, dass unsere Tochter in Amerika geboren wird, damit sie die Chance hat, Präsidentin zu werden. Wenn das arme Mädchen also total verkorkst wird, kann sie es auf uns schieben. Dabei würde ich mich selbst eher als absoluten Durchschnittsmenschen bezeichnen. Als wir damals unser neu gekauftes Haus renovierten, strichen wir das Wohnzimmer in Beige- und Brauntönen. Ich hatte die Farben ausgesucht und musste lachen, als ich die Namen auf den Eimern las: »Vertrauenswürdiges Braun«, »Verlässliches Weiß«, »Vertrautes Beige«. Das war mal wieder total typisch für mich.

Ich arbeite ja quasi an einer Künstlerschule – dem Art Institute – und meine Kollegen sind alle ziemlich kreativ und passioniert, Modedesigner, Maler und so weiter. Dagegen fühle ich mich manchmal wie eine graue Maus. Das hat sicher mit meiner selbstkritischen Art zu tun. Ich denke oft, dass ich vieles noch besser machen müsste, oder sehe andere, die Dinge vermeintlich besser hinbekommen. Andererseits kann ich sehr gut Prioritäten setzen – die große Planerin eben. Das hat mir im Kollegium einen Spitznamen eingetragen: »Caterina, the well-oiled German machine«.

Nicht einmal ein gebrochener Fuß hält diese Frau auf. Anstatt sich krankzumelden oder ihren Mann von der Dienstreise zurückzurufen, kümmert sie sich krabbelnd um ihre Tochter und hält Vorlesungen mit Gipsbein. Egal ob sich Caterina diesen Pragmatismus von den Amerikanern abgeschaut hat oder – was ich glaube – er ihr in den Genen liegt, er täte vielen Menschen gut. So könnte auch manche Mama in Deutschland eine nicht ihrer Qualifikation entsprechende Aufgabe als Chance sehen, beruflich wieder Fuß zu fassen. Wie Caterinas Weg zeigt, ist es dabei natürlich wichtig, flexibel zu sein und gleichzeitig die eigenen Ziele im Auge zu behalten. Gerade wenn ein neues Land oder die Geburt eines Kindes das Leben auf den Kopf stellen. Mit dem richtigen Riecher, Zielstrebigkeit und ein wenig Glück gelang ihr so der Aufstieg von der Aushilfslehrkraft zur ordentlichen Dozentin in Vollzeit. Dank ihrer moderaten Arbeitszeit und der gleichberechtigten Aufgabenteilung mit ihrem Mann bleibt ihr ausreichend Zeit für ihre kleine Tochter. Damit ist sie momentan in einer beneidenswerten Lage. Doch sobald die Armee ihren Mann erneut versetzt, wird Caterinas Pragmatismus wieder gefordert sein.

-19-

MIT KINDERN WEISS MAN NIE, WAS MAN BEKOMMT

BETTINA (36),
STUDENTIN,
2 KINDER,
LONDON

Bettina studierte in Paris Mode und Kunst und arbeitete unter anderem für Giorgio Armani und Modemagazine wie »Vogue« und »Elle«. Die 36-Jährige und ihr Mann stammen aus Dänemark, leben seit knapp zehn Jahren in London und haben zwei Kinder, den achtjährigen Oskar und die siebenjährige Clara. Als sich herausstellte, dass ihr Sohn taub ist, kehrte Bettina dem Modezirkus den Rücken, um ihrem Leben eine völlig andere Richtung zu geben. Während eines unserer Gespräche kam mir folgender Satz aus dem Film »Forrest Gump« in den Sinn: »Das Leben ist wie eine Schachtel Pralinen. Man weiß nie, was man bekommt.«

Es ist ein wenig beängstigend, mit Mitte dreißig zur Uni zu gehen – auch wenn ich mich nicht alt fühle, bin ich doch eine der Ältesten. Meine Kommilitonen vergessen das oft und ich ernte ungläubige Blicke, wenn mir ein Satz rausrutscht wie: »Meine Putzfrau ist gerade im Urlaub.«

»Was, du hast eine Putzfrau?«, heißt es dann.

Ich erwidere: »Leute, das ist der einzige Luxus in meinem Leben.«

Als studierende Mutter bin ich nicht nur an der Hochschule eine Exotin. Auch bei Gesprächen mit anderen Müttern muss ich mich immer wieder erklären, wenn es heißt: »Was arbeitest du noch gleich?«

Einmal stand ich kurz vor einer wichtigen Prüfung an der Uni, als die Mutter von Oskars Klassenkameradin per SMS wissen wollte: »Kann Holly für das Kirchenkonzert Oskars Rekorder ausleihen?«

Ich hätte am liebsten zurückgeschrieben: »Nein, und übrigens habe ich gerade ganz andere Sorgen!« Stattdessen schaltete ich mein Mobiltelefon schnell aus.

Studiert habe ich eigentlich vor rund 15 Jahren in Paris, und zwar Mode und Kunst. Nach meinem Abschluss geriet ich eher zufällig in die PR-Branche. Ich bekam von Giorgio Armani das Angebot, als PR-Assistentin zu arbeiten, und sagte sofort zu. Es schien mir eine spannende Aufgabe zu sein, Seite an Seite mit den Einkäufern und der Geschäftsleitung zu arbeiten. Armanis Schwester Roberta begutachtete persönlich meine Abschlussmappe für die Hochschule und gab mir Feedback. Das bedeutete mir viel. Später arbeitete ich für Magazine wie *Vogue* und *Elle*, für die ich Modeseiten zusammenstellte. Mit Pressearbeit und den dazugehörigen Events lassen sich spannende Entwicklungen in Gang setzen, plötzlich bekommt man Bestätigung von vielen Seiten. Das gefiel mir so an dieser Arbeit. Einmal organisierten wir beispielsweise einen Schmuck-Event im italienischen Amalfi, fingen bei null an und schufen eine Presseveranstaltung, die in den Lifestyle-Medien ein großes Echo erzeugte.

Nachdem mein Mann Kim und ich nach England gezogen waren, fand ich eine Stelle bei einem Mode-Fachverlag und betreute dort die Pressearbeit für Kindermode- und Schmuckmessen in London und Birmingham. Als Oskar zur Welt kam, nahm ich 26 Wochen bezahlten Mutterschutz in Anspruch und arbeitete anschließend weiter in Teilzeit. Für eine Frau mit Kind war meine Stelle ideal: Die Messen finden zweimal im Jahr statt und nur in diesem Zeitraum war der Job sehr arbeitsintensiv. Während der Wirtschaftskrise verlor ich meine Festanstellung und arbeitete auf Projektbasis weiter. Ein Jahr nach Oskar bekam ich seine Schwester Clara. Als Freiberuflerin konnte ich nicht mehr so lange pausieren – Clara war gerade zwei Monate alt, als ich wieder einstieg. Solange die Kinder klein waren, hatten wir nacheinander mehrere Au-pair-Mädchen. Sie konnten in unserem Gartenhaus in Richmond wohnen und gehörten quasi zur Familie. Ein Vollzeit-Job war dennoch nicht machbar, weil ich die Kinder zum Kindergarten oder später zur Schule brachte und wieder abholte. Das war in Ordnung; ich habe es immer genossen, viel Zeit mit meinen Kindern zu verbringen und teilzuhaben an ihrer Welt.

Berufstätige Mütter in Großbritannien können inzwischen bis zu einem Jahr Mutterschaftsurlaub nehmen, dieser beginnt wahlweise ab elf Wochen vor dem errechneten Geburtstermin oder mit dem Tag der Geburt. Allerdings müssen sie gut überlegen, ob sie es sich leisten können, wieder arbeiten zu gehen, solange die Kinder noch nicht eingeschult sind. Dank Au-pair-Mädchen waren wir nicht täglich auf den privaten Kindergarten angewiesen, doch wenn ich die Kinder dorthin brachte, bezahlte ich pro Kind 50 Pfund. Für zwei Kinder waren das also 100 Pfund (rund 125 Euro) am Tag. Kein Wunder, dass viele Mütter kleiner Kinder in Großbritannien zu Hause bleiben. Schade finde ich, wenn sie dafür auf Dauer ihre eigene Karriere opfern und den Kontakt zu alten Freunden und Kollegen verlieren, weil es naheliegender ist, sich mit Müttern aus der Nähe zu treffen. Wenn eine Mutter ihr ganzes Leben nur nach praktischen Gesichtspunkten ausrichtet und eigene Ziele komplett aufgibt, kommt dabei nicht selten eine deprimierte Frau heraus. Mir ist es immer wichtig gewesen, eine eigene Identität zu bewahren.

Als selbstständige PR-Beraterin in Teilzeit war ich nach einigen Jahren nicht mehr glücklich. Mein Fachgebiet war ja Mode, speziell Haute Couture. Pressearbeit war für mich nur interessant, solange sie einen Bezug zur Mode hatte. Als Freiberuflerin musste ich jedoch die Aufträge nehmen, wie sie kamen – ich konnte mir nicht nur die Rosinen rauspicken. So kam es, dass ich zunächst die Pressearbeit für ein Lifestyle-Projekt übernahm, das nicht wirklich etwas mit Mode zu tun hatte; daraus ergab sich ein weiteres Projekt im Bereich Kommunikation. Mit der Zeit entfernte ich mich immer weiter von meinen eigentlichen Interessen. So arbeiten viele und das ist sicherlich in Ordnung, aber die Leidenschaft geht dabei verloren.

Doch ich hatte inzwischen ganz andere Ideen. Auslöser war mein Sohn Oskar, der taub geboren wurde. Ich wollte wieder studieren, aber das war zeitlich nur machbar, falls wir in der Nähe der Schule wohnten, da ich die Kinder selbst dorthin bringe und abhole – der Londoner Verkehr ist einfach ein Albtraum. Vor zwei Jahren verkauften wir schließlich das Haus in Richmond und zogen in die Londoner Innenstadt. Indem wir vor Ort wohnen, verschwenden wir keine Zeit im Auto. Als Vorbereitung auf das Universitätsstudium besuchte ich zunächst ein Jahr lang ein College für Erwachsene. Das war alles andere als ein Spaziergang – ich war ja ewig weg gewesen von der Schulbank und nun musste ich wieder Aufsätze verfassen und Referate vorbereiten. Aber ich habe es geschafft und mir damit den Zugang zur Uni ermöglicht.

Seit September 2011 bin ich eingeschrieben im Fach Human Communication (Menschliche Kommunikation), ich studiere Hörtechnik und Audiologie, Linguistik und Phonetik. Damit kann ich später als Sprachtherapeutin oder Audiologin arbeiten. Durch unseren Sohn beschäftige ich mich seit Jahren mit diesem Fachgebiet, dabei wuchs in mir der Wunsch, beruflich mit Kindern zu arbeiten, die nicht oder nur wenig hören können. Nach unzähligen medizinischen Untersuchungen, zu denen ich meinen Sohn begleitet habe, ist das für mich ein natürlicher Schritt. Nur als betroffene Mutter werde ich allerdings nicht ernst genommen als Audiologin, ich brauche also ein Diplom. Dann kann ich die vielen Kontakte und das Netzwerk nutzen, das ich mir über die Jahre aufgebaut habe. Bei uns in der Nachbarschaft gibt es beispielsweise eine Schule für Gehörlose, in der ich manchmal aushelfe und praktische Erfahrungen sammle. Oskar hat dank Cochlear-Implantaten in beiden Ohren gelernt, zu hören. Sein Gehirn empfängt digitale Lautsignale und muss diese zuordnen, in einem Raum voller Menschen funktioniert das nur sehr begrenzt, aber generell kann er rund 80 Prozent seiner Umgebung verstehen.

Ich bin glücklich über meinen Entschluss zu studieren, auch wenn er nicht einfach umzusetzen ist. Denn zunächst muss ich sechs Jahre meines Lebens in die Ausbildung stecken, um erst den

Bachelor und dann den Master zu absolvieren – ein steiler Berg an Arbeit, der größtenteils noch vor mir liegt. Ich werde sozusagen als »reife Frau« mit vierzig wieder den Arbeitsmarkt betreten.

Trotz des Altersunterschiedes fühle ich mich sehr wohl in meinem Semester. Mit mir studieren noch zwei Mütter, die ihrem Leben eine neue Richtung geben wollen. Als ich die eine kennenlernte, fiel ich fast vom Stuhl vor Schreck: Sie hat 13 Kinder – und alle unterrichtete sie zu Hause; home schooling ist ganz legal in Großbritannien. Inzwischen sind wir gut befreundet. Es gibt also noch mehr Eltern, die eines Tages aufwachen und sich sagen: »Ich bin in der falschen Branche.«

Von Montag bis Freitag bringe ich morgens die Kinder zur Schule, bin tagsüber an der Universität und hole im Anschluss die Kinder wieder ab. Um das zu schaffen, habe ich Clara und Oskar für zusätzliche Aktivitäten angemeldet, damit sie bis 16:30 Uhr oder sogar 17:30 Uhr an der Schule sind. So können die Kinder dort auch ihren Hobbys nachgehen. Das Angebot ist wirklich gut. Es gibt zum Beispiel einen professionellen Karatelehrer, der freitagnachmittags an die Schule kommt. Beide Kinder lernen bei ihm Karate. Mit seinen acht Jahren fühlt sich Oskar schon wie ein großer Karatekämpfer, vor allem seit er vergangene Woche den orangen Gürtel verliehen bekam. Clara schwimmt außerdem sehr gern; der Schulbus fährt die Kinder zum Schwimmbad und liefert sie wieder an der Schule ab. Ob nun ein Schwimmwettbewerb oder ein Kricketturnier ansteht – organisiert wird alles von der Schule, nicht von den Eltern.

Mein Studientag geht nahtlos in den Familientag über. Ich komme mit der U-Bahn von der Uni, hole auf dem Heimweg die Kinder von der Schule ab, wir essen zu Abend, ich werfe einen Blick auf die Hausaufgaben und mache Clara und Oskar bettfertig. Um 19 Uhr müssen sie ins Bett, anschließend setze ich mich hin und wälze Fachbücher über Audiologie. Natürlich klappt es auch bei uns nicht reibungslos mit dem Zubettgehen, obwohl das Argument »Mama muss auch Hausaufgaben machen« bei den Kindern durchaus Eindruck schindet. Jeden Abend wird verhandelt und ich bekomme zu hören: »Bitte nur noch ein Kuss«, oder: »Noch einmal fest drücken, Mama.« Zurzeit stellt mir Clara beim Schlafengehen auch gern komplizierte Fragen wie: »Mama, wie ist die Pest eigentlich ausgebrochen?«

Tagsüber sind die Kinder also in der Schule gut aufgehoben, während ich studiere, doch die vielen Schulferien sind ein Kapitel für sich. Ich kann mir nicht mehr freinehmen, also muss ich Clara und Oskar verplanen mit Kricket-, Tennis- oder Theatercamps. Im Sommer sieht es besser aus, meine Semesterferien sind sogar ein paar Tage länger als die Ferien der Kinder.

Der Papa, Kim, kann mich unter der Woche nicht unterstützen. Er ist selbstständiger Unternehmer im Finanzbereich und regt sich zwar auf, wenn ich ihn »Wochenendpapa« nenne, arbeitet aber unglaublich viel. Unter der Woche sehe ich ihn selbst kaum; wir frühstücken zusammen und kommen nur spätabends oder am Wochenende dazu, uns zu unterhalten. Wenn ich einen Termin habe oder mit Freundinnen ausgehen will, engagiere ich meist einen Babysitter. Dabei kann Kim wunderbar mit den Kindern umgehen; wenn ich ihn Wochen vorher »vorwarne«, nimmt er sich die Zeit und verbringt auch mal das ganze Wochenende allein mit den Kindern.

Unser aller Leben ist hektisch, die Kinder haben einen vollen Stundenplan und Mama und Papa auch. Für Außenstehende, die das Leben in einer Metropole wie London nicht gewohnt sind, muss sich das stressig anhören. Die Nähe zur Innenstadt ist jedoch ein riesiger Vorteil. Gleich um die Ecke unseres Hauses liegt die nächste U-Bahn-Station, ich fahre nur eine Stunde bis zur Uni. Zur Schule sind es fünf Minuten, wir gehen zu Fuß hin. Das ist einfach perfekt und genau deshalb sind wir hierhergezogen. Wir hatten jahrelang über einen Umzug ins Zentrum gesprochen, doch in Richmond hatten wir ein wunderschönes Zuhause, und das wollten wir ungern aufgeben. Aber du weißt eben nie, was du bekommst im Leben, vor allem, wenn du Kinder hast. Wir haben einen tauben Jungen bekommen, der andere Bedürfnisse hat als gesunde Kinder. Deshalb haben wir unser Leben angepasst. Und ich bin froh darüber, wie gut sich Oskar entwickelt.

Neben dem Kindergeld, das in Großbritannien mager ausfällt, steht Oskar eine Behindertenpauschale zu. Er selbst weiß davon bislang nichts. Das Geld soll ihn dabei unterstützen, sich in der Gesellschaft zurechtzufinden, heißt es von staatlicher Seite. Frag mich nicht, welchen Unterschied 20 Pfund (etwa 25 Euro) die Woche machen sollen, aber wenn man es 16 Jahre lang anspart, kommt am Ende doch eine nette Summe dabei heraus. Und genau das tun wir.

Generell unterstützt der Staat Familien kaum finanziell. Immerhin fahren Kinder kostenlos in öffentlichen Verkehrsmitteln in London mit. Für Kinder zwischen zwei und fünf gibt es eine Frühförderung von 15 Wochenstunden, anschließend gehen alle Kinder zur Schule. Clara und Oskar kamen bereits mit vier Jahren in die Ganztagsschule, die sie bis heute besuchen.

Typisch britisch sind die Schuluniformen. Meine Tochter geht in Bluse und Röckchen, mein Sohn in Bermudas, Kniestrümpfen und Hemd mit Krawatte. Bereits mit fünf Jahren schreiben die Kinder Diktate und haben naturwissenschaftlichen Unterricht. Der Leistungsdruck hierzulande ist hoch, damit geht auch ein gewisser Druck auf mich als Mutter einher. Denn ich will die beiden unterstützen und fördern, so gut ich kann. Kim und ich versuchen, die Kinder mit unterschiedlichen Herausforderungen zu konfrontieren. Sei es, dass sie allein zum Bäcker gehen, an einer Kletterwand üben oder fremde Länder und Menschen kennenlernen – von all dem lernen sie. In der Erziehung lege ich Wert auf gute Manieren und darauf, dass die Kinder anderen gegenüber freundlich und entgegenkommend sind. Durch meine lebensbejahende Einstellung ermutige ich meine Kinder, alles lösen oder tun zu können. Ich wiederum habe von ihnen gelernt, wie wichtig es ist, ein gutes Vorbild zu sein. Du kannst von deinen Kindern nicht Dinge erwarten, die du selbst nicht tust.

Was die britischen Schulen betrifft, so existieren zwei verschiedene Welten. In den staatlichen Schulen sitzen dreißig Kinder in einer Klasse, ein bunter Mix ethnischer und sozialer Herkunft. Manche Kinder sind hoch motiviert, andere überhaupt nicht. Für die Lehrer ist es schwierig, allen Kindern gerecht zu werden. Die Privatschulen hingegen sind meist recht teuer, dafür bleibt den Lehrern mehr Zeit für das einzelne Kind. Mein Mann und ich stammen aus Dänemark und sind nicht mit dem hiesigen System aufgewachsen, aber wir konnten einen großen Unterschied erkennen und uns war klar, dass wir mit Oskar keine Wahl haben. In einer Klasse mit dreißig Kindern wäre er mit seinem Hörvermögen nicht zurechtgekommen. Wir bearbeiteten die Gemeindeverwaltung und brachten sie tatsächlich dazu, die Schulgebühren für seine Privatschule zu übernehmen. Jahr für Jahr müssen wir diese Zuwendung verteidigen, denn es geht um viel Geld. Seit vier Jahren schon bezahlen sie seine Ausbildung.

Oskars Klassenkameraden sind sieben bis acht Jahre alt. Bereits jetzt nehmen viele Eltern ihre Söhne aus dem Klassenverband und schicken sie auf altehrwürdige prep schools – Kaderschmieden, in denen sie auf das Internat vorbereitet werden. Dabei herrscht ein großer Unterschied zwischen den Geschlechtern, die Eltern nehmen meist nur die Jungen von der Schule. England ist sehr traditionell in dieser Hinsicht; wenn die Eltern oder vielmehr die Väter ein Internat besucht haben, schicken sie die eigenen Kinder auch dorthin. Will man seinem Kind das wirklich antun und es mit elf oder zwölf Jahren ins Internat schicken?

Für Londoner Mütter aus besseren Kreisen ist es ein beliebtes Gesprächsthema – welche Schule ist die beste für ihre Jungs? In allen Varianten wird das erörtert. Die Mütter verwenden viel Energie darauf, »perfekte« Kinder zu erziehen, um diese in besonders strengen Schulen unterzubringen. Zu Hause müssen die Sprösslinge Geige üben und bekommen Extraunterricht in Mathematik, ein Privatlehrer trainiert ihre mentalen Fähigkeiten. Ich versuche, mich diesem Wahnsinn zu entziehen. Meine Kinder sollen vor allem ein gutes Leben haben und ich denke, sie werden es auch so auf die Uni schaffen.

Sport ist für meine Familie und mich ein wichtiger Ausgleich. Ich gehe beispielsweise joggen und fahre Rad. Diese Hobbys verbinde ich gern mit sozialem Engagement, an diversen Läufen und Radtouren für einen guten Zweck habe ich bis jetzt teilgenommen. Als studierende Mama fehlt mir inzwischen oft die Zeit, aber die jährliche Charity-Radtour von London ins Seebad Brighton lasse ich mir nicht nehmen.

Am Samstagmorgen habe ich frei. In einer kleinen Gruppe treffen wir uns mit einem persönlichen Fitnesstrainer im nahe gelegenen Park. Clara begleitet mich, wir radeln zusammen hin und auch unser Hund ist mit von der Partie. Während Clara mit dem Hund oder anderen Kindern spielt, darf sich ihre Mama eine Stunde lang von dem Trainer herumkommandieren lassen – und hat Spaß dabei. Wenn wir nach Hause kommen, wird ausgiebig gefrühstückt. Am Nachmittag gehen die Kinder zum Schwimmen. Oskar wird zukünftig sonntags Kricket spielen, manchmal gehen wir golfen. Es gibt eigentlich nie ein Wochenende, an dem wir aufwachen und uns fragen: »Was machen wir heute?« Ein wichtiger Rückzugsort für mich ist das Ferienhaus in Dänemark, wo wir unsere Familien treffen und unsere kulturelle Identität pflegen. In Dänemark, wo mein Mann und ich aufgewachsen sind, kostet die Kinderbetreuung pro Monat ungefähr so viel wie hier pro Woche oder sogar pro Tag. Doch wir sind zufrieden mit der Wahl, die wir getroffen haben. Unsere Kinder sind glücklich in London; trotz langer Schultage und einer Menge Hausaufgaben sind sie sehr ausgeglichen. Wir brauchen keine sonstige Kinderbetreuung mehr, denn ich habe einen – wenn auch hektischen – Weg gefunden, wie ich sie selbst betreuen kann, und Mama ist ihnen lieber als irgendjemand anders. Es geht uns gut.

....

Als ich anfing, an diesem Buch zu schreiben, wurde ich gefragt: »Hast du noch nicht genug um die Ohren als Selbstständige mit zwei kleinen Kindern?« Dabei ist mein Alltag beinahe harmlos im Vergleich zu dem meiner Freundin Bettina, die mit Mitte dreißig eine sechsjährige Vollzeitausbildung begann. Gleichzeitig kümmert sie sich mit viel Engagement um ihre Kinder. Dafür verdient sie Respekt. Insgeheim sehnen wir uns doch alle danach, unsere Träume zu verwirklichen. Meist fehlt uns allerdings der Mut dazu. Bettina hatte den Mut, beruflich einen neuen Weg einzuschlagen. Und sie hat das Glück, dass ihr Mann genug Geld verdient, um den Lebensunterhalt der Familie zu bestreiten, inklusive Claras Schulgeld und Bettinas Studiengebühren. Die Ausbildung ihres behinderten Sohnes bezahlt der Staat, das haben die Eltern vor Gericht erkämpft. Ansonsten fällt die staatliche Unterstützung in Großbritannien – vor allem im Vergleich zu Bettinas dänischer Heimat – mager aus. Darauf kommt es ihr jedoch nicht an, sie will und kann ihr Leben nach ihren eigenen Vorstellungen gestalten. Sie fördert und fordert ihre Kinder, schützt sie aber gleichzeitig vor dem in Englands besseren Kreisen grassierenden Perfektionismus in der Kindererziehung. Gleichzeitig lernt sie von ihren Kindern, zum Beispiel wie wichtig es ist, ein gutes Vorbild zu sein. Da fällt mir ein kluger Spruch ein: »Du kannst deine Kinder nicht erziehen. Sie machen dir sowieso alles nach.«

-20-

DIE DIREKTORIN AUS DEM ELENDSVIERTEL

YUDY (39),
PSYCHOLOGIN,
2 TÖCHTER,
BOGOTÁ

Tausende Kolumbianer fliehen Jahr für Jahr vor bewaffneten Konflikten und lassen sich, häufig illegal, am Rande der großen Städte nieder. Gewaltsam vertrieben aus ihrer Heimat, sind sie gezwungen, sich eine neue Existenz aufzubauen. So erging es auch Yudys Familie, doch mit unbändigem Willen befreite sie sich aus dem Kreislauf von Armut und Gewalt. Sie studierte Psychologie und leitet heute Hilfsprogramme für Kinder und Familien rund um die Hauptstadt Bogotá. Dort lebt die 39-Jährige mit ihrem Mann Alveiro und den Töchtern Danna (8) und Juliana (6).

Geboren wurde ich in einer Stadt, die es nicht mehr gibt. Sie hieß Armero und wurde 1985 beim Ausbruch des Vulkans Nevado del Ruiz ausgelöscht. Mehr als zwei Drittel der Einwohner kamen um. Zu dem Zeitpunkt lebte meine Familie aber schon nicht mehr dort.

Doch meine Geschichte beginnt schon früher, als mein Vater Hernando mit meiner Mutter davonlief, weil ihre Familie ihn nicht als Schwiegersohn akzeptieren wollte. Kurz darauf starb sein Vater. Meine Eltern hatten inzwischen geheiratet und kehrten zurück. Sie blieben im Elternhaus meines Vaters. Bald darauf wurde mein Bruder geboren. Die finanzielle Situation der kleinen Familie war chronisch angespannt und im Haus ihrer Schwiegerfamilie fühlte sich meine Mutter nicht wohl. So zogen sie in die Region Tolima, wo zwei weitere Brüder und ich zur Welt kamen.

Die ersten sieben Jahre meines Lebens waren glückliche Jahre. Dabei waren wir arm und meine Mutter opferte sich auf, um unser Leben lebenswert zu machen. Häufig zogen wir um. Mein kleiner Bruder erkrankte und starb an einer Blutvergiftung. Doch an all das kann ich mich kaum erinnern. Als einziges Mädchen war ich Papas Liebling und lebte in Freiheit auf dem Land. Viele Menschen kamen in unser Haus, denn meine Eltern betrieben einen Laden und eine Bar. Meine Mutter kochte und verkaufte das

Essen an Touristen, die zum Schwimmen an den Fluss in unserer Nähe kamen. Rund ums Haus standen Apfel- und Feigenbäume, in deren Schatten ich mir Geschichten und Spiele ausdachte. Waghalsig kletterte ich hinauf und fiel einige Male herunter. Heute noch bezeugen Narben meine Abenteuerlust. Meine Mutter sagt, ich war schon als Kind die geborene Anführerin.

In der Bar meiner Eltern trafen sich die Leute, um Bier zu trinken und Tejo zu spielen, ein typisch kolumbianisches Geschicklichkeitsspiel. Eines Tages brach unter den Gästen ein Streit aus. Mein Patenonkel verdarb es sich mit einer Bande und diese setzte daraufhin meinen Vater unter Druck, weil der ihm zur Flucht verholfen hatte. Sie drohten mit Rache, wenn wir nicht verschwänden. Ich weiß noch, wie uns mein Vater zum Bus nach Bogotá brachte. Nur er und mein ältester Bruder blieben zurück und versuchten, die Farm zu verkaufen, leider vergeblich. Um ihr Leben zu schützen, mussten sie fliehen, und so verloren wir beinahe alles, was sich meine Eltern über die Jahre aufgebaut hatten.

Ein neuer Lebensabschnitt begann, doch es war kein glücklicher. Zunächst fanden wir Unterschlupf im Haus eines Onkels. Acht Jahre lang wohnten wir mal hier, mal da in Bogotá, meist bei Verwandten. Meine kleine Schwester kam zur Welt. Damals hatte ich einige unschöne Erlebnisse, die mich zu dem Menschen reifen ließen, der ich heute bin. Sie weckten in mir den Traum von einem besseren Leben unter menschenwürdigen Bedingungen. Ich begriff, dass Bildung der einzige Ausweg war, der Schlüssel zu einem Leben, wie ich es ersehnte. Daher lernte ich fleißig und war eine außergewöhnlich gute Schülerin.

Als ich 15 war, hatten meine Eltern genug Geld gespart, um ein Stück Land zu kaufen – in einem Armenviertel am Rande Bogotás. Die Siedlung war von der Regierung nicht genehmigt, es gab weder Wasser noch Strom. Mit der Zeit wurde das Wohngebiet legalisiert, es ist heute an die städtische Infrastruktur angeschlossen. Als wir einzogen, hatten wir nur zwei Zimmer, Bad und Küche waren noch nicht fertig. Das Leben dort war frustrierend für mich, doch ich konnte immer auf die Liebe und Wärme innerhalb meiner Familie zählen; meine Eltern und ganz besonders meine Mutter taten alles für uns. Innerhalb kurzer Zeit gelang es meinen Eltern, im Haus ein Lokal mit einem kleinen Supermarkt einzurichten. Mein Vater fand Arbeit – er leitete ein Geschäft, in dem Bier und Tejo-Spiel angeboten wurden. Meine Eltern hatten es sich zum Ziel gesetzt, genug Geld zu verdienen, um ihren Kindern eine gute Erziehung angedeihen zu lassen, damit wir einmal ein besseres Leben führen würden. Leider schmissen meine Brüder beide die Schule. Ich glaube, aus diesem Grund setzte meine Mutter alle Hoffnungen in mich.

Kurz vor meinem Schulabschluss kreisten meine Gedanken nur um eines: Wie kann ich es auf die Universität schaffen? Meine Familie konnte das nötige Geld nicht aufbringen. Ich wandte mich an die Schulpsychologin.

Sie sagte: »Sei bitte realistisch, Yudy, und hör auf, von einem Studium zu träumen. Das ist unmöglich. Aber du kannst vielleicht einen technischen Beruf erlernen oder Sekretärin werden.«

Nach diesem Gespräch war ich sehr traurig, gleichzeitig aber auch mehr denn je versessen darauf, der Psychologin zu beweisen, wie falsch sie lag. Ich beschloss, alle meine Ziele und Träume zu erreichen. Eines Tages würde ich an die Schule zurückzukehren und ihr mein Diplom unter die Nase halten (das tat ich später auch).

Noch während meines letzten Schuljahres ging ich nebenher auf eine Kosmetikschule. Mein Plan war, tagsüber Geld zu verdienen und nachts zu studieren. Zu jener Zeit war mein Kopf voller revolutionärer Ideen. Ich war unzufrieden mit der Regierung, die viel zu wenig tat, um den mehrheitlich armen Menschen beispielsweise den Zugang zu Bildung zu erleichtern. Daher wollte ich auf die staatliche Universität von Bogotá, um mich dort neben dem

Studium aktiv für die Armen einsetzen, zu denen ich damals selbst noch zählte. Ich träumte von einem Medizinstudium und bestand die Aufnahmeprüfung, nicht aber das persönliche Interview. So blieb mir die staatliche Universität verwehrt und mein politisches Engagement reichte gerade einmal dazu, ein oder zwei Demonstrationen auf dem Campus zu organisieren.

Ich war traurig und enttäuscht wegen meines Scheiterns und gleichzeitig wütend, weil es so aussah, als ob die Worte der Schulberaterin doch wahr werden würden.

Meine Mutter stand wie immer voll und ganz hinter mir. Sie sagte: »Es muss eine kostengünstigere Hochschule geben und gemeinsam werden wir das Geld dafür aufbringen.«

Mein Vater hingegen war sehr pessimistisch, er befürchtete, ich würde mein Studium irgendwann sausen lassen, dann hätten wir Zeit, Geld und Mühe zum Fenster rausgeworfen.

Trotzdem recherchierte ich Universitäten, die es Studenten erlaubten, neben dem Studium zu arbeiten. Ich bewarb mich an mehreren Hochschulen für verschiedene Studiengänge: Jura, Journalismus und Psychologie. Inzwischen wollte ich nur noch ein Diplom, egal was für eins. Ich entschied mich für die Universität INCCA in Bogotá, denn dort konnte ich in Teilzeit Psychologie studieren und brauchte von unserer Wohnung aus nur einen Bus zu nehmen. Auf Umwegen wurde mein Traum also wahr und ich Studentin. Während der ersten beiden Semester arbeitete ich noch als Kosmetikerin, doch die Menschen, mit denen ich zusammenarbeitete, passten nicht zu mir. Ich fand stattdessen einen guten Job bei einer Sozialversicherung.

Gegen Ende meines Studiums wollte ich mich für die Ärmsten einsetzen. Für das praktische Anerkennungsjahr bewarb ich mich daher auf dem Land. Die Vergabestelle schickte mich nach Cunday in der Provinz Tolima, zu der Zeit ein Brennpunkt der Gewalt mit bürgerkriegsähnlichen Zuständen. Dort schrieb ich meine Diplomarbeit und gründete ein Netzwerk gegen Kindesmissbrauch. Durch die Arbeit veränderte sich meine Sichtweise und mir wurde klar, dass wir selbst entscheiden, wer wir sind im Leben und mit wem wir uns umgeben. Unsere innere Einstellung formt unser Schicksal. Man darf nicht alles auf die politischen Bedingungen oder die Regierung schieben, sondern muss selbst für ein besseres Leben kämpfen. Nach dem Jahr bot man mir an zu bleiben, doch ich war erschrocken über die Praktiken einiger Politiker dort und beschloss, lieber zu gehen, als meine Integrität zu gefährden.

Mit dem Diplom in der Tasche machte ich mich als ausgebildete Psychologin auf die Suche nach einer Stelle. Das ist nicht einfach in Kolumbien, wo es nur wenige Möglichkeiten gibt in diesem Bereich. Nach vier Monaten fand ich eine Arbeit bei einer international tätigen Nichtregierungsorganisation (NGO). Vier Jahre lang war ich bei dieser Organisation. Nebenbei bildete ich mich fort zur Kinderpsychologin und bekam eine Zulassung als Dozentin für die Universität. Leider kam es selbst unter den Augen dieser NGO, die sich für das Wohl der Kinder einsetzte, zu Kindesmissbrauch, den die zuständigen Direktoren jedoch nicht ahnden wollten. Deshalb kündigte ich und sah mich nach einem neuen Wirkungsfeld um.

Ich ging zur YMCA Kolumbien (in Deutschland: CVJM – Christlicher Verein junger Menschen), wo ich meinem heutigen Ehemann begegnete; das war im Jahr 2002. Alveiro machte mir den Hof, doch ich hatte damals überhaupt keine Zeit für eine Beziehung und wies ihn ab. Ein halbes Jahr später war sein Interesse ungebrochen. Irgendwie berührte mich seine Hartnäckigkeit und ich ging mit ihm aus. Einige Monate später war ich schwanger, doch wir waren beide so eingebunden in unsere beruflichen Projekte, dass wir nicht so recht wussten, wie wir dieses »Projekt Eltern« da noch unterkriegen sollten. Gleichzeitig betrachteten wir das Kind als einen Segen Gottes. Danna kam zur Welt und zwei Jahre später wurde ihre Schwester Juliana geboren. Mit ihr wurde das Glück in unserem Heim vollkommen.

Alveiro, inzwischen Generalsekretär des YMCA-Verbandes in Kolumbien, ist die Liebe meines Lebens. Unsere Beziehung wurde mit den Jahren immer enger. Er ist ein Mensch, der mir nichts verspricht und dabei alles hält, der nicht nur mein Mann ist, sondern mein bester Freund. Er unterstützt mich als Mutter, als Frau und Berufstätige. Was ich an ihm ganz besonders schätze und bewundere, sind sein Glaube, seine Spiritualität und wie er die Familie über alles andere stellt.

Nach drei Jahren in der YMCA hatte ich das Bedürfnis, mich beruflich und persönlich weiterzuentwickeln. Ich arbeitete für das Bezirksschulamt als Beraterin und entwarf Trainingsprogramme. Dadurch kam ich schließlich zu meiner jetzigen Organisation, bei der ich als Direktorin zehn Programme für benachteiligte Menschen sowie Opfer von Gewalt und Vertreibung leite. Ich koordiniere ein Team von Psychologen, die in betroffenen Familien intervenieren und Hilfe zur Selbsthilfe vermitteln sollen. Anfangs fühlte ich mich dieser großen Verantwortung nicht recht gewachsen, also entschloss ich mich zu einem Aufbaustudium, um meine Kompetenzen in der Familienpsychologie und der Konzeption von Strategien auf diesem Gebiet zu erweitern.

Während dieses Masterstudiums fand ich kaum noch Zeit für meine Kinder und meinen Mann. Als arbeitende Mutter ist das für mich generell ein Problem – oft verlasse ich das Haus, wenn die Kinder noch schlafen, und wenn ich zurückkomme, liegen sie schon wieder in ihren Betten. So vergehen manchmal Tage, an denen ich sie nicht sehen oder mit ihnen reden kann. Zum Glück habe ich einen Ehemann, der die Weiterentwicklung seiner Frau für wichtig erachtet. Seine Denkweise und Unterstützung haben es mir ermöglicht, meinen Master abzuschließen. Oft genug übernahm er die »Mutterrolle« für unsere Kinder. Doch nicht alle Frauen haben dieses Glück, nach wie vor gibt es viele Macho-Attitüden bezüglich der Rolle der Frau in unserer Gesellschaft.

Frauen, die sowohl studieren und arbeiten, als auch Mutter und Ehefrau sein wollen, müssen akzeptieren, dass sie entscheidende Momente im Leben verpassen. So ging es mir, als mein Vater erkrankte. Nach seinem Tod wurde mir klar, wie wichtig es gewesen wäre, Zeit mit ihm zu verbringen, seine Geschichten und Anekdoten zu hören und ihm meine Liebe und Dankbarkeit zu zeigen. Doch dafür ist es nun zu spät.

Obwohl ich versuche, so viel Zeit wie möglich mit meiner Familie zu verbringen, bekam ich die ersten Schritte, Zähne und Worte meiner Kinder fast immer nur durch Dritte mit. Dennoch bin ich Gott unendlich dankbar für mein Leben. Als ich mit meiner ersten Tochter schwanger war, machte ich mir große Sorgen um die Zukunft. Da bot sich eine Tante, die selbst keine Kinder hat, an, bei uns einzuziehen und uns mit dem Baby und dem Haushalt zu helfen. Das ist keinesfalls die Regel in Kolumbien, die meisten Mütter müssen bereits zwei Stunden vor Arbeitsbeginn losgehen, um ihr Kind abzugeben – im Haus von Verwandten oder Nachbarn oder in einer Kindertagesstätte.

Staatliche Unterstützung für Frauen gibt es in Kolumbien kaum, vor allem während der Schwangerschaft. Derzeit beträgt der Mutterschutz drei Monate, eine Woche vor dem Geburtstermin darf die Frau zu Hause bleiben. Dem Vater stehen fünf freie Tage zu. Bezahlt wird der Mutterschutz nur, wenn die Frau berufstätig ist, ansonsten erhält sie kein Geld. Jede arbeitende Mutter in Kolumbien muss eine Vertrauensperson oder Einrichtung finden, die sich um ihre Kinder kümmert, sobald diese gerade mal drei Monate alt sind. Meist sind das Angehörige, private Kindergärten oder öffentliche Kindertagesstätten. Die privaten Einrichtungen sind teuer und für eine Durchschnittsfamilie meist unbezahlbar. Seit Mitte der 1980er-Jahre unterstützt die Regierung deshalb die Hogares Comunitarios (Gemeindeheime), eine Form von Kindertagesstätten, in denen Mütter sich um Kinder aus der Nachbarschaft sowie um ihre eigenen Kinder kümmern und dafür ein Einkommen erhalten.

Die sozialen Unterschiede in Kolumbien sind enorm, in Bogotá wird das auch deutlich an der Einteilung der Stadt in Bezirke mit verschiedenen Ziffern: Null steht für ein Armenviertel, sechs für eine Villengegend mit höchstem Lebensstandard. Mit meiner Familie lebe ich heute in einem Bezirk vier, er liegt sehr zentral und ist dennoch ruhig und umgeben von Grünflächen.

Die Sozialpolitik in Kolumbien begünstigt die ärmsten Bevölkerungsschichten, damit bestraft sie aber Mittelstandsfamilien wie uns. Denn wer studiert oder arbeitet, bekommt keine staatliche Unterstützung. Die gibt es nur, wenn man arbeitslos ist, viele Kinder hat und keine Ausbildung. So entsteht eine Kultur der Almosen, sie zementiert die Verhältnisse, anstatt Perspektiven zu bieten. Außerdem verteuert diese Praxis die Lebenshaltungskosten arbeitender Eltern. Für sie gibt es keine Kinderbetreuung; nach der Schule sitzen ihre Kinder vor dem Fernseher oder streifen unbeaufsichtigt durch die Straßen, bis die Eltern von der Arbeit kommen. Unsere Töchter haben Unterricht von 7:30 bis 14:30 Uhr, der Schulbus holt sie morgens bereits eine Stunde vorher ab und bringt sie gegen 15:30 Uhr wieder nach Hause. Zum Glück ist die Tante da, sodass die Kinder am Nachmittag nicht allein sind.

Darüber bin ich sehr froh, doch noch glücklicher wäre ich mit einem Teilzeitjob, in dem ich mich beruflich weiterentwickeln und zugleich Freizeit mit meinen Töchtern genießen kann. Ich wäre gern da, wenn sie von der Schule kommen, möchte ihnen bei den Schularbeiten helfen, mit ihnen gemeinsam malen, Sport treiben, zur Kirche gehen. Außerdem würde ich gern mehr Zeit mit meiner Mutter verbringen und ihr etwas zurückgeben für all das, was sie für mich getan hat.

Leider ist der Traum von einer Teilzeitstelle utopisch. Schließlich haben wir Unterhaltungskosten für unser Haus und müssen vor allem die Ausbildung unserer Töchter finanzieren. Und die beste Bildung in Kolumbien bieten nun einmal private Schulen. Mit dem Besuch einer solchen Schule kann ich meinen Töchtern die Ausgangsbedingungen bieten, von denen ich als Mädchen träumte. Aber wie meine Mutter bringe ich dafür Opfer, wenn auch unter besseren Bedingungen.

Die Frage lautet also nach wie vor: Wie kann man in Kolumbien studieren, arbeiten, Mutter, Ehefrau und Tochter gleichzeitig sein? Mein Leben ist der Versuch einer Antwort. Leicht ist es nicht, es gibt keine staatliche Hilfe für junge Leute, die studieren wollen, und nur wenige Firmen hierzulande unterstützen ihre Mitarbeiter in ihrer beruflichen Weiterentwicklung. Ich hatte dieses Glück – mein früherer Arbeitgeber ermöglichte es mir, nebenher zur Universität zu gehen. Doch um gleichzeitig arbeiten und studieren zu können, stand ich morgens um 2 Uhr auf und drückte bis abends die Schulbank.

Daher will ich mitwirken an der Reform des kolumbianischen Bildungssystems. Ziel sollte es sein, Menschen ganzheitlich auszubilden und Arbeitsbedingungen zu schaffen, die es uns erleichtern, Zeit mit unseren Familien zu verbringen – damit Frauen wie meine Mutter, meine Freundinnen und Tausende von Kolumbianerinnen mehr für ihre Kinder da sein können. Mit meiner sozialpolitischen Arbeit setze ich mich ein für den Aufbau einer Gesellschaft, die auf christlichen Werten wie Ehrlichkeit, Transparenz, Respekt und Menschenwürde beruht – eine Gesellschaft, die das Gemeinwohl über die Interessen Einzelner stellt.

Meine früheren revolutionären Ideen kanalisiere ich heute ganz gezielt. Ich nehme an Arbeitskreisen teil, in denen sozialpolitische Richtlinien definiert werden. Die Politik ist zum Teil Lichtjahre entfernt von den Bedürfnissen der kleinen Leute; anstatt es Familien zu erleichtern, Geld zu verdienen und Mitverantwortung zu übernehmen, zementiert sie die Abhängigkeit von der Sozialhilfe.

In den vergangenen fünf Jahren habe ich Hilfsprogramme an drei verschiedenen Orten geleitet. Alle liegen in den Randgebieten Bogotás. Die Menschen in den Armenvierteln sind zum Teil obdachlos oder hausen unter unmenschlichen Bedingungen, viele wurden vertrieben, manche Kinder werden missbraucht oder zur Prostitution gezwungen. Vielerorts herrscht Verwahrlosung; Missbrauch psychoaktiver Substanzen und Kriminalität sind weit verbreitet. Wir Psychologen kämpfen zudem mit eigenen Schwierigkeiten, denn das Geld ist ständig knapp und die Bezahlung der Mitarbeiter nicht gesichert. Es ist ein typisches Dilemma in Kolumbien, wo Lehrer und Beschäftigte in sozialwissenschaftlichen Berufen kaum Anerkennung finden und extrem niedrige Gehälter erhalten. Das macht meinem Team und mir natürlich zu schaffen.

Mein derzeitiges Projekt liegt abseits der lärmenden Stadt in einer ruhigen Gegend. In einem historischen Gebäudekomplex inmitten eines Eukalyptuswäldchens betreuen wir Kinder aus schwierigen Verhältnissen. Der Platz und die Infrastruktur bieten uns gute Arbeitsbedingungen, zudem werden die offiziell definierten Standards eingehalten und die Mitarbeiter haben die nötigen Mittel, um ihren Job gut zu machen. Doch dieser wunderschöne Ort ist sehr abgelegen, es gibt nur eine Zufahrtsstraße und mein Team sowie sämtliche Lieferanten laufen Gefahr, von bewaffneten Banden überfallen und ausgeraubt zu werden. Aus Sicherheitsgründen fahren wir im Team stets geschlossen zum Dienst und wieder zurück. An drei von fünf Tagen kann ich mein Auto nutzen. Aufgrund der hohen Abgasbelastung ist das nicht an allen Werktagen erlaubt, sodass wir auf Bus und Taxi zurückgreifen müssen. Hin und wieder haben wir schon die Polizei um Begleitschutz gebeten. Ich habe mich außerdem zur Sicherheitsbeauftragten weiterbilden lassen und gelernt, wie ich mich und meine Mitarbeiter in lebensbedrohlichen Situationen schützen kann.

Neben meiner Arbeit und meinem sozialpolitischen Engagement genieße ich die Zeit mit meiner Familie intensiv, eben weil sie so kostbar ist. Eines unserer Rituale ist die »noche de talentos« (»Abend der Talente«). An einem Abend im Monat stellen unsere Töchter eine kleine Vorführung für uns zusammen, sie singen, tanzen oder spielen Geschichten vor. Manchmal steuern auch wir Eltern etwas bei, aber am liebsten überlassen wir die Bühne unseren Kindern, denn sie haben wirklich Talent.

Schicksal sind nicht die Umstände, in die wir hineingeboren werden, sondern der Weg, für den wir uns entscheiden. Yudys Weg hat mich sehr beeindruckt und ich bin dankbar für ihre Geschichte, die auf diesem Weg hoffentlich viele Menschen erreicht. Sie hat sich aus dem Getto nach oben gekämpft, ist beruflich erfolgreich und kann ihrer Mutter etwas zurückgeben, für alles, was diese für sie getan hat. Als Angehörige des Mittelstandes müssen Yudy und ihr Mann allerdings hart arbeiten, um ihr Zuhause und vor allem die kostspielige Ausbildung der Töchter zu finanzieren. Staatliche Unterstützung erhält nur, wer arbeitslos und ohne Ausbildung ist. Ihre Situation illustriert, was sie an ihrem Land beklagt: Die Sozialpolitik zementiere eine Kultur der Almosen. Denn worin liegt der Anreiz, ein Studium oder eine Ausbildung abzuschließen, wenn ich es selbst finanzieren muss und auch anschließend keinerlei staatliche Unterstützung mehr erhalte? Yudy setzt sich dafür ein, diese Kultur zu ändern. Neben ihrer Vollzeitstelle und ihrem politischen Engagement bleibt ihr deshalb kaum Zeit für ihre Töchter. Es ist ein teuer erkaufter Aufstieg.

NACHWORT

EINE GESCHICHTE VERRÄT MEHR ALS SO MANCHE STATISTIK

Auf meiner Reise durch die Welt berufstätiger Mütter habe ich faszinierende Frauen näher kennengelernt und konnte alte Freundschaften vertiefen. Dank der Offenheit meiner Gesprächspartnerinnen sind sehr persönliche Porträts entstanden. Alle, die mitmachten, waren neugierig auf das Leben von berufstätigen Müttern im Ausland: Was unterscheidet mein Heimatland in dieser Hinsicht von anderen? Wo lässt es sich als Familie besonders gut leben?

Unterschiede wurden mitunter deutlich, wo man Parallelen vermuten würde – zum Beispiel bei zwei Frauen, die beinahe den gleichen Job machen: Caterina und Raquel sind Hochschuldozentinnen in Vollzeit, die eine in Washington, D.C., die andere in Südspanien. Raquels Tage an der Uni dauern häufig bis in die Nacht, Caterina dagegen schwärmt von einem entspannten Traumjob. Ingela und Sanne sind beide Betriebswirtinnen in der Finanzabteilung großer Konzerne. In den Niederlanden steht Sanne mit ihrer Dreitagewoche ständig unter Leistungsdruck, Ingela kann dagegen dank familienfreundlicher Arbeitsbedingungen und Ganztagskindergarten in Schweden problemlos in Vollzeit arbeiten – und ist dennoch zwischen 16 und 17 Uhr zu Hause. Natürlich steht jede der Geschichten nur beispielhaft für ein Land, doch sie alle verraten mehr über den Alltag vor Ort als so manche Statistik.

Wo lassen sich Familie und Beruf denn nun am besten miteinander vereinbaren? Besonders zufriedene Mütter fand ich überall dort, wo Frauen und Männer sich die Familien- und Erwerbsarbeit gleichberechtigt teilen. Privat regelt das jedes Paar für sich, gesellschaftlich hilft es, in Nordeuropa zu wohnen, wo Leistung nicht mehr daran gemessen wird, wie viele Stunden jemand im Büro sitzt.

Freiheit und Anerkennung können ebenfalls glücklich machen – in den USA beispielsweise bekommen Familien mit Kindern kaum Geld vom Staat, dafür sind die Menschen kinderlieb und berufstätige Frauen gesellschaftlich absolut anerkannt. Das macht sich nicht nur beim Gehalt, sondern auch bei der Anzahl von Müttern in Führungspositionen bemerkbar.

Shereen in Südafrika hat jahrelang Tag und Nacht gearbeitet, um ihre Familie über Wasser zu halten. Yudy wuchs in Kolumbien in bitterer Armut auf und kämpft heute für bessere Bildungschancen, gleichzeitig wünscht sie sich nichts sehnlicher, als mehr Zeit mit ihren Kindern verbringen zu können. Elternzeit oder Kindergeld haben beide nie bekommen. Weltweit betrachtet, müssen die meisten Mütter schlichtweg arbeiten, weil sie alleinerziehend sind oder ihre Familie sonst nicht genug zum Leben hätte. Aus der Sicht einer südamerikanischen oder afrikanischen Mutter haben wir in Mitteleuropa bereits paradiesische Bedingungen (die wir selbst aber für unzureichend halten).

Zwischen Melbourne und Murcia, Santiago de Chile und Stavanger gibt es letztlich viel Positives zu berichten von Müttern, die einen guten Weg finden zwischen Kind und Karriere. Und wer hätte es gedacht? Die Zukunft ist weiblich. Zukunftsforscher wie Matthias Horx proklamieren längst den weltweiten »Megatrend Frauen«. Erst seit gut hundert Jahren dürfen Frauen das Abitur machen, aber heute studieren mehr Frauen als Männer – nicht nur in Deutschland, sondern auch in Saudi-Arabien. Leider funktioniert die Arbeitswelt noch weitgehend nach dem Anwesenheitsprinzip, da haben Männer die Nase vorn. Viele Frauen verzichten dankend auf eine Karriere nach der Spielregel »Wer am längsten im Büro bleibt, wird befördert«. Daher brauchen wir nicht nur gute Kinderbetreuungseinrichtungen, wir brauchen eine neue Zeitkultur. Damit könnten letztendlich alle – Frauen, Männer und Kinder – zufriedener leben.

Ihre Peggy Wandel

DANKSAGUNG

Herzlich bedanken möchte ich mich vor allem bei:
meinem Mann und meinen Kindern für ihre Liebe und ihre Geduld mit mir und meiner schreibenden Abwesenheit;
meinen Eltern und meinem Bruder, die mich immer schon bedingungslos unterstützt haben;
meinem Onkel für seine Zeit, die anregenden Diskussionen und konstruktive Kritik;
den wunderbaren Frauen in diesem Buch für die Einblicke in ihr Leben; meinen Freundinnen und Freunden, die mitgefiebert haben bei der »Geburt« dieses Buches;
meiner Lektorin Cathrin Kreich, die meine Idee von Anfang an unterstützt hat.

DIE AUTORIN

Peggy Wandel, Jahrgang 1975, wohnt mit ihrem Mann und zwei Kindern in Lichtenstein im Schwabenland. Die Betriebswirtin arbeitet als selbstständige Texterin und ist bekennende Globetrotterin. Für »Zwischen Karriere und Krabbelgruppe« interviewte sie Freundinnen und Fremde und stieß dabei auf großes Interesse am internationalen Austausch von Erfahrungen berufstätiger Mütter.

Peggy Wandel
ZWISCHEN KARRIERE UND KRABBELGRUPPE
20 berufstätige Mütter aus aller Welt erzählen, wie sie Familie und Job unter einen Hut bekommen

ISBN 978-3-86265-168-9

Lektorat: Kristina Frenzel, Cathrin Kreich | Coverfoto und Foto auf den Aufmacherseiten: © IKO/shutterstock.com | Fotos der Autorin (S. 6 und S. 279): © Stefanie Heider

KATALOG

Wir senden Ihnen gern kostenlos unseren Katalog.
Schwarzkopf & Schwarzkopf Verlag GmbH
Kastanienallee 32, 10435 Berlin
Telefon: 030 – 44 33 63 00
Fax: 030 – 44 33 63 044

INTERNET | E-MAIL

www.schwarzkopf-schwarzkopf.de
info@schwarzkopf-schwarzkopf.de